中国学位制度与学位立法研究

刘恒　邱新　著

Research on the Academic Degrees System and
Academic Degrees Legislation in China

图书在版编目(CIP)数据

中国学位制度与学位立法研究 / 刘恒, 邱新著. --北京：北京大学出版社, 2024.11. -- ISBN 978-7-301-35759-0

Ⅰ. G643.7; D922.164

中国国家版本馆 CIP 数据核字第 2024KX8768 号

书　　　名	中国学位制度与学位立法研究 ZHONGGUO XUEWEI ZHIDU YU XUEWEI LIFA YANJIU
著作责任者	刘　恒　邱　新　著
责任编辑	张　越　王建君
标准书号	ISBN 978-7-301-35759-0
出版发行	北京大学出版社
地　　　址	北京市海淀区成府路 205 号　100871
网　　　址	http://www.pup.cn　http://www.yandayuanzhao.com
电子邮箱	编辑部 yandayuanzhao@pup.cn　总编室 zpup@pup.cn
新浪微博	@北京大学出版社　@北大出版社燕大元照法律图书
电　　　话	邮购部 010-62752015　发行部 010-62750672 编辑部 010-62117788
印　刷　者	大厂回族自治县彩虹印刷有限公司
经　销　者	新华书店
	650 毫米 × 980 毫米　16 开本　20.75 印张　286 千字 2024 年 11 月第 1 版　2024 年 11 月第 1 次印刷
定　　　价	88.00 元

未经许可，不得以任何方式复制或抄袭本书之部分或全部内容。
版权所有，侵权必究
举报电话：010-62752024　电子邮箱：zpup@pup.cn
图书如有印装质量问题，请与出版部联系，电话：010-62756370

前　言

随着生产力的发展、社会结构的转型和教育体制机制的变革，1980年颁布的《中华人民共和国学位条例》在实施过程中暴露出学位管理边界不清、学位授予标准过于抽象、学位授予程序不够细化、学位争议纠纷解决规则缺失等问题。实施四十余年的学位制度已不能很好地适应当前国家发展需要。这些问题制约着中国学位制度的现代化，也促使本书问题意识形成。学位制度改革牵涉"中央与地方""政府与高校""传统与现代"等多重关系，是一个包含理论、价值、目标、路径等要素的系统性工程。在国家治理现代化语境下，该系统性工程的建设须实现四个转向：一是在理念上实现从国家管制转向多元共治，同步推进受规制的学术自由和有限度的教育行政，处理好国家权力、学术权力与公民权利之间的关系；二是在定位上实现从秩序维护转向秩序维护与权利保障并重，既要保证形塑合乎宪法价值标准的学位工作秩序，还要保证受教育者的学位获得权和高校的学位授予权得到维护；三是在模式上实现从粗放管理转向精细管理，细化主体权责、制定裁量基准以及完善程序机制，明确事前学位授权审核、事中学位授予监管、事后学位质量评估和学位争议解决的具体实施规则；四是在策略上实现从"小步慢走"转向"小步快跑"，加大改革的力度，探索推进学位层次四级化、学位类型多样化、资格授权许可化、授予标准理性化以及争议解决实质化。2024年4月26日，第十四届全国人民代表大会常务委员会第九次会议表决通过《中华人民共和国学位法》，标志着学位立法迈上新的台阶。《中华人民共和国学位法》的出台，为保护学位申请人的基本权利、规范学位管理和授予工作、推进高等教育高质量发展提供了更坚实有力的法治保障,对促进学位工作的有序开展和推动学位制度的深化改革具有重要意义。

本书的撰写缘起于2010年12月刘恒教授承担的中国学位与研究生教育学会的委托研究课题"学位立法核心问题研究之一:学位授予单位自主权与行政许可机制研究"。2013年3月,刘恒教授承担了国务院学位办的委托课题"学位立法研究",主持完成了《中华人民共和国学位法(专家建议稿)》的起草工作。刘恒教授、邱新副教授以及谢小弓、彭箫剑博士和王漫、罗茜、杨晓琳、李博洋硕士等开展了相关专题的研究。在此期间,刘恒教授、邱新副教授合作发表了两篇论文:《我国学位标准立法研究》(《江海学刊》2014年第3期)和《论我国学位管理的法治转型》(《南京社会科学》2014年第2期),经过课题组成员的共同努力,形成了本书初稿。2017年12月,教育部政策法规司在中山大学设立了教育立法研究基地,这是全国首批唯一一个设立在华南地区的教育立法研究基地,基地的设立有力地支持了学位立法的研究,2020年11月29日,基地组织召开了"中国学位制度四十年:回顾与展望"学术研讨会。由于初稿形成较早,时间跨度较长,前三篇的内容有较大变化,今年《中华人民共和国学位法》颁布之后,增加了第四篇《中华人民共和国学位法》的解读,由刘恒和刘文龙共同完成,同时也根据《中华人民共和国学位法》的精神对前三篇内容进行了较大幅度的修改,刘文龙、刘佳昕、钟心怡同学承担了具体的修改工作,在出版社蒋浩老师和责任编辑张越老师的指导下,最终形成此书。

本书共设四篇十五章,围绕四个转向与规范学位管理和授予、维护高校和学位申请人的合法权益、保障学位质量、坚持学术自由和学术规范相统一等规范要求,较为系统地研究分析了学位制度的内涵、变迁与改革,以专题形式研讨了"学位制度的内涵与历史""学位制度的问题与改革""学位制度的比较研究"和《中华人民共和国学位法》的解读",按要点论证了学位形态、学位体系、学位管理体制、学位授权审核与学位授予,并对高等职业教育、合作学位项目以及远程教育中存在的学位问题作了回应。本书附录中收录了课题组完成的《中华人民共和国学位法(专家建议稿)》的说明、条文稿、注释稿等,以期帮助读者更好地理解我国学位制度的研究现状及其制度变迁。

2024 年 9 月

目 录

第一篇　学位制度的内涵与历史

第一章　学位制度的内涵概述　003
第二章　学位制度的理论基础　013
第三章　学位制度的实践考察　022

第二篇　学位制度的问题与改革

第四章　学位管理体制　033
第五章　学位授权审核　048
第六章　学位授予标准　063
第七章　高等职业教育学位制度　081
第八章　合作学位项目制度　094
第九章　远程教育学位制度　102

第三篇　学位制度的比较研究

第十章　境外学位立法考察　111
第十一章　境外学位管理制度　117
第十二章　境外学位授予制度　124

第四篇 《中华人民共和国学位法》的解读

第十三章 《中华人民共和国学位法》的立法目的　135

第十四章 《中华人民共和国学位法》的基本制度　145

第十五章 《中华人民共和国学位法》的特色亮点　164

附　录

附录一 《中华人民共和国学位法》　171

附录二 《中华人民共和国学位法（专家建议稿）》说明　182

附录三 《中华人民共和国学位法（专家建议稿）》条文稿　186

附录四 《中华人民共和国学位法（专家建议稿）》注释稿　201

附录五 关于《中华人民共和国学位法（V2005-6-7版）》的综述报告　264

第一篇

学位制度的内涵与历史

第一章　学位制度的内涵概述

一、学位的概念

对于学位的概念,不同学者有不同的见解。从国家授权的角度,学位是根据某一国家意识形态的特点,为该国有关教育的法律制度所规定,由国家授权的或根据某种公认的办法认可的高等学校、科研机构或其他学术机构授予公民个人并表明公民个人受教育水平的终身荣誉性称号。[1] 从个体的角度,学位是学者个体通过教育活动追求学术成果的形式与社会通过管理活动对其评价和认可的形式的统一体。[2] 也有学者从学位功能的角度对其进行界定,认为学位是从高等教育领域对科技、教育、文化、医学及其他专业领域高层次人才的知识水平和能力等级的划分和确定,其功能是满足知识管理的需要。[3] 根据第一版《中国大百科全书(教育)》的解释,学位是国家或高等学校以学术水平为衡量标准,通过授予一定称号来表明专门人才知识能力等级的制度。[4] 第二版《中国大百科全书(第25卷)》将学位定义为:由国家授权具有授予学位权力的高等学校或科学研究机构,依据一定的专业学术水平标准,对达到相应学术水平或研究能力的个人授予的一种称号。[5]

---

[1] 参见孙大廷、杨有林:《论学位的本质属性》,载《北方论丛》2003年第4期。
[2] 参见康翠萍:《学位论》,人民教育出版社2005年版,第90—98页。
[3] 参见黄宝印、陈艳艳:《学位内涵与功能辨析》,载《高等教育研究》2007年第10期。
[4] 参见中国大百科全书总编辑委员会《教育》编辑委员会、中国大百科全书出版社编辑部编:《中国大百科全书(教育)》,中国大百科全书出版社1985年版,第440页。
[5] 参见中国大百科全书总编委会编:《中国大百科全书(第25卷)》(第二版),中国大百科全书出版社2009年版,第399页。

笔者认为,学位是评价个人学术水平的尺度,其授予建立在严格的科学训练和考核的基础之上。它既是衡量个人受教育程度和学术水平的重要客观标志,也是国家和社会给予学有所成的个人的一种荣誉和鼓励。它至少包括四层含义:第一,学位获得者受过系统的高等教育。传统的学位证书制度适用于高等教育范畴。我国学位制度以1981年1月1日《学位条例》的实施为诞生标志。至《高等教育法》颁布时,我国已建成"两种类型、三个层级"的学位制度。① 第二,学位获得者具备一定的学术水平。学位是对学位获得者学术水平的评价和证明。它指向适用于社会需求和职业需求的能力和技能,标志着学位获得者具备一定高度的学术成就、专门知识和研究能力。② 至于学位获得者的学术水平,一般由特定机构及人员进行判断与评价。第三,学位是一种学术称号和荣誉称号。学位是由国家认可的教育机构授予个人的体现其学术能力等级的头衔。它是一种终身有效的称号,属于国家给予获得者的荣誉。第四,学位是一种制度。它是国家根据教育法规范而建立的管理制度,实质为国家对高等教育活动的规制。

二、学位的功能

学位是评价个人学术水平的尺度,是衡量教育质量的一种标志。因此,学位的本质是评价,即对受教育者的评价。③ 学位是学术性评价与非学术性评价的统一,它既是一种评价体系和标准,也是一种评价的结果。④ 学位的核心在于对知识生产机构生产效果的权威认可。⑤ 学位的

---

① 两种类型,即学术学位和专业学位;三个层级,即学士、硕士、博士。
② 参见戴国立:《高校学位撤销权的法律规制》,载《东方法学》2021年第2期。
③ 参见黄宝印、陈艳艳:《学位内涵与功能辨析》,载《高等教育研究》2007年第10期。
④ 参见于志刚:《学位授予的学术标准与品行标准——以因违纪处分剥夺学位资格的诉讼纷争为切入点》,载《政法论坛》2016年第5期。
⑤ 参见周详、杨斯喻:《学位的功能、结构与学位授予权的本质——兼论〈中华人民共和国学位条例〉修订的基本问题》,载《复旦教育论坛》2019年第1期。

授予是建立在严格的学科训练和学术考核基础上的。学位是国家授予学位获得者的一种荣誉,也是对学位获得者受教育程度和学术水平的评价。①

关于学位的本质,学界分"学术派"和"综合派"两派。"学术派"认为学术是学位的本质,"综合派"则认为学位的本质兼具学术性和职业性。长期以来,学位的学术本质论占据主要地位。② 然而,结合高等教育实际,学位作为对学位获得者受教育程度和知识能力水平的评价,既包括对学术能力的评价,也包括对职业技能的评价。因此,学位在本质上不应局限于学术,还应拓展至职业。笔者认为,学位本质上是一种信息载体,是判断人才层次的一种途径。那么,"学位"这一信息载体在社会生活中是如何发挥作用的呢?作为兼具客观性和公共性的识别符号,学位是高校传递给社会和用人单位的一种信息,它较为全面地反映了学位获得者在享受教育资源的过程中经培养和锻炼形成的某种能力。用人单位通过甄别不同性质和类别的学位,来判断学位获得者的能力,进而作出用人选择。学位隐含的信息是高校里一系列的学习计划和筛选程序,以及学术共同体对学位获得者的考核等制度化保障机制,这在一定程度上能够体现学位获得者的知识、技能水平和道德品质。用人单位可以依据学位对获得者的生产效能和发展潜力作出预测,从而降低人力投资风险,节约人才搜寻费用。③

在经济学理论与博弈论中,信号博弈即信号发送者和信号接收者之间的非完全信息动态博弈。用人单位通过学位判断应聘者素质的过程,实质上是用人单位与学位申请人进行信号博弈的过程。从信号博弈的视角看,如果学位制度不具有准确标识人才的功能,学位申请人就会力求以较低的成本获得学位。同时,用人单位短时间、模式化

---

① 参见孙大廷、杨有林:《论学位的本质属性》,载《北方论丛》2003 年第 4 期。
② 参见谭光兴、冯钰平:《新时代的学位制度变迁——基于我国高校转型发展的视角》,载《中国高教研究》2018 年第 5 期。
③ 参见骆四铭:《中国学位制度:问题与对策》,华中科技大学出版社 2007 年版,第 226 页。

的简历筛选、笔试、面试难以辨别应聘者质量的优劣,因此用人单位偏好信赖学位这一相对客观的信号。学位是人才传递给用人单位的信号,帮助用人单位判断人才的能力,并使用人单位在与应聘者进行信号博弈的过程中招到胜任某职位的人。为让学位更准确、全面地反映学位获得者的能力,使学位获得者在合适的岗位上施展自己的才华,从降低人才选拔和甄别成本的角度而言,必须通过健全学位制度来保证信号的准确性,防止"逆向选择"情况的发生。① 另外,经济全球化带来就业的跨区域化,越来越多的人才离开家乡或学校所在地,到与本地区有着不同学位制度的区域就业,致使学位的认证与人才识别的难度加大。实践中,用人单位常常因为不知道境外学位的内涵而无法准确判断留学归国人才的能力。因此,完善学位制度有利于与教育发达国家的学位制度接轨,顺应经济全球化趋势以及满足就业跨区域化的需求。同时,完善学位制度,提升学位质量,可以使我国学位获得更高的国际认可度。

学位的功能未来会发生何种变化?有学者描绘了高校转型发展催生的新的学位功能:现代职业教育体系建设与高校转型发展要求高等职业教育必须融入经济社会发展中,专业建设、课程改革与教学过程需要充分考虑产业需求、行业标准与生产规范,学位的转换功能呼之欲出。② 为促进转型发展,高校应当将行业标准和职业标准嵌入应用型人才培养的全过程,建立健全职业资格证书与学位证书转换体系。学位制度的传统功能,即衔接功能和信号功能,在高校转型发展视域下有着新的意蕴。一方面,学位的衔接功能在新环境下表现出新的特征,由过去的只能上下衔接转变为纵向上下衔接、横向左右衔接。另一方面,职业性特点在信号功能上重新得到了体现。③

---

① 所谓逆向选择,是指学位申请人因容易"混"到学位而不努力攻读,又通过名不副实的学位来伪装自己,使用人单位越来越无法找到合适的人选。
② 参见谭光兴、冯钰平:《新时代的学位制度变迁——基于我国高校转型发展的视角》,载《中国高教研究》2018年第5期。
③ 参见谭光兴、冯钰平:《新时代的学位制度变迁——基于我国高校转型发展的视角》,载《中国高教研究》2018年第5期。

三、学位的形态

现代学位制度起源于中世纪的欧洲。12 世纪 80 年代,巴黎大学向受教育者授予神学博士学位。此后,巴黎大学在发展学院制度的过程中形成了中世纪最完整的学位制度,建立了涵盖业士、硕士、博士三级的学位体系。这一时期还没有国家能够制定出统一的学位制度,各大学的学位根据其自身的学术发展水平和教育教学特点而定,其所授予学位的方法、规程、名称等也都不尽相同。这种学位制度被认为是典型的"大学学位"。①

此后,随着民族国家的日益壮大,国际竞争的日趋激烈,一方面,政府的规模逐步扩大,社会控制能力得到显著提高,对大学的掌控具有了现实可能性,而大学也越来越依赖政府的财政支持;另一方面,科学技术对社会进步的推动作用逐渐凸显,大学对国家发展的战略意义日渐重大,政府掌控大学的必要性也随之浮现。"国家学位"制度由此产生并在很大范围内取代了"大学学位"制度。以德法为代表,前者推崇大学自治与政府控制并存,大学既是国家机构又是享有特权的社团组织,后者建立了中央集权制的框架。两国的学位均由国家制定统一标准进行授予和管理,这一制度随着其在国际竞争中显露出的优势而得以巩固,并为各国所借鉴与效仿。

虽然面临严重的冲击,但"大学学位"并未就此退出历史舞台。与德法形成鲜明对比的英美两国便是"大学学位"的有力支持者。前者在很大程度上保留了大学自治的传统,后者作为分权国家,教育权也并无例外地分散于各州进而由州政府以授权的方式将学位授予权赋予高校。虽然这一时期英美大学的学位授予权已不同于中世纪的大

---

① 参见朱平、赵强:《从国家学位走向大学学位:中国学位制度转型的趋势》,载《广东工业大学学报(社会科学版)》2012 年第 2 期。

学握有的特权,但仍然具有很高的自主性。各大学的学位因而得以广泛地参与市场竞争,并在其中获得评价与检验,实现优胜劣汰。"大学学位"通过与市场接轨展现出的灵活性与适应性是同一时期的"国家学位"所难以企及的。第二次世界大战后,现代各国的学位制度又发生了新的变化。"国家学位"与"大学学位"逐渐开始相互借鉴,甚至出现融合的迹象。德国1993年颁布的《关于高等教育政策的10点意见》规定:"一切改革的措施都要求高等学校具有更多的自主权和自主实施改革措施的可能性,应当加强高等学校的自主权。"法国的学位管理历来奉行中央集权制,但1968年的《高等教育方向指导法》确立的大学自治原则中就包括了大学自行确立自己的培养目标的权力。美国在中央设立了联邦教育部,各州政府也开始加强对高校学位授予权的控制。"国家学位"与"大学学位"兼而有之成为较普遍的学位制度形态。①

当代各国不论实行"国家学位"还是"大学学位",都是在寻求政府监管与大学自治的平衡。纯粹的"国家学位"和"大学学位"已不多见。从世界教育发展的规律来看,这是一种必然的趋势。"国家学位"与"大学学位"各有其产生的政治、文化条件与历史背景,在各自的发展历程中,分别展现了各自的先进性与局限性。"国家学位"能够促使大学培养国家所需人才,提高教育行政管理效率,确保国家利益,但学位授予单位的自主权受到过度限制,人才培养机制过于死板,缺乏对社会和市场的回应性,学术自由也相应受到制约;"大学学位"的学位授予标准基本上由学位授予单位自己控制,从而保障了人才培养的回应性,有利于维护大学院校的学术自由,并保持其独特性和独立性,但高等教育作为国家头等重要的事业,其活动原则必须符合国家需要和被广泛接受的社会标准,且"大学真正自主、可以不受外界干预而处理自己事务的时代早已过去"②,尽管各国高等教育体制在中央化和政

---

① 参见许杰:《教育分权与大学自主》,载《高等教育研究》2004年第4期。
② 许杰:《教育分权与大学自主》,载《高等教育研究》2004年第4期。

治化程度上大相径庭,但中央协调的趋势普遍加强,即使是那些高等学校自主性极强的国家也是如此。

四、学位的结构

学位结构也被称为学位体系,由纵向的学位层次和横向的学位类型组成。"学位制度是高等教育系统的子系统之一"①,学位结构的实质是高等教育结构在学位制度层面的转化。学位结构的完善程度,直接影响着高等教育的发展方向和水平。

(一)我国学位的层次

学位层次是指学位在不同层次高等教育中的分布状况,反映了学位教育系统和人才培养目标的纵向结构。目前,我国学位分为学士学位、硕士学位和博士学位三级,与本科高等教育、硕士和博士研究生教育相对应。我国有关学位授予标准的法律法规主要包括《高等教育法》《学位条例》和《学位条例暂行实施办法》。2024年4月26日,第十四届全国人民代表大会常务委员会第九次会议表决通过《学位法》,《学位法》实施之前,《学位条例》是直接系统规定我国学位授予标准的法律文件,《学位条例暂行实施办法》是国务院批准的辅助《学位条例》实施和规范学位授予工作的行政法规。《高等教育法》虽未明确规定各层次学位的标准,但其中规定的学业标准和修业年限对理解我国学位授予标准有一定的作用。《学位法》从政治道德标准和学术标准两个方面对我国不同层次学位的授予标准进行了较为全面的规定。

在政治道德标准方面,《学位法》第四条规定"拥护中国共产党的领导、拥护社会主义制度的中国公民,在高等学校、科学研究机构学习

---

① 骆四铭:《我国学位结构失衡浅析》,载《现代大学教育》2005年第1期。

或者通过国家规定的其他方式接受教育,达到相应学业要求、学术水平或者专业水平的,可以依照本法规定申请相应学位",第十八条第一款规定"学位申请人应当拥护中国共产党的领导,拥护社会主义制度,遵守宪法和法律,遵守学术道德和学术规范"。从类型化的视角,"拥护中国共产党的领导""拥护社会主义制度"属于政治性要求,"遵守宪法和法律"属于规范性要求,"遵守学术道德和学术规范"则属于道德性要求。三者连同以评价学术能力和专业水平为导向的学术性要求,构成最低限度的学位授予国家标准体系,为学位申请人申请学位和学位授予单位授予学位划定了基线。

在学术标准方面,《学位法》及《学位条例暂行实施办法》分别对学士学位、硕士学位和博士学位进行了规定,明确了三个层次的考核要求和学术能力要求。具体而言,接受本科教育,通过规定的课程考核或者修满相应学分,通过毕业论文或者毕业设计等毕业环节审查,表明学位申请人达到下列水平的,授予学士学位:①在本学科或者专业领域较好地掌握基础理论、专门知识和基本技能;②具有从事学术研究或者承担专业实践工作的初步能力。

接受硕士研究生教育,通过规定的课程考核或者修满相应学分,完成学术研究训练或者专业实践训练,通过学位论文答辩或者规定的实践成果答辩,表明学位申请人达到下列水平的,授予硕士学位:①在本学科或者专业领域掌握坚实的基础理论和系统的专门知识;②具有从事学术研究工作的能力或者具有承担专业实践工作的能力。硕士学位的考试课程和要求包括:①马克思主义理论课。要求掌握马克思主义的基本理论。②基础理论课和专业课,一般为三至四门。要求掌握坚实的基础理论和系统的专门知识。③一门外国语。要求比较熟练地阅读本专业的外文资料。试行学分制的学位授予单位,应当按上述的课程要求,规定授予硕士学位所应取得的课程学分。申请硕士学位人员必须取得规定的学分后,方可参加论文答辩。硕士学位论文对所研究的课题应当有新的见解,表明作者具有从事科学研究工作或独立担负专门技术工作的能力。

接受博士研究生教育,通过规定的课程考核或者修满相应学分,完成学术研究训练或者专业实践训练,通过学位论文答辩或者规定的实践成果答辩,表明学位申请人达到下列水平的,授予博士学位:①在本学科或者专业领域掌握坚实全面的基础理论和系统深入的专门知识;②具有独立从事学术研究工作的能力或者具有独立承担专业实践工作的能力;③在学术研究领域做出创新性成果或者在专业实践领域做出创新性成果。博士学位的考试课程和要求包括:①马克思主义理论课。要求较好地掌握马克思主义的基本理论。②基础理论课和专业课。要求掌握坚实宽广的基础理论和系统深入的专门知识。③两门外国语。第一外国语要求熟练地阅读本专业的外文资料,并具有一定的写作能力;第二外国语要求有阅读本专业外文资料的初步能力。个别学科、专业,经学位授予单位的学位评定委员会审定,可只考第一外国语。博士学位论文应当表明作者具有独立从事科学研究工作的能力,并在科学或专门技术上做出创造性的成果。

(二)我国学位的类型

学位类型是指学位在不同类型高等教育中的分布状况,是学位教育系统和人才培养目标的横向结构在学位制度中的体现。不同类型的学位,意味着不同的知识类型、教育模式、评价标准和受益群体。《学位条例》并未在学位类型上对专业学位作出规定,在学位授予标准上也未严格区分学术学位与专业学位,也未对专业学位授予标准设置符合其属性的特殊要求。虽然《专业学位设置审批暂行办法》中规定"成立全国性的专业学位教育指导委员会,制定培养方案和评估标准",但实际上除工程硕士专业学位制定了专门的学位授予标准外,其他专业学位的授予一直按照《学位条例》所确立的学术学位授予标准执行。2020年,国务院学位委员会、教育部印发《专业学位研究生教育发展方案(2020—2025)》,指出专业学位研究生教育是培养高层次应用型专门人才的主渠道,专业学位的设立实现了国家由单一学术学位到学术学位与专业学位并重的历史性转变,并明确"完善硕士专业学位类别设置和授予标准"

的改革任务要求。2023年,教育部印发《关于深入推进学术学位与专业学位研究生教育分类发展的意见》,强调"坚持学术学位与专业学位研究生教育两种类型同等地位、同等重要",要求"以强化两类学位在定位、标准、招生、培养、评价、师资等环节的差异化要求为路径,以重点领域分类发展改革为突破,推动学术创新型人才和实践创新型人才分类培养"。虽然上述文件强调了专业学位类型的重要性,但是在学位的基本法上一直未有专业学位的法律名分。

为此,《学位法》在学位类型的问题上回应了《学位条例》规定之不足,确立了我国"三级两类"的学位体系。《学位法》第二条规定"国家实行学位制度。学位分为学士、硕士、博士,包括学术学位、专业学位等类型,按照学科门类、专业学位类别等授予",在立法上首次明确了我国学位具有学术学位和专业学位两种类型。根据《学位法》的规定,本科阶段高等教育统一适用学术学位,未区分适用学术学位和专业学位,学术学位和专业学位仅面向研究生教育。关于学术学位和专业学位的授予标准,《学位法》作了初步区分设定,为学位授予单位结合自身办学特色制定细化标准提供了依据。硕士研究生教育方面,《学位法》第二十条规定学术硕士学位申请人应当"具有从事学术研究工作的能力",专业硕士学位申请人应当"具有承担专业实践工作的能力"。博士研究生教育方面,《学位法》第二十一条规定学术博士学位申请人应当"具有独立从事学术研究工作的能力"和"在学术研究领域做出创新性成果",专业博士学位申请人应当"具有独立承担专业实践工作的能力"和"在专业实践领域做出创新性成果"。

《学位法》区分规定学术学位和专业学位的授予标准,是对"分类规划两类学位发展"政策要求的贯彻落实,对扭转"重学术学位、轻专业学位"的错思维、旧风气具有重要意义,有助于以标准化行动促进学术学位教育和专业学位教育的个性化发展,完善学位与研究生教育发展格局。然而,受制于规范密度的有限性和规范内容的抽象性,学位法律制度对两类学位授予标准的规定仍需由学位授予单位在遵循不抵触原则的前提下,通过制定学位授予自主标准予以细化丰富。

第二章 学位制度的理论基础

学位制度本质上是关于学位授予权运行的规则集合,其中涉及政府教育行政权、高校学位授予权、学位申请人学位获得权之间的互动博弈。关于高校学位授予权的来源主要有"法赋权力""国赋权力"和"天赋权利"三种观点,关于学位授予权的性质也有"行政权说""高校自主权说"和"双重性质说"三种定位。从权力来源的角度,学位授予权来源于公民的受教育权和学术自由权,具有为受教育权而设的行政权力和为学术自由权而设的学术权力的双重属性。[①] 依法治教和学术自由为学位制度的建设提供了正当性基础。

一、依法治教的意义

"法治"是一种与"人治"相对应的治理社会的理论、原则、理念和方法,走向法治是人类社会共同的选择。依法治教是法治原则在教育领域的体现,依法治教的提出有着深远的意义。

首先,依法治教是依法行政的应有之义,是建设法治政府的必然要求。"依法治国"已经写入我国宪法。依法治国的核心是依法行政,它是指政府行政权力的存在、运用必须依据法律、符合法律。依法行政包括以下三项原则:一是法律规范的创造力原则,即法律对于行政权的运作能够产生绝对拘束的效果;二是法律优越原则,即立法者制定的法律享有崇高性,行政机关必须服从立法机关的决议;三是法

---

① 参见龚向和:《高校学位授予权:本源、性质与司法审查》,载《苏州大学学报(哲学社会科学版)》2018年第3期。

律保留原则,即行政机关的行为必须获得法律授权,否则不具有合法性。法律授权是行政行为取得合法性的基础。① 可以说,"无法律,则无行政",依法行政就是要求政府的一切行政活动都依法律而治。教育行政管理职能是当代政府的一项基本行政职能,因而政府对教育事业的一切管理活动都应当在法律的框架内实施。

其次,依法治教是促使政府按照教育规律办事的重要保证。教育规律与其他客观规律一样是不以政府的意志为转移的。如果没有法律对教育行政权作出约束,则行政权自我扩张和膨胀的属性必将会侵蚀原本应当恪守学术自由和学术中立原则的大学领地,从而使高等教育违背其自身发展规律。有学者深刻指出我国当前高等教育行政化的问题,"用行政思维管理高校学术事务的表现很多,从招生录取到经费使用,从科研项目安排到教学改革,不少都要有上级部门审批"②。然而,教育发展规律、人才成长规律和学术研究规律不一定与政府的行政管理模式和行政管理思维相吻合。因此,依法治教就是要明确政府自身的职能定位,使其在履行教育行政管理职能时能够尊重教育规律。

最后,依法治教是推动教育事业发展的客观需要。教育事业的发展离不开办教育所需要的客观条件,包括教育经费的投入、足够数量和质量的师资、必备的校舍和教育设备等。从世界各国的经验来看,各国都是通过立法确立教育事业的战略地位,并通过加强教育法制建设来推动教育事业的发展,确保政府对教育事业的投入。可以说,依法治教是现代教育管理活动的趋势和要求。

二、依法治教的基本要求

法治的要义在于"治官而非治民",依法治教就是要促使政府依照

---

① 参见陈新民:《中国行政法学原理》,中国政法大学出版社 2002 年版,第 34—35 页。
② 纪宝成:《高校去行政化含义是按教育规律办教育》,载新浪网,https://news.sina.com.cn/c/2010-03-09/151919825529.shtml,2024 年 4 月 11 日访问。

法治精神和教育规律管理大学,推进学术自由与学术规范相统一。在行政法治的理念下,依法治教有以下基本要求:

首先,依法治教要求将法律作为政府实施学位管理的主要依据。依法治教的前提是有法可依。目前,我国的学位立法已经初步形成体系,主要有《高等教育法》《学位法》《学位论文作假行为处理办法》《学位授权点合格评估办法》《博士硕士学位授权审核办法》《学士学位授权与授予管理办法》《学位证书和学位授予信息管理办法》《博士、硕士学位授权学科和专业学位授权类别动态调整办法》等法律、法规、规章和行政规范性文件。它们共同构成现行学位制度,是学位管理与授予实施的直接规范依据。

其次,依法治教要求教育行政组织法定化,即合理定位政府在教育事业中扮演的角色。依法治国要求行使行政权的主体都应当是法定主体,因而行政主体资格必须严格依据法律规定的实体性和程序性要求而取得。行政主体资格的取得方式有两种:一是依职权取得,即行政主体资格依宪法和组织法的有关规定而取得,依照这种方式取得行政主体资格的主要是国家行政机关。二是依授权取得,即行政主体资格的取得源自宪法和组织法以外的法律法规的授权,依照这种方式取得行政主体资格的主要是企事业单位和社会团体等。公立高等学校依据《教育法》的授权行使招生、颁发学位等权力,属于第二种情形。国务院学位委员会在国务院机构设置上属于议事协调机构,但《学位法》赋予国务院学位委员会行政主体资格,因此国务院学位委员会在学位授予工作中也属于依法律授权取得行政主体资格的行政主体。

最后,依法治教要求教育行政管理职能的法定化,即教育行政机关的行政管理职能的来源必须有充分的法律依据。政府在进行高校管理时一般都会面临管什么、如何管、管多少等问题。有学者认为,政府对教育的行政管理职能主要体现为以下五个方面:第一,规划与立法。为使高校的发展与社会经济发展相适应,政府需要制定宏观的规划及进行相关立法,指导高校发展,确保高校地位,保护高校权益。第二,拨款与筹款。政府应在预算中为高校办学经费保留一定的比例,通过拨款引导高校发展的方向。同时,拓宽高校筹措经费的渠道,帮助高校解决财政上的问题。第三,评估与监督。政府应加强对高校的办学方向和质量的规范化引导和监督,保持评估的权威性。除此之外,政府还应积极鼓励社会组织对高校进行各方面的评估,建立社会评估机制。第四,制定各类院校的成立和设置标准,审批新设高校。第五,制定高校领导干部的任免标准,作为高校自主选聘干部的主要依据,并对高校领导进行考核。①

三、学术自由及其限度

学术自由理念产生于中世纪的大学,具有十分悠久的历史。对于大学来说,学术自由是一种信念,是大学赖以生存的灵魂。它是大学独享的特权,"其他任何社会机构都没有像大学这样被社会广泛承认富有自治的特权"②。作为探求知识和传播知识的大学,缺少了学术自由,现代大学制度就失去了其存在的土壤和发展的空间。探求真理和传播真理是大学的本质要求,学术自由的目的就是在寻求和传播知识的过程中,能够让专家去独立探索和解决相关领域的问题,不受外界各种因素的影响,使学者只服从于真理,保证学术知识的准确性和权威性。联合国教科文组织指出,近代历史有力地证明了必须捍卫学术自由的原则,它是高校存在和正常运转的先决条件。因此,必须给予公立高校和认可的私立高校一定程度的法定权利,允许它们针对实际情况在社会中发挥其创造、思考和批判的职能。③

值得注意的是,学术自由是有限的自由。学术自由尽管仍是当前

---

① 参见周川:《高校与政府关系的几点思考》,载《高等教育研究》1995 年第 1 期。
② 王英杰:《大学文化传统的失落:学术资本主义与大学行政化的叠加作用》,载《比较教育研究》2012 年第 1 期。
③ 参见联合国教科文组织:《关于高等教育的变革与发展的政策性文件》,转引自尹晓敏:《寻求政府控制与大学自治的平衡——世纪之交政府与大学关系的合理定位》,载《高教探索》2007 年第 4 期。

处理高校与政府、社会的关系的重要准则,但不是唯一的准则,要受学术规范准则的约束。正如美国比较教育学家阿尔特巴赫所说的,"大学真正自主可以不受外界权力机构的干预而处理自己的事务的黄金时代已经过去"①。高校应当妥善行使办学自主权,坚持学术自由与学术规范相统一原则,不断改善和健全自身办学模式,接受社会各界对其教学质量的反馈和评价,建立自觉、自制、自我管束的监督和保障机制。

学术自由的有限性由高等教育系统、物质条件和国家战略决定,体现着国家权力对高校学术行为的必要干预。首先,从组织生态学的角度看,任何一个组织都不能生活在一个超然的真空世界,它或多或少都要受到组织环境的影响。大学作为一个组织形态,不可避免地也要受到一个国家的政治、经济和文化等方面的影响。可以说,一个国家的政治、经济、文化等多种因素决定了大学生存的土壤环境和发展空间。大学不是与外界断绝联系的一座"孤岛",其只是社会系统中的一个子系统,必然会受到包括政府在内的其他社会子系统的作用和影响。其次,从物质层面上看,作为社会子系统的大学具有物质资源依赖性。随着大学教育规模的不断扩大,大学对政府给予其发展的物质基础的依赖性越来越大,政府在协调各个社会子系统以确保供应充足的教育资源和规范化中起着非常重要的作用。作为物质依赖的结果,大学无法排除物资供给者的影响。最后,也是最为重要的是,大学在国家和社会发展中的特殊战略地位决定了学术自由不是绝对的。高校与国家、社会的发展是紧密相关的。不仅高校愈发对社会产生依赖,社会对高校的依赖也越来越强。高校通过培养人才、研究科学、服务社区等,多方面促进国家政治经济和科技文化的进步。高校已成为现代国家发展的基础和核心,且日益成为国际经济竞争的"制胜武器"。当代西方高等教育的发展趋势是大学完全自治的消失

---

① 霍卓兰、田新英、郑国飞:《探寻大学的灵魂 实现大学的自治》,载《石家庄理工职业学院学术研究》2011年第1期。

和国家宏观调控的增强。高等教育作为国家头等重要的事业,其活动原则必须符合国家需要和被广泛接受的社会标准①,这说明纯粹的、绝对的、毫无限制的学术自由和大学自主是不存在的。

四、学术自由与学位授予权

学位授予权是学术自由的主要内容和表现形式之一。中世纪以来,国王和教会授予大学的特权之一就是学位授予权。学位的管理和监督受到各国的关注和重视,各国政府在加大对高等教育事业投入的同时,也越发重视对院校授予学位的管理。鉴于对学位性质的不同界定和学位形态的差异,各国对学位授予权的认定有所差异,导致不同国家对学位授予权有着不同程度的规制。一些国家将学位界定为"国家学位",明确由国家对学位进行管理、授予以及设定标准,其目的在于促使大学培养国家所需人才和提高教育行政管理效率。一些国家则将学位界定为"大学学位",学位授予单位的自主权很大,学位授予标准基本上由学位授予单位自己控制。然而,学术自由的有限性决定了纯粹的"国家学位"和"大学学位"并不存在,各国学位制度基本呈现"国家学位"与"大学学位"交织融合的形态,或是"国家学位"主导下的"大学学位",或是"大学学位"主导下的"国家学位"。一言以蔽之,学术自由必须受到宪法价值秩序和基本权利的限制,高校的学位授予权必然是政府规制之下的权力。但政府对高校学位授予权的限制,始终需要以维护真正的学术自由为正当性依据。就学术自由的外部关系而言,为促使国家权力和学术权力达成符合新时代发展要求的"历史的妥协",政府规制系统应"隐性强化",而高校自制系统应"显性强化",尊重和维护高校在学位管理和授予中的主体地位,保障其学

---

① 参见王承绪主编:《学术权力——七国高等教育管理体制比较》,浙江教育出版社1989年版,第11页。

位授予权。①

五、学术自由与教育行政权

大学并没有完全自主的物质基础。随着大学教学规模的不断扩大,其生存和发展所必需的物质条件也越发依赖政府的供应和投入。因此,大学的学位自主权受到物质条件的限制。同时,高等教育不可能也不可以脱离社会与国家。高等教育对于社会发展和国家实力提升具有特殊意义,这种特殊意义否定了高校对学位的完全自主权。学位不仅仅是对个人学术水平的证明和学术资格的认可,学位质量更是一个国家的学术力量和学术水平的体现。在此意义上,学位事关国家的综合国力,国家干预具有正当性。

政府对学位授予权的控制是必要的,但是教育行政权应当尊重学术规律和学术自由,因此教育行政权的管控应当是宏观的、间接的,而不是微观的、直接的。根据学位授予中国家权力干预的程度与学位授予单位自主权所形成的张力进行区分,"国家学位"与"大学学位"主要有三种存在形态:一是大学经国家授权享有学位授予权且可以制定学位授予标准;二是大学代表国家行使学位授予权但不享有制定学位授予标准的权力;三是大学无须国家授权便具有自行授予学位的权力。在计划经济体制下,国家是高校的投资举办者、高校外部的行政管理者和实际上的办学者。国家成立各类高校,不仅实施外部行政管理,并且具体控制学校内部的办学事务。国家角色的多重性导致政校不分问题,政府与高校之间的关系十分混乱。在这种背景下,政府规制实际上是严格的教育计划行政,从学位授权审核到学科专业设置、学位评定、证书发放等,都由政府统一规划和管理。随着我国从计划经济走向市场经济,充斥在社会生

---

① 参见姚荣:《新公共管理语境下大学自治权限分配的公法争议及其解决》,载《重庆高教研究》2020年第2期。

活各个角落的公权力逐渐退位。四十多年的改革开放实质上是公权力理性回归,政府不断还权于市场和社会的过程。具体到教育行政领域,则体现为政府不断还权于高校。《中国教育改革和发展纲要》中确立了"依法治教"的基本理念,并提到政府要通过运用立法、拨款、规划、信息服务、政策指导和必要的行政手段进行宏观管理而不是进行直接的行政管理。因此,政府在履行教育行政管理职能时,不是直接领导高校,而是规划和协调高等教育事业。"政府对高校的管理职能,不是在高校内部的运作过程和环节上,更不应是在高校内部的日常事务上,而应在高校系统的外部的宏观调控上,在高等教育事业的方向和质量标准上。"① 重新定位政府的教育行政管理职能使高校在学位授予方面取得了一定程度的自主权,可以说,学位授予单位的自主权是推进依法治教的结果。依法治教要求政府有所为且有所不为,赋予学位授予单位一定的自主权,做到不越位、不缺位。在依法治教理念之下,必须强调政府在教育行政管理活动中"依法而治"的义务,以使其作为大学行政管理者的权力与义务相平衡。② 实践证明,高等教育的发展有其自身的规律,不能漠视学术规律和学术自由,将大学视作国家机器的附属。我们应当在尊重学术规律和学术自由的前提下重新定位政府的教育行政管理职能。具体到学位授权审核制度,就是要倡导"去行政化",使学位回归学术的本质。政府在学位授予管理制度中的角色和定位是"掌舵者"而非"划桨者",主要体现为对学位授予原则和标准的创制。

教育行政权和学位授予单位的自主权关系密切。从学位授予单位的角度,政府是否对学位授予行为进行规制及如何规制等问题决定了学位授予单位自主权的有无和大小。周佑勇教授指出,学位授予权应在法律保留与学术自由之间,遵循使其符合理性的双重向度。③ 法

---

① 周川:《高校与政府关系的几点思考》,载《高等教育研究》1995 年第 1 期。
② 参见申素平:《论我国高等教育体制改革过程中政府角色的转变》,载《高教探索》2000 年第 4 期。
③ 参见周佑勇:《法治视野下学位授予权的性质界定及其制度完善——兼述〈学位条例〉修订》,载《学位与研究生教育》2018 年第 11 期。

律保留意味着学位授予标准的设定需要获得法律的授权,高校在行使学位授予权时必须严格遵守法律。一方面,针对我国高校存在的差异性,从保护公民受教育权和保障高等教育质量的两难中寻找出路,对学位授予单位实施动态的审核;另一方面,严格控制学位授予条件与标准,通过学位法律规范设置科学的学位授予国家标准,禁止高校超越权限增设学位授予条件。可以说,学位授权审核体现了政府对学位的管理与控制,是政府对学位教育资源的配置行为。学位授权审核权本质上是教育行政许可权。2003年我国颁布了《行政许可法》,将行政许可的设定、行政许可的范围、行政许可的实施主体、行政许可的实施程序和行政许可的监督与救济等内容纳入法律的范畴。作为一种行政许可行为,学位授权审核理应受到《行政许可法》的调整。在依法治教的理念下,应当依据《行政许可法》的规定,从实施机关、实施程序、监督检查和法律责任等方面推进学位授权审核制度的许可化改造。

第三章 学位制度的实践考察

一、我国学位制度的产生与变革

学位制度是指国家或高校为授予学位、保证授予学位的质量以及对学位工作实施有效的管理所制定的有关法令、规程或办法的总称。学位制度是评价高等教育质量和公民受教育水平的工具,是现代国家管理高等教育的主要方式。

学位制度最早起源于中世纪的西欧,是随着大学组织的发展而产生的。起初,大学借鉴行业协会的人才培养模式,逐渐建立起一套关于学术专业知识的评价标准和程序,即学位制度。然而,初期学位制度的主要功能是由学术专家团体通过对学生能力的评价,赋予合格学生对内授业权和对外传道权。[①] 这意味着学位作为社会认可的具有可识别性的学术专业能力凭证,在当时是大学毕业生具有教学资格的证明。例如,1292年,尼古拉斯四世在授权巴黎大学颁发教学证书的训令中,明确将学位等同于教学资格。[②] 随着大学制度、学术共同体以及社会需求的演变,教学资格证明功能逐渐从学位制度中剥离出来,学位制度内涵发生改变。19世纪末至20世纪初,许多国家纷纷建立现代学位制度,但其发展仍较为缓慢。直到近几十年,学位制度才得到迅速发展和系统完善。

---

① 参见周详、杨斯喻:《学位的功能、结构与学位授予权的本质——兼论〈中华人民共和国学位条例〉修订的基本问题》,载《复旦教育论坛》2019年第1期。
② 参见周光礼、马海泉:《教学学术能力:大学教师发展与评价的新框架》,载《教育研究》2013年第8期。

我国引进西方学位制度始于20世纪30年代。1935年4月,南京国民政府效仿英美等国的三级学位体制,制定并颁布了《学位授予法》,但未能全部实施。中华人民共和国成立后,中央政府曾先后三次拟实施学位制度,但也因各种原因而未能真正落实。直到1980年2月12日,第五届全国人民代表大会常务委员会第十三次会议通过了改革开放后第一部教育立法——《学位条例》,标志着我国学位制度的正式建立。

此后,一系列涉及学位制度的规范不断涌现。1981年2月24日,国务院学位委员会发布《关于审定学位授予单位的原则和办法》,为学位制度在我国的正式确立创造了制度性条件。1981年5月20日,国务院批准《学位条例暂行实施办法》,规定三级学位的授予单位和标准、学位评定委员会职责和人员组成、名誉博士学位授予等具体内容。除此之外,国务院学位委员会、教育部还相继制定颁布《关于在职人员申请硕士、博士学位的试行办法》《关于授予成人高等教育本科毕业生学士学位暂行规定》《关于授予国外有关人士名誉博士学位暂行规定》以及《关于授予具有研究生毕业同等学力的在职人员硕士、博士学位暂行规定》《学位论文作假行为处理办法》《学位授权点合格评估办法》《博士硕士学位授权审核办法》《学士学位授权与授予管理办法》《学位证书和学位授予信息管理办法》《博士、硕士学位授权学科和专业学位授权类别动态调整办法》等部门规章和行政规范性文件。这些规范使我国学位制度细则化,更具可操作性。

整体而言,我国学位制度的产生具有较为鲜明的行政主导特征。这在我国高等教育起步阶段,具有重要的宏观管理作用,有利于快速建立一套行之有效的人才培养制度,转变改革开放初期我国高等教育水平低下的状况,培育国家和社会所需要的人才。但随着我国教育规模的不断扩大和教育体制的不断健全,带有明显计划指导色彩的学位制度逐渐无法满足高校日益多样化的发展需求。这催生出学位制度的"放管服"改革,国家管理重心下移,高校自主权扩大。以学位授权审核制度改革为切入点,可观察到我国学位制度自1981年以来有五次比较大的"放管服"改革。

第一次改革主要发生在1985年至1986年间。这一阶段主要提出了教育体制的改革设想。1985年5月27日颁布的中共中央《关于教育体制改革的决定》指出,为从根本上解决我国教育事业存在的主要问题,"必须从教育体制入手,有系统地进行改革。改革管理体制,在加强宏观管理的同时,坚决实行简政放权,扩大学校的办学自主权"。基于改革的需要,为简化审批手续,经国务院批准,硕士和博士学位授予单位的审批权自1986年开始从国务院下放至国务院学位委员会。

第二次改革主要集中在1991年至1997年间。这一阶段,学位授权审核制度改革主要集中在两方面:一是省级学位委员会的建立。根据1991年国务院学位委员会《关于试行建立地方学位委员会的几点意见》,以及1993年发布的《中国教育改革和发展纲要》中关于体制改革的意见,国务院学位委员会先后批复同意16个省市试行建立省级学位委员会。[①] 1995年5月,国务院学位委员会发布的《关于加强省级学位委员会建设的几点意见》进一步明确了省级学位委员会的主要职责和授权范围。1997年,原国家教育委员会、国务院学位委员会联合颁布的《关于加强省级人民政府对学位与研究生教育工作统筹权的意见》允许除16个省市之外的其他没有建立省级学位委员会的省、自治区、直辖市,可以根据需要,自行建立省级学位委员会或其他形式的学位与研究生教育管理机构。至此,省级学位委员会在实践中逐步建立,学位授权审核制度更趋完善。二是硕士点审批权的下放。从1995年起,我国开始施行新的学位授权审核办法,推动硕士点审批权的下放。在一定学科范围和一定总量的控制下,硕士点审批权逐步下放,由符合条件的地方、部门或学位授予单位依规组织审核。

第三次改革发生在2005年。国务院学位委员会第二十一次会议

---

① 16个省市分别是北京市、上海市、天津市、江苏省、陕西省、四川省、湖北省、广东省、辽宁省、吉林省、黑龙江省、湖南省、山东省、浙江省、福建省和安徽省。

审议通过的《关于进行第十次博士、硕士学位授权审核工作的意见》，进一步扩大了高校的办学自主权，推动审核权下放工作。改革主要集中于两方面：一是把一级学科硕士学位审核权下放至设有研究生院的高校和中国社会科学院；二是把博士学位审核权下移至北京大学和清华大学。① 然而，"此次权力下移的象征性意义远大于本质性意义"②，原因在于上述审核权下放所涉及的研究型大学对这两种权限的需求并不大，或者说赋权范围内的学位点设置空间基本饱和，而"有实际需求的地方高校甚至是211工程建设的省属重点大学没有获得授权"③。

  第四次改革发生在2010年。改革主要集中在以下两方面：一是省级学位委员会受国务院学位委员会委托开始进行博士点初审工作。2010年4月19日，国务院学位委员会《关于委托省(自治区、直辖市)学位委员会中国人民解放军学位委员会进行博士学位授权一级学科点初审和硕士学位授权一级学科点审核工作的通知》提出，委托各省(自治区、直辖市)学位委员会对本省(自治区、直辖市)区域内博士学位授予单位(不含经国务院学位委员会批准自行审核博士学位授权点的单位)申请增列军事学门类以外的一级学科博士点进行初审，委托军队学位委员会对博士学位授予单位申请增列军事学门类一级学科博士点进行初审。初审通过的申报一级学科博士点，由国务院学位委员会学科评议组复审，国务院学位委员会审批。委托各省(自治区、直辖市)学位委员会审核本省(自治区、直辖市)区域内博士、硕士学位授予单位(不含

---

① 《关于进行第十次博士、硕士学位授权审核工作的意见》规定，"委托北京大学、清华大学自行审核其已有二级学科博士点所在一级学科的博士学位授权，并将结果报国务院学位委员会审批"，"委托经教育部批准设置研究生院的学位授予单位和中国社会科学院研究生院自行审核本单位增列的二级学科硕士学位授权点(不含军事学门类)；对已经设有二级学科硕士点的一级学科，可以自行审核增列一级学科硕士学位授权点，结果报国务院学位委员会审批"。
② 赵长林：《中国学位制度实施三十年：回顾与总结》，载《研究生教育研究》2012年第1期。
③ 赵长林：《中国学位制度实施三十年：回顾与总结》，载《研究生教育研究》2012年第1期。

经国务院学位委员会批准自行审核硕士学位授权点的单位)申请增列的一级学科硕士点,委托军队学位委员会审核各博士、硕士学位授予单位申请增列的军事学门类一级学科硕士点。审核通过的申报一级学科硕士点,报国务院学位委员会审批。二是部分高校受委托自行审核本校(院)新增硕士专业学位授权点。2010年5月7日,国务院学位委员会《关于开展新增硕士专业学位授权点审核工作的通知》提出:"委托部委属高等院校及中国科学院研究生院、中国社会科学院研究生院自行审核本校(院)新增硕士专业学位授权点;委托各省(自治区、直辖市)学位委员会组织审核所属院校新增硕士专业学位授权点。"上述改革是第一次将一级学科硕士点、博士点审核权真正下放至省级学位委员会和部分高校,国家通过严格标准、过程监督、结果审核审批,实现了对地方和高校学位工作的宏观管理和过程监管。

第五次改革发生在2017年,以《博士硕士学位授权审核办法》的出台为标志。2017年3月13日,国务院学位委员会在总结前期学位授权审核改革试点经验的基础上,印发《博士硕士学位授权审核办法》。从内容上看,《博士硕士学位授权审核办法》围绕组织实施、学位授予单位审核、学位点审核、自主审核、质量监管五大方面健全了学位授权审核制度,呈现出推动学位授权审核性质许可化、过程正当化和结果审慎化的意蕴。《博士硕士学位授权审核办法》的颁布,体现出国家持续深化学位制度"放管服"改革的坚定决心,是尊重、激活、规范和保障高校办学自主权的有力举措。正如章志远教授所言,"《办法》的出台代表了政府职能转变下重塑行政机关与高校之间关系的一种努力,对深化行政审批制度改革、保障高校办学自主权和构建多元主体的社会共治模式都具有重要的现实意义"[①]。在此之后,国务院学位委员会于2019年印发《学士学位授权与授予管理办法》,将研究生教育阶段的学位授权审核改革经验拓展至本科教育阶段。同时,为保

---

① 章志远:《博士硕士学位授权审核的行政法规制》,载《福建行政学院学报》2019年第1期。

证许可后学位授予单位的高等教育质量和学位授予质量,国务院学位委员会和教育部还于2020年修订印发《学位授权点合格评估办法》,明确周期性合格评估机制和学位授权撤销机制。

历经长时间的酝酿研究和系统论证,《学位法》于2024年4月26日由第十四届全国人民代表大会常务委员会第九次会议表决通过。《学位法》是对实施四十多年的《学位条例》的继承与发展,在结构上分为七章四十五条,除总则和附则外,分别对学位工作体制、学位授予资格、学位授予条件、学位授予程序、学位质量保障作出了较为全面系统的规定,为保护学位申请人的基本权利、规范学位管理和授予工作、推进高等教育高质量发展提供了更坚实有力的法治保障。我国目前已经基本形成较为完备的学位制度规范体系,涵盖三级学位设置、学术学位与专业学位、学科与专业目录、学位授权审核制度、学位获得途径、学位授予程序等具体内容。改革开放四十多年来,我国的教育事业和法治建设大踏步前进。从《学位条例》到《学位法》的过程,是四十多年来学位工作不断改革和完善的过程。其中,学位授予管理和学位授权管理分别遵循了不同的改革逻辑和发展路径。从学位授予管理的政策过程来看,对学位授予单位而言,其发展逻辑是内向的,与建立现代大学制度相适应,对学位授予工作愈发强调科学化与合理化,遵循从相对粗放的管理走向精细化管理的改革趋向;从学位授权管理的政策过程来看,对授权行政主体而言,其发展逻辑则是外向的,与权力分化和扩大高等学校的办学自主权相适应,对学位授权工作遵循日益走向开放和下放权力的改革路径。①

二、"国家学位"的底色

根据学位授予权来源的不同,学位制度存在"国家学位"和"大学

---

① 参见秦惠民:《〈学位条例〉的"立""释""修"——略论我国学位法律制度的历史与发展》,载《学位与研究生教育》2019年第8期。

学位"两种并行的形态。① 学位按国家规定标准统一管理和授予的被称为"国家学位",按照大学自主设定标准进行管理和授予的被称为"大学学位"。②

我国实行国家学位制度。《学位法》第十四条规定,"学士学位授予资格,由省级学位委员会审批,报国务院学位委员会备案。硕士学位授予资格,由省级学位委员会组织审核,报国务院学位委员会审批。博士学位授予资格,由国务院教育行政部门组织审核,报国务院学位委员会审批"。可见,我国实行国家集中评审的学位授权审核制度,高校的学位授予资格非当然取得,而须经国务院批准。换言之,高校的学位授予资格来源于国家的赋权,"高等院校学位授予权作为国家权力的学位管理权的组成部分而存在"③。此外,《学位法》构建了最低限度的学位授予国家标准,明确学位授予单位应当在不抵触学位授予国家标准的前提下开展学位授予工作。这些制度设计都体现了国家权力对学位制度的控制,显示出我国学位制度的"国家学位"属性。④

《学位法》专章规定了"学位工作体制"。目前我国的学位管理体制已从"国务院学位委员会—学位授予单位"的两级构造转变为"国务院学位委员会/国务院教育行政部门—省级学位委员会/省级教育行政部门—学位授予单位"的三级构造。在三级学位管理体制中,国务院学位委员会是具有行政主体资格的国务院议事协调机构,负责学位授权审核的政策制定、学科评议与行政审批等工作。国务院教育行政部门负责全国学位管理工作,具体执行学位规范和政策。省级学位委员会在国务院学位委员会指导下领导本行政区域的学位工作,在法律

---

① 参见靳澜涛:《国家学位制度的现实考察与立法完善》,载《重庆高教研究》2020年第2期。
② 参见唐瑾、叶绍梁:《从学位形态演变看我国学位形态发展新趋势》,载《学位与研究生教育》2007年第8期。
③ 湛中乐、李烁:《学位形态变革与〈学位法〉的制定》,载《行政法学研究》2020年第3期。
④ 参见赵强、朱平:《中国学位制度完善的逻辑转向——基于法律视角的思考》,载《青岛科技大学学报(社会科学版)》2017年第1期。

授权范围内享有一定的学位审核权和统筹调控权。省级教育行政部门则负责本行政区域学位管理有关工作。学位授予单位具体负责学位授予工作,其依法设立的学位评定委员会具体承担审议本单位学位授予的实施办法和具体标准,审议学位授予点的增设、撤销等事项,研究处理学位授予争议以及作出授予、不授予、撤销相应学位的决议等职责。三级学位管理体制呈现出纵向与横向分权的科层特征,形塑了中央集权与地方分权、政府规制与学术自由有机结合的学位管理生态。

三、"大学学位"的转变

20世纪80年代建立的国家学位制度在长期实践中逐渐暴露出诸多弊端,主要表现为"政府权力介入的深度与强度较为严苛,侵夺高校办学自主权;政府规制方式简单而粗暴,规制过程中行政主导,自由裁量空间过大;学位授权审核过程中学术权利与行政权配置失衡,政府行政权力借由学术权力逃避监管责任;管制决策程序机制缺失,管制决策信息不对称等"[1]。为化解矛盾,破除阻碍高等教育高质量发展的体制机制障碍,在市场竞争机制推动和政府职能转变的大背景下,我国学位制度呈现出国家不断放权的特征。随着学位管理"放管服"改革的不断深化,高校的自主权限不断扩大,导致国家学位制度在实施逻辑上呈现出大学学位制度的色彩。[2]

首先,学位授权审核权不断下放。从改革历程看,我国学位授权审核已从一开始的新增博士、硕士学位授予单位和新增博士点、硕士点全部由国家审批逐步发展为省级学位委员会和部分高校拥有新增

---

[1] 李煜兴:《学位授权审核制度的法治化思考》,载《深圳特区报》2019年7月2日,第C04版。

[2] 参见靳澜涛:《国家学位制度的现实考察与立法完善》,载《重庆高教研究》2020年第2期。

硕士点审核权。省级学位委员会受国务院学位委员会委托也已开始进行博士点初审工作。甚至如北京大学、清华大学等部分高校也可以自行审核其已有二级学科博士点所在一级学科的博士学位授权。可见,部分高校在某种程度上已经享有国家授权后自主设置学位和自主进行学位授权审核的权力,"大学学位"的雏形已在部分高校出现。

其次,高校获得一定的学位授予管理自主权。虽然学位授予的标准、基本程序和学位授予权的审批仍由国家规定和统一管理,但是各学位授予单位在现有法律框架下,可以根据自身定位,以不同方式进行学位授予管理。正是由于各高校学位授予管理方式和水平的差异化,不同学位授予单位颁发的学位含金量存在显著区别。市场可以借由学位释放的信号进行筛选以实现优胜劣汰,进一步倒逼高校为生存发展而采取措施,提高教学质量。

最后,实践中已然默许高校可以自主制定严于国家标准的学位授予标准。伴随着大学自主权的讨论,关于大学是否能够制定更高标准的学位授予条件引发热议。《学位条例》《高等教育法》《学位条例暂行实施办法》等法律法规明确了具有权威性的学位授予国家标准,各高校应当依法完全遵照执行,但实践中大量高等院校在上述学位法规的基础上提出了更高的要求。对此,国务院学位委员会采取默许态度,而司法机关在学位纠纷案件裁判中基本达成学位授予单位在学术自由范围内可以自行制定学位授予标准的共识。[①] 可见,学位授予单位可以在不违背学位授予国家标准的基础上设置差异化的学位授予标准,这已经被国家和社会普遍接受与认可。这也表明吸收"大学学位"制度有益经验,形塑开放包容的新型"国家学位"制度已有一定的社会认可度和政治选择基础。

[①] 参见刘璞:《高校学位授予标准设定权的法律属性与权利边界——兼论〈中华人民共和国学位条例〉的修改》,载《学位与研究生教育》2020年第8期。

第二篇

学位制度的问题与改革

第四章　学位管理体制

一、学位管理理念及其反思

由于20世纪80年代我国正处于计划经济时期,"高校专业设置、科研事务、教师队伍、招生就业等一揽子事务也由政府一手包办,高校俨然成为一个行政单位,一切事务归政府集中规划管理"①,学位管理被定位为行政管理事务。我国学位制度以国家价值目标为优先价值选项,这种制度安排导致"学位产权"模糊、"学术价值"偏离、"道德风险"高启②,并产生了被广为诟病的高校"行政化"问题。事实上,我国学位形态已悄然发生变化,正由单一的"国家学位"逐步发展为具有"大学学位"制度特征的"国家学位"。这一变化反映出学术自由理念在我国学位制度改革中的植入与普及。相较于以计划行政为特征的国家管制理念,学术自由理念倡导政府规制下的学术自由,即坚持学术自由与学术规范相统一。在价值层面,以学术自由理念指导学位制度改革,有利于促进学术繁荣、人才培养和保护合法权益。

(一)促进学术繁荣

学位管理不同于一般的行政管理,其涉及行政权力与学术权力的配置问题。学术是学位制度最核心的要素,也是大学形成和发展的内

---

① 赵章靖:《高校去行政化:回归大学本位》,载《大学(学术版)》2010年第6期。
② 参见罗建国:《我国学位授权政策价值取向的偏颇及其调整》,载《湖南师范大学教育科学学报》2018年第5期。

在根据。"大学是研究、传播高深学问的场所,知识生产和再生产是大学机构经久不变的社会功能。"① 作为大学的本业,学术是指对各种事物及其存在发展规律进行科学研究的活动。历史经验表明,学术的繁荣离不开学术的自由,学术的健康离不开学术的规范。② 现代意义上的学术自由实质上是学术自由和学术规范的统一体。一方面,以学术自由理念改造传统学位管理制度,有利于营造开放包容和求真求实的教育科研氛围,促进高校自主办学与能动发展;另一方面,以学术自由理念引领学位管理制度改革,有利于形塑以宪法及其他法律为基础的学位授予秩序和政府规制框架下的学术自律体系,坚持学术自由与学术规范相统一。换言之,学术自由理念指导下的学位管理实质为政府规制与高校自制的有机结合,是有秩序的学术繁荣得以形成的前提性条件。

(二) 促进人才培养

如果说促进学术繁荣是学术自由的出发点,那么促进人才培养便是学术自由的落脚点。在纯粹的"国家学位"形态下,学位授予单位的自主权一般受到较多限制,人才培养机制显得死板。引入学术自由理念,有助于消解"国家学位"的制度弊病,增强学位制度对人才市场的回应性,促进高素质科学研究型与技术技能型人才的培养。具体而言,以学术自由指导学位管理,对促进人才培养有三重意义:一是提高教师和学生的主体性,促进教育传承与创新功能的发挥;二是营造包容民主的教育科研环境,为培育受教育者的创新思维和探索精神提供积极条件;三是破除僵化陈旧的教育理念和管理模式,保证师生安全、稳定、公平、能动地进行科学研究。为落实促进人才培养的目标,学术自由理念要求深化学位领域的"放管服"改革,确保学位授予单位可以

---

① 阎梦娇:《大学学术自治与科层制的冲突与平衡——基于中国大学治理结构的分析》,载《高教探索》2019 年第 8 期。
② 参见李晓燕:《学术自由、学术规范与学术秩序治理》,载《陕西师范大学学报(哲学社会科学版)》2010 年第 6 期。

根据社会需要、办学实际和发展要求，依法自主制定学位授予标准和设置可授予学位的学科、专业。

(三) 保护合法权益

从权利生成的维度看，学术自由的客观现实是学术自由权产生的基础。学术自由权是学术自由的权利化，其作用于高校赖以生存的学术自由秩序空间。[①] 在学位制度体系中，学术自由权由学位授予权、标准制定权、考核评价权等具体权利构成，是内涵丰富的权利束。以学术自由理念改造学位管理模式，核心目的是要依法向高校赋权增能，尊重和维护高校的学术自由权。这有助于释放高校办学活力，发挥学位管理中学术裁量的积极作用，推动学术共同体的良性发展。同时，贯彻落实学术自由理念不仅益于保障高校的学术自由权，还益于保护学生的受教育权和学习权。高等教育的根本目的是促进学术繁荣和实现人的自我发展。基于保障公民受教育权的需要，学位制度建设应确保受教育者享有自决的权利，国家负责为此提供尊重、保护、给付等前提性支持。因此，学位制度改革应始终秉持"保护合法权益"的立法宗旨，通过引入学术自由理念，明确受教育者和高等教育机构在学位管理和学位授予中的主体地位，以体制机制的创设实现赋权增能，尊重和维护受教育者的学位获得权和高等教育机构的学位授予权。同时，学术自由理念还要求国家仅应在学位授予的事前和事后环节行使公权力，而不应介入过程性的高校学位授予活动，因为后者属于学术自由的范畴。

二、学位管理职权配置及其完善

学位管理体制本质上是行政权的配置问题，理顺学位管理中的职

---

① 参见陈亮:《高校学术治理权：性质判定、基本立场与践行标准》，载《教育发展研究》2022 年第 11 期。

权配置是学位管理工作规范化、有序化的重要保障。在当下,很难想象若没有行政权的介入支持,高等教育系统如何能够有效协调运转。

我国学位体制具有央地协同的特点,中央和地方共同参与学位制度的建设、执行与监管。《学位条例》第七条规定,"国务院设立学位委员会,负责领导全国学位授予工作"。因此,中央政府在需要改革的领域、改革方向和速度,以及制定、调整、实施政策上起着导向性的作用。然而,随着高等教育的规模化和大众化,中央政府无法独立承担对高等教育的全部投资,也难以承担所有高校的学位管理工作。1991年,国务院学位委员会印发《关于试行建立地方学位委员会的几点意见》,并先后批复同意16个省市试行建立省级学位委员会。1995年5月,国务院学位委员会下发《关于加强省级学位委员会建设的几点意见》,进一步明确省级学位委员会的主要职责和授权范围。1997年,原国家教育委员会和国务院学位委员会颁布《关于加强省级人民政府对学位与研究生教育工作统筹权的意见》,允许除16个省市之外的其他没有建立省级学位委员会的省、自治区、直辖市,可以根据需要,自行建立省级学位委员会或其他形式的学位与研究生教育管理机构。"凡是那些不要求或不涉及局部的首创性和责任心的工作应当以集权化方式去做(或作出决定),这样才能更有效、更经济地完成工作;凡是那些要求作出与局部的需要关系特别密切的决定,并且若集中地做将会妨碍和限制创造性,不利于发挥局部有效领导和责任心的工作,就应当分权,并在局部层次上加以贯彻。"[①]学位管理向省级政府分权不仅是管理效率的需要,更为重要的是,省级政府可以根据地方的人口规模、人口结构、产业布局、经济发展需求等因素,合理确定地方高等教育的发展方向,发挥地方政府发展高等教育的积极性。

从1995年国务院学位委员会印发《关于进行1995年增列博士和硕士学位授权点审核工作的通知》至今,我国的学位授权审核制度历

[①] 〔美〕E.马克·汉森:《教育管理与组织行为》(第五版),冯大鸣译,上海教育出版社2005年版,第35—36页。

经了多次重大改革。国务院学位委员会印发的《博士硕士学位授权审核办法》对审核的年限、方式,组织实施,程序与监管等内容进行了系统规范,学位授权审核工作迈入法治化新常态。这些改革虽然赋权省级学位委员会和部分高校,但其多由规范性文件和政策确立,《学位条例》中找不到其运作的合法性依据,也没有法定程序可以参照。也就是说,在中央、地方、学校三级管理体系中,省级学位管理机构的职权地位缺乏充分法律依据。"国家通过一系列的文件、政策确立省级学位委员会的学位授权审核管理功能,但相关的学位法律法规中并没有对此进行确认,因此其法律地位尚不明确。"[1]省级学位委员会的尴尬处境,使省级学位委员会在开展学位授权审核工作时缺乏充分的法律依据。省级学位委员会在国家宏观调控下自主开展学位授权审核工作的法治环境并没有形成。

《学位条例》对这种管理体制的转变缺乏应有的制度回应,内容上的滞后导致各级学位管理权限不清。其一,国务院对各省级学位委员会的授权不明,其权力存在合法性危机。《学位条例》并没有规定省级学位委员会的相关职能,各省级学位委员会的性质、地位、职责和组织体系等都是通过一系列的规范性文件和政策所确立,其所享有的学位授权审核权限并无法律依据。其二,国务院学位委员会和省级学位委员会之间的权责关系不明。根据组织法的规定,除法定行政机关外,行政主体还包括授权性行政主体和委托性行政主体两类。前者的权力来源于专门的法律法规授权,可以以自己的名义作出行政行为并承担相应的法律责任;后者的权力来源于行政机关的依法委托行为,其必须以委托机关的名义行使职权。对照相关划分标准,国务院学位委员会属于授权性行政主体。有疑问的是,省级学位委员会是授权性行政主体还是委托性行政主体?根据国务院学位委员会和教育部《关于下放学士学位授予单位审批权的通知》的规定,国务院学位委

---

[1] 胡大伟:《我国学位授权审核制度的行政法反思与完善——西北政法大学申博案引发的思考》,载《现代教育管理》2010年第9期。

员会将学士学位授予单位的审批权下放给省级学位委员会行使。如果这种权力下放属于行政法上的"授权",会存在合法性责难:第一,从禁止转授权的角度,国务院学位委员会作为授权性行政主体,无权将法律授予它的权力转授权给其他机构;第二,由一个行政规范性文件作为转授权的依据违背职权法定原则。倘若省级学位委员会所行使的审批权是基于"委托"而得,那么显然实践中省级学位委员会不得以自己的名义行使学士学位授予单位的审批权。

有学者深刻地指出,"一方面国家通过一系列的文件、政策确立省级学位委员会的学位授权审核管理功能,但相关的学位法律法规中并没有对此进行确认,因此其法律地位尚不明确。另一方面,国务院学位委员会通过文件和政策等形式对省级学位管理机构的权力行使作出要求并提出规范,但由于缺乏法律制度保障,权力下放随意性很大。省级学位委员会在国家宏观调控下自主开展学位授权审核统筹工作的法治环境并没有形成"[1]。国务院学位委员会通过政策文件将权力下放给省级学位委员会,前者身兼文件制定主体与解释主体双重身份,强化了学位管理中的权力操控色彩。省级学位委员会获得下放权力,具有更大的自主性,但由于其法律定位不甚明确,尚未被列为申诉、复议或诉讼等救济机制的适格主体,容易使落选高校处于"欲诉无门"的窘境。[2]

为解决相关问题,《学位法》对央地之间学位管理机构的职权关系进行了规定,构建了层次分明、协同合作的纵向学位管理体系。首先,《学位法》明确了国务院学位委员会和国务院教育行政部门的职责。《学位法》第六条规定"国务院设立学位委员会,领导全国学位工作"且"国务院学位委员会设立专家组,负责学位评审评估、质量监督、研究咨询等工作",第七条规定"国务院教育行政部门负责全国学位管

---

[1] 胡大伟:《我国学位授权审核制度的行政法反思与完善——西北政法大学申博案引发的思考》,载《现代教育管理》2010年第9期。
[2] 参见靳澜涛:《我国学位授权审核法治化的困境与出路》,载《研究生教育研究》2020年第3期。

理有关工作"。其次,《学位法》明确了省级学位委员会和省级教育行政部门的职责,即"省、自治区、直辖市人民政府设立省级学位委员会,在国务院学位委员会的指导下,领导本行政区域学位工作"和"省、自治区、直辖市人民政府教育行政部门负责本行政区域学位管理有关工作"。最后,《学位法》明确了学位授予单位设立的学位评定委员会的职责,包括"审议本单位学位授予的实施办法和具体标准""审议学位授予点的增设、撤销等事项""作出授予、不授予、撤销相应学位的决议""研究处理学位授予争议""受理与学位相关的投诉或者举报"等内容。通过上述规定,《学位法》正式将"三级"学位管理体制法制化,为学位管理和授予的有序实施提供了组织法支持。

三、学位管理实践及其检讨

(一)学位管理程序规则略显粗糙

受"重实体、轻程序"法治观念的影响,《学位条例》并没有设置多少程序规则,尤其是在学位授权审核制度方面。《学位条例》及《学位条例暂行实施办法》共四十五个条文,但占据学位制度"半壁江山"的学位授权审核制度在学位基本立法中仅有一句话的表述。缺乏公示、回避、送达、理由说明等重要的程序性制度,导致学位点评审过程缺乏透明度和公开性,省级学位委员会审核工作的公正性遭遇质疑。这一弊端在"西北政法大学申博案"中得到较为集中的体现。2009年2月13日,陕西省学位委员会发布《关于开展新增博士、硕士学位授予单位规划立项建设工作的通知》,西北政法大学等8所高校争夺2个博士建制名额。3月27日,陕西省学位委员会邀请来自陕西、北京、江苏三省市的21名专家(21名专家多为理工类,法学专家只有1名)进行评议,专家投票确定西安工业大学、西安外国语大学为拟立项建设单位。3月30日,西北政法大学部分师生进行"散步",抗议博士点评审中存在的不公现象,认为存在暗箱操作问题。4月10日,陕西省学位委员会宣布,鉴于有些参评学校的申报存在"材料不规范""数据不真实"等问题,严重影响评审结果的公正,要求各申报学校重新填报材料。4月14日,申报学校按照要求提交了申报材料,当天下午,陕西省学位委员会召开会议,以举手表决的方式作出了维持3月27日专家组评审意见的决定。4月16日,陕西省学位委员会宣布了博士学位授予单位立项建设的决定,西北政法大学对此表示不服并向陕西省人民政府提起行政复议并被依法受理。

该案是我国高校向教育行政机构提起行政复议的第一案,集中反映了学位授予过程中存在的诸多问题:一是法规范并未明确评审专家组成员的身份、遴选过程、组成标准以及学科专业背景比例分配情况,导致省级学位委员会在组织学位授权审核工作时具有很大的随意性;二是违反正当程序,评审办法、评审方式、评审过程和程序、评审标准等信息未及时向利益相关者公开。正是同行评审机制的缺失和评审程序的不规范,加剧了落选高校的不满和社会公众的质疑,破坏了学位授权审核工作的公信力。

(二)指标控制不尽合理

2012年年底,有媒体报道了贵州大学已建六年的硕士点被取消事件,引起了一片哗然。对于为什么要取消平稳建设中的理论经济学硕士点,贵州大学研究生院给出的解释是"平衡"。原贵州大学经济学院院长王秀峰透露:因为贵州财经大学有理论经济学,基于平衡学科布局的考量,省里让我们重点发展应用经济学。① 贵州大学理论经济学专业所遭遇的问题并非个案,同样遭受建设指标限制之苦的还有前文提及的西北政法大学,受陕西省博士点建设指标的影响,西北政法大学最终未能成功申请到博士点。

---

① 参见韦雪:《贵州大学已建6年硕士点取消 校方称平衡学科布局》,载中国发展门户网,http://cn.chinagate.cn/education/2012-12/10/content_27367824.htm,2024年4月11日访问。

贵州大学和西北政法大学的困境反映出我国高校申请硕士点、博士点所面临的普遍问题：对建设指标的总量控制削弱了高校的办学自主权。国务院学位委员会、教育部2009年颁布的《学位授予和人才培养学科目录设置与管理办法》明确规定，学科门类的设置应保持相对稳定。为防止高校学科门类的过度建设，国务院学位委员会在历次的学位授权审核中，都给每个省下发了一定的硕士点、博士点建设指标。这种按指标建设的思路，表明我国高等教育事业建设未能摆脱计划管理的思维。在这种体制下，国家价值处于优势地位，学术价值以及从事学位教育个体的价值处于从属地位。[1]

从1995年开始，我国对学位授权审核逐步进行改革，目前在一定的学科范围内和一定的总量控制下，硕士点、博士点审批权下放给了已成立省级学位委员会和部分条件较好的高校。但由于资源有限，国家只能采取限制地区指标进行资源配置的方式，这使得各大高校依旧无法完全实现每一个符合要求的学科硕士点、博士点的成功申报。

我们并不否认教育资源需要国家宏观配置，市场经济同样需要分配指标，而且指标配置也是市场经济条件下解决稀缺资源最优配置问题的一个重要辅助手段。问题的关键在于，应当在全面调查研究的基础上制定明确的标准，且标准的制定与调整应遵循正当程序，保证信息的公开透明。目前，我国通过地区分类限制实现对教育资源的配置的做法并未在学位立法中进行明确规定。教育部原副部长赵沁平教授谈到行政管理权与高校自主权之间的关系时强调，行政对高校来说也是必要的，一方面，是因为管理的需求，另一方面，从科学研究的角度来说，教授们可以比作一颗一颗珍珠，需要绳子把珍珠串成项链，串成项链的这个绳子就是行政，串的时候线不要跑到外面，串得好就会产生积极的效果。[2] 我国在教育行政管理方面没有充分体现信息公开

---

[1] 参见罗建国：《制度困境和政策创新：我国学位授权政策改革研究》，载《湖南师范大学教育科学学报》2010年第1期。

[2] 参见《教育部原副部长：中国大学千篇一律 需要个性化》，载中国新闻网，https://www.chinanews.com/edu/news/2009/12-22/2032455.shtml，2024年5月23日访问。

和程序正当,在配置教育资源的过程中,难免会出现一些不公平、不公正现象。

(三)学位点申请略带功利化

1995年公布的《教育法》规定,国务院教育行政部门主管全国教育工作,统筹规划、协调管理全国的教育事业。1998年公布的《高等教育法》赋予高校在调节系科招生比例,设置和调整学科、专业,制定教学计划、选编教材、组织实施教学活动和开展科学研究、技术开发、社会服务等方面的自主权。在近年的学位授权审核制度改革中,部分高校被赋予自主审核博士、硕士学位授权点的权力。但政府办学、行政主导是我国高等教育长期存在的问题。我国高校受到政府科层体系的强力管制是无法回避的历史事实和现状,即便我国已历经多次学位授权审核权的下放,但这一事实仍然存在。① 我国的教育行政管理体制以及政府主导色彩较浓的学位制度决定了我国的学位授予、学科设立主要依靠行政审批而不是依靠市场调节。为避免过度行政管理造成大学自主办学特色的缺失,将教育行政职权限制在合理范围内,通过市场调节促进高校的办学积极性与良性竞争,是社会主义市场经济和公共事业民营化背景下教育事业高质量发展的应有之义。然而,由于我国长期依靠行政手段调节高校竞争,硕士点、博士点的数量成为评价高校质量的重要标准,在这种情况下,各高校趋之若鹜地争取硕士点、博士点名额,以期通过硕士点、博士点数量提升自己的排名和影响力。高等教育的本位目的应是培养人才,但受不合理的高校竞争机制的影响,检验高校质量的市场工具难以充分发挥作用,培养人才的本位目的容易产生偏差。很多大学随波逐流,通过争取硕士点、博士点提高所谓的综合实力,高校长期依靠行政排名进行竞争。因此,在未能形成有效监督机制的情况下,若突然赋予高校学科硕士

---

① 参见孟鸿志、张运昊:《学位授权自主审核的制度架构与风险防范》,载《学位与研究生教育》2018年第11期。

点、博士点的自主设置审核权,容易使高校滥用权力。周光礼教授指出:"改革开放后,依靠国家宏观管理,我国高等教育快速发展,自 20 世纪 80 年代后期以来,我国大学在从计划经济体制向市场经济体制转轨的大背景之下,也开始出现严重的商业化倾向,不但科研越来越多地同企业挂钩,高校也开始大批量地吸收自费生,调整课程设置以追求短期经济效益。"[①]从国家教育行政管理方面看,由于高校长期受政府管理,其竞争机制缺乏市场导向。高校申请学位不是出于自身自主办学特色的需要,而是趋向于短期的经济效益,办学甚至成为地方政府政绩工程的组成部分。在"大学学位"下,国家赋予高校自主设置学科硕士点、博士点的审核权的前提是,高校可以根据自身办学特色需要开设学科。面对教育功利化与管理商业化现象,如何防止高校的权力滥用,也是学位制度改革的重点与难点。

四、学位管理监督机制及其优化

学位管理改革不可能一蹴而就,在没有明确的程序规范和良好的监督机制的前提下,贸然放权可能会导致权力的滥用。为促进教育行政管理职能的正确配置,我国目前需要通过信息公开促进学位授予程序的规范、通过质量评估时效制引导高校良性竞争,并通过建立以行政监督为主导、鼓励社会中介机构监督、加强高校自身监督的多方监督机制,确立现代国家学位制度。

(一)推动学位管理信息公开

国务院学位委员会和省级学位委员会在实施学位规划的过程中,因学位管理正当程序的缺失以及学位管理信息的不公开,而使

---

① 周光礼:《学术自由与社会干预——大学学术自由的制度分析》,华中科技大学出版社 2003 年版,第 67—97 页。

学位授权审核行为遭到强烈质疑。为此,学位授权审核制度改革应注重程序价值的注入,通过实行信息公开制度监督学位管理机构权力的行使。"政府信息公开是指政府主动或被动地将其掌握的政府信息予以公开。"[①]在数字时代,信息已成为社会经济发展的决定因素。政府管理涵盖了所有重要的社会信息。为保障公民知情权,政府应该公开信息。知情权,是指个人和组织知道国家机关所掌握信息的权利。该权利的实现,需要国家机关主动公开某些信息和应相对方请求公开某些信息。根据《政府信息公开条例》,行政主体和公共企事业单位应当通过法定形式和程序,主动向社会公众或依申请向特定个体公开其在履行公共管理职能时或提供公共服务过程中收集的信息。从控权的视角,政府信息公开可以通过增加行政透明度,确保政府依法行政。国务院学位委员会和省级学位委员会是我国教育部领导下的学位管理机构,自然应依照《政府信息公开条例》的规定公开相关信息。

学位管理的程序设计是学位管理有序进行的前提。在我国的三级学位管理机制下,学位管理涉及国务院学位委员会、省级学位委员会、学位授予单位自上而下的权力配置和程序规范。其中,省级学位委员会和学位授予单位是我国学位组织法改革的核心关键。它们权力行使的法治化,直接关系到学位管理质量和效益。《学位条例》虽然有控权性要求,但规定得过于简单,尤其是未涉及对省级学位委员会权力行使的程序控制。对此,《学位法》在完善省级学位委员会学位管理、学位规划和学位授予单位学位答辩、学位评定的具体程序等方面均作出了具体规定。在学位管理程序有法可依的情况下,进一步规定了学位委员会应当将涉及学位管理、学位规划、学位答辩、学位评定的重要信息通过数字平台向社会公开,通过信息公开可以有效接受同行专家及其他学位授予单位的质询和监督。

---

① 应松年、陈天本:《政府信息公开法律制度研究》,载《国家行政学院学报》2002年第4期。

(二)引入学位质量评估制度

从学位制度改革历程看,国家更注重通过事前的学位授权审核保障学位授予质量,而相对忽视事中、事后监管。尽管我国从2005年就开始加强对高校学位质量的评估,并且在2014年和2015年分别出台《学位授权点合格评估办法》和《博士、硕士学位授权学科和专业学位授权类别动态调整办法》,但对学位授予的监管力度仍然不够。为保障学位授予的质量,亟须建构有时效限制的学位质量评估机制。

在过去,高校获得的学位授予权几乎是"终身制"的,只要通过审核,学位授予单位即永久获得相应学位的授予权。虽然《学位条例》第十八条规定:"国务院对于已经批准授予学位的单位,在确认其不能保证所授学位的学术水平时,可以停止或撤销其授予学位的资格。"但事实上,从《学位条例》实施以来,鲜有学位授予单位的学位授予资格被撤销。高校只要成功申请到硕士点、博士点,就"终身"拥有了学位授予权。学位授权"终身制"下,一些单位表现出明显的功利性和投机性,热衷于对学位授权点的申报,却疏于申报成功后的建设和管理。"有的学位授权点的申报材料本身就是资源整合口号下的拼凑之物,不论是人员,还是设备等都是临时借用,有名无实。申报成功后,束之高阁,正常的科研、教学都无法进行,质量保障根本就是奢谈。也有的学位授权点经过多年的变迁,或由于后期建设力度不够,或建设方向把握不准,出现了学科梯队老化、学科带头人流失、学科水平下滑等现象。"[①]学位授予单位拥有学位授予权,却不注重学生的学位教育质量,也不致力于走学科建设和提高科研能力的内涵发展道路,这是造成我国高等教育发展水平落后的重要原因。因此,只有废除学位授予单位的"终身制",通过定期的质量评估,加强政府与社会对学位质量的监督管理,才能引导大学回归致力于提高科研水平、注重学位

---

① 翟亚军、李明磊:《我国学位授权退出机制的缺失与完善》,载《江苏高教》2012年第3期。

教育质量的正确轨道。

学位授权审核制度改革后,"2005年,我国开始对学位授予单位和学位授权点定期评估。经过评估共有7个博士点被撤销或终止博士学位授予权,33个硕士点被撤销或终止硕士学位授予权"[①]。这是质量评估走进我国学位授予质量保障体系的开端。2016年,同济大学、华南理工大学等知名高校的一些学位点被撤销,引起社会热议。2020年4月30日,教育部公布了2014年至2019年学位授权点合格评估结果,山东大学、复旦大学、南京师范大学、中国人民银行金融研究所部分硕士、博士学位授权点因评估不合格,或者未开展自我评估,被教育部撤销或暂停学位授予资格,整改后接受复评。改革实践证明,"定期评估是激励和促进学位授予单位加强授权后学科专业建设的重要举措,是退出机制走向制度化的主要标志,对于保证和提高学位授予质量,扭转和抵制在学位授权审核中'重申报、轻审核'的不良现象,促进学科建设水平的提升具有重要作用"[②]。为此,《学位法》第三十四条规定:"国务院教育行政部门和省级学位委员会应当在各自职责范围内定期组织专家对已经批准的学位授予单位及学位授予点进行质量评估。对经质量评估确认不能保证所授学位质量的,责令限期整改;情节严重的,由原审批单位撤销相应学位授予资格。自主开展增设硕士、博士学位授予点审核的学位授予单位,研究生培养质量达不到规定标准或者学位质量管理存在严重问题的,国务院学位委员会应当撤销其自主审核资格。"

(三)构建多元化监督机制

《学位法》虽然规定了学位委员会对于不能保证所授学位质量的学位授予单位的学位授予资格的停止、撤销,但如果只依赖政府的单

---

① 翟亚军、李明磊:《我国学位授权退出机制的缺失与完善》,载《江苏高教》2012年第3期。

② 翟亚军、李明磊:《我国学位授权退出机制的缺失与完善》,载《江苏高教》2012年第3期。

方面监督,并不能有效保障学位授予的质量和学位管理的公正有序。笔者认为应当构建包括行政监督、中介机构监督、高校自身监督等在内的多元化监督机制,实现对学位授予单位的全方位监督。

治理理论认为,公共物品并不一定由政府强制提供才符合效益原则,在许多情形下,市民阶层和民间团体采取自愿机制或许更为有效。政府要敢于放权,将学位授权审核和学位教育质量评估工作逐渐交给第三方组织。[①]"国家学位"的长期传统,使我国学位授权审核制度长期采取以行政监督为主导的监督模式,造成社会第三方中介机构监督的缺失。但因社会中介机构具有专业性、中立性,其在学位授予监督中能够发挥重要作用。为完善学位授予监督机制,应当鼓励和支持具有相应专业能力和资质的社会中介机构依法开展学位授予质量评价、学位认证、学位信息查询等服务工作,发挥其在学术评价和动态监督上的专业优势。[②] 与此同时,高校自律是保障学位质量的决定性因素。因而除强化行政监督、社会中介机构监督等外部监督机制外,还应当增强高校的自我约束意识,推动其在学术水平和教学质量上进行自我约束,保证所授学位的质量。

[①] 参见罗建国:《我国学位授权政策价值取向的偏颇及其调整》,载《湖南师范大学教育科学学报》2018 年第 5 期。

[②] 参见靳澜涛:《修改〈学位条例〉应当处理好的八对关系》,载《学位与研究生教育》2020 年第 7 期。

第五章　学位授权审核

一、学位授权审核的理念

"现代意义上的'大学自治'指大学应妥善处理好与政府、社会之间的关系,努力避免外界对学术的过多干预,在教学活动、科学研究、技术开发、组织建设、经营管理、对外交流、社会服务等事务中,依法自主办学。"[①]学位授权审核应当在大学自主和有限政府的理念之下进行。

其一,大学的独立性和自主性应当是大学之所以称之为大学的应有之义。香港中文大学原校长金耀基教授曾指出:"大学不能遗世独立,但却应该有它的独立与自主;大学不能自外于人群,但却不能随外界政治风向或社会风尚而盲转、乱转。大学应该是'时代之表征',它应该反映一个时代之精神,但大学也应该是风向的定针,有所守,有所执著,以烛照社会之方向。"[②]大学是个理性的营垒,大学在各种压力和诱惑面前,必须保持清醒的意识。哈佛大学前校长洛威尔的一段话也令人反省和深思,他说:"大学的存在时间超过了任何形式的政府,任何传统、法律的变革和科学思想,因为它们满足了人们的永恒需要。在人类的种种创造中,没有任何东西比大学更经受得住漫长的吞没一切的时间历程的考验。"[③]

[①] 钱福永:《从政府管制到大学自治——兼论政府教育职能的转变》,载《黑龙江高教研究》2007年第4期。
[②] 金耀基:《大学之理念》(增订版),生活·读书·新知三联书店2020年版,第38页。
[③] 〔美〕约翰·S.布鲁贝克:《高等教育哲学》,郑继伟等译,浙江教育出版社1987年版,第27页。

其二,政府的教育行政应恪守有限行政的要求。"有限政府"是指政府自身在规模、职能、权力和行为方式上受到法律和社会的严格限制和有效制约。法治国家的要义在于确立和维持一个在权力、作用和规模上都受到严格的法律限制的"有限的政府"。可以说,法治政府的本质就是有限和有效的政府。改革开放四十多年的经验告诉我们,如果政府权力漫无边际,可能会过度干预大学的学术自由。学位授权审核中政府应当恪守有限行政的原则,避免对大学学术活动的过度干预和控制。

二、学位授权审核模式

自国务院学位委员会于1981年启动全国第一次博士、硕士学位授权审核以来,我国31个省、自治区和直辖市均已有博士、硕士学位授予单位。在国家学位、大学学位等不同学位形态之下,政府对于学位授权审核的要求有所不同。我国实行国家学位模式,国家享有学位的授予权,并由国家管理和控制学位质量,培养单位只能在国家赋予的权力范围内行使权力,自主权较小。具体表现为我国新增博士、硕士学位授予单位和博士点由国务院学位委员会组织审核和批准,硕士点由省级学位委员会或学位授予单位根据统一规定的办法组织审核。正如有学者指出,我国目前的这种学位授权审核实质上仍然是一种政府主导下的行政审批模式。作为学位最高管理机构的国务院学位委员会,其具有认定及审核学位授予单位,授权学科、专业的权力。[①] 2017年,教育部、国务院学位委员会印发了《学位与研究生教育发展"十三五"规划》,明确了学位授权审核制度为本期改革的重要事项。随后,国务院学位委员会通过了《博士硕士学位授权审核办法》,对审核的年限、方式,组织实施,程序与监管

---

① 参见罗建国:《我国学位授权政策研究》,华中科技大学2008年博士学位论文。

等内容进行了系统规范,学位授权审核工作迈入法治化的新常态。此次改革尤其以部分高校获得学位授权自主审核权为亮点,2018年4月,国务院学位委员会下发了首批20所拥有自主审核权的高校名单;2019年5月,这一名单扩展至31所"双一流"建设高校。[1] 然而,由于高校学位授权自主审核工作起步较晚,学界研究尚不充分,主要聚焦于制度存在的问题及对策研究。有学者指出,学位授权自主审核的制度架构存在法治化程度较低、改革对高校平等的侵犯等制度风险;也有学者指出,高校面临新增学位授权点实体标准模糊、信息公开不到位等现实困境。[2] 整体而言,《学位条例》颁布实施以来我国的学位授权审核属于国家学位形态下的严格审批模式。

1995年《教育法》规定,国务院教育行政部门主管全国教育工作,统筹规划、协调管理全国的教育事业,1998年《高等教育法》也赋予高校在系科招生比例上的调节、学科和专业的设置和调整、教学计划的制定、各类教材的选编、各种教学活动的组织实施和各类科学研究的开展、开发各种技术、为社会提供服务等方面享有自主权,这类规定一直延续至今。但由于受到各种因素的影响,我国高校办学自主权并没有取得理想中的效果。在学位授予领域表现为通过国家计划来分配和安排名额,实行严格审批。《学位条例》实施后的相当长一段时间里,我国学位授权审核采取政府主导下的行政审批模式,主要体现为学位申请单位并不是达到一定的条件和资质就能获得学位授予权,而是取决于国家的计划和名额的分配,这样一种行政内部审批具有很强的主观性。我国的学位授予审批范围十分广泛,不仅是博士点需要审批,学科专业点也需要国家审批。另外,在专业学科设立方面,政府为了保证学位的统一和规范,院校

---

[1] 参见范奇:《学位授权自主审核的行政规制意涵:基于政校关系的视角》,载《学位与研究生教育》2021年第1期。
[2] 参见钟秉林、段戒备:《我国高校学位授权自主审核的制度构建与完善路径——基于31所高校学位授权自主审核实施办法的文本分析》,载《学位与研究生教育》2020年第10期。

要开设专业学科,仍然要按照教育部颁布的专业目录的规定进行开设,并且要向教育部提交申请,在获得审批后才能设置。这虽然保障了学位授予的秩序,但是层层审批会耗费大量的人力、物力,并且也无法很好地回应市场和社会的人才需求。学位授权审核体现着政府对学位的管理与控制,是政府对学位教育资源的配置行为。"学位授权审核实际上是教育行政机关行政权力对高校学位自主权进行的一种干预和限制。"①从学位授权审核法律属性的角度,一直存在"授权说"和"许可说"两种理论主张。传统"授权说"趋于式微,新近"许可说"逐步占据主导地位,并推动学位授权审核制度的许可化改造。学位授权审核包括授权前的审核和审核后的授权两个行为环节,兼具许可和授权的双重法律属性。②"授权说"和"许可说"都不足以全面揭示学位授权审核的法律性质,但都从不同侧面揭示了学位授权审核的法律特征,因而又都具有一定的合理性。

从法律关系的角度,学位授权审核制度中政府与高校的关系是教育行政法律关系。更具体地说,学位授权审核制度中政府与高校的关系实际上是高等教育领域里的行政许可法律关系,即"高教行政许可法律关系"。所谓高教行政许可,是高教行政主体应相对人的申请,经依法审核,准予其从事高教领域某种特定活动的行为。这一关系的定位表明了在学位授权审核中政府不应该对高校严格管制,二者间不是内部行政审批关系,而是一种外部"行政许可法律关系"。关于高校的性质问题,我国理论界和实务界的认识比较一致,都将其定位为事业单位。作为事业单位,高校的法律地位比较特殊。一方面,高校像其他民事主体一样,享有普通的民事权利,也承担一般的民事责任。如《高等教育法》规定,高等学校自批准设立之日起取得法人资格,在民事活动中依法享有民事权利,承担民事责任。高校从事民事活动时,如采购办公用品、建筑校舍、出租场地等,与其他企业、机关、社团

---

① 罗文燕:《行政许可制度研究》,中国人民公安大学出版社2003年版,第37页。
② 参见李煜兴:《许可与授权:论学位授权审核法律性质的双重性》,载《南京师大学报(社会科学版)》2019年第3期。

法人并无区别。另一方面,高校与学生、教职员工之间的关系既有民事法律关系,又存在民事法律关系以外的其他关系。如果仅仅将高校与学生之间的教育关系视为普通民事关系,则无法解释为什么高校对学生享有特殊的管理权限,如纪律处分,颁布学历、学位证书,制定校纪校规。因此,高校作为事业单位,既享有一般民事主体的法律地位,又有区别于民事主体而近似行政主体的法律地位。具体到学位授权审核制度中,高校在向政府申请学位授予权时,与政府的关系是行政主体与行政相对人的关系,而高校在制定学位实施细则,依据细则向学生颁发学位时,高校与学生的关系又类似于行政主体和行政相对人的关系。学位授权审核进行许可化改造后,则意味着学位授予权实际上是高校作为行政相对人采取申请的方式而获得的一种法律上的自由"权利"。[①]

《行政许可法》颁布实施后不久,教育部也出台了《实施教育行政许可若干规定》,这一规定对建立健全教育行政许可制度、规范实施教育行政许可、推进依法治教发挥了积极的推动作用。依据相关规定,教育部对教育行政事项进行了清理,其中学位授权审核被列入教育行政许可事项。教育行政许可制度的推行,推动着教育管理体制的变革,推动着教育管理模式的变革,一方面为学位授权审核制度实行改革提供了良好的契机,另一方面行政许可的实施对我国学位授权审核制度的变革提出了更高的要求。在实践中,学位授权审核程序机制出现了许可化改造现象,2017年国务院学位委员会《博士硕士学位授权审核办法》第一条明确规定"根据……《中华人民共和国行政许可法》,制定本办法"。该办法总结了此前实践中学位授权审核的最新发展经验,并对学位授权审核进行了全面的许可化改造。[②] 2018年4月19日,国务院学位委员会出台《关于高等学校开展学位授权自主审核

[①] 参见范奇:《学位授权自主审核的行政规制意涵:基于政校关系的视角》,载《学位与研究生教育》2021年第1期。

[②] 参见李煜兴:《许可与授权:论学位授权审核法律性质的双重性》,载《南京师大学报(社会科学版)》2019年第3期。

工作的意见》。2023年10月24日，第九届国务院学位委员会第一次全体会议修订了《博士硕士学位授权审核办法》，明确规定博士硕士学位授权审核是指国务院学位委员会依据法定职权批准可授予学位的高等学校和科学研究机构及其可以授予学位的学科（含专业学位类别）的审批行为。该办法共七章三十五条，对博士硕士学位授权审核作出了全面的规范，分别对组织实施、新增博士硕士学位授予单位审核、新增博士硕士学位授权点审核、自主审核单位新增学位点审核、质量监管等作出了较为系统的规定，学位授权审核全面纳入行政许可的法治轨道。

三、走向法治化的学位授权审核许可模式

为了保障学位授权审核制度免受行政权力的过度干预而保持连续性，我们应该改变严格的行政审批模式，依据《行政许可法》的规定，通过行政许可机制对新增博士、硕士单位进行审核，赋予其学位授予权，并将博士点的设置与审核交给博士学位授予单位自主把握，并依据业已进行的尝试，将这一制度法治化。进一步来说，是从全能政府理念下的严格审批模式转向有限政府理念下的行政许可模式。有限政府理念下的行政许可体现在政府对大学授予学位的最低标准的控制上，采取一种国家认可的学位授予模式，并建立起一个"统一而又不整齐划一"的学位授予制度："统一"，即指国家立法应当规定授予学位的最低标准，对学位授予的许可进行规范和明确，对申请学位授予权的程序、标准进行详细的规定，这明确了不同大学同类学位的最低质量控制线；"不整齐划一"则指学校通过行政许可途径获得学位授予权后，可以根据自己的具体情况，在已有的法律框架内自主设置学科与学位办法，规定一个符合自己学术特色的学位授予标准自行颁发学位，学位授予单位可以根据情

况确定高于国家标准的培养目标和要求。① 这种模式体现了大学自主及其有限性,承认了不同学校在人才培养上的差异性,又确保了国家对人才培养质量的目标成为现实。

(一)厘清学位授予的审核权限

首先,应当明确国务院学位委员会的法律地位和权限。《学位条例》第七条明确规定,"国务院设立学位委员会,负责领导全国学位授予工作"。第八条第一款则规定:"学士学位,由国务院授权的高等学校授予;硕士学位、博士学位,由国务院授权的高等学校和科学研究机构授予。"根据以上规定,国务院学位委员会是学位授予工作的领导机构,但高校和科研机构颁发学位的工作则是由国务院授权。可见,《学位条例》对"国务院学位委员会"的法律性质和地位的规定并不明确。对此,笔者认为学位立法应当确立国务院学位委员会授权性行政主体的法律地位,并赋予其相应的权力。《学位法》第六条第一款明确了国务院学位委员会的法律地位,规定"国务院设立学位委员会,领导全国学位工作"。第六条第二款和第三款明确了国务院学位委员会的组成,"国务院学位委员会设主任委员一人,副主任委员和委员若干人。主任委员、副主任委员和委员由国务院任免,每届任期五年。国务院学位委员会设立专家组,负责学位评审评估、质量监督、研究咨询等工作"。

其次,应当厘清国务院学位委员会和国务院教育行政部门的关系。国务院学位委员会领导全国学位工作,那么其与国务院教育行政部门之间是什么关系?对此,《学位法》第七条也厘清了二者的关系,明确规定"国务院学位委员会在国务院教育行政部门设立办事机构,承担国务院学位委员会日常工作。国务院教育行政部门负责全国学位管理有关工作"。具体而言,《学位法》第十四条第三款进一步规定了二者的分工,"博士学位授予资格,由国务院教育行政部门组织审

---

① 参见张传:《学位立法中应注意的问题》,载《学位与研究生教育》2009 年第 1 期。

核,报国务院学位委员会审批"。

最后,应当在法律上确认省级学位委员会在学位授权审核管理中的权力。《学位条例》并未规定省级学位委员会的法律地位及其具体职责,但实践中省级政府在学位管理中无疑发挥着越来越重要的作用。从行政分工和科层制的角度,中央政府不能统揽所有的地方事务,现代高校服务地方的功能越来越突出,省级政府也应当在高等教育的行政管理中发挥一定的作用。具体到学位授予领域,省级政府应当在遵循中央政府对学位授权资源整体布局的基础上,根据地方社会发展需求,对本地区的学位授予进行统筹和规划,并作为宏观的管理者和服务者,更多地发挥"掌舵"而非"划桨"的作用。因此,学位立法应该明确授予省级政府在学位授权审核管理中的权力,实现"在中央政府最低标准和政策优先权的共识框架内,将学位授权许可的权力和资源从中央集中控制向省级政府转移"①。对此,《学位法》第八条也原则性地规定了省级学位委员会的法律地位,第八条第一款明确"省、自治区、直辖市人民政府设立省级学位委员会,在国务院学位委员会的指导下,领导本行政区域学位工作"。第二款则规定"省、自治区、直辖市人民政府教育行政部门负责本行政区域学位管理有关工作"。第十四条第一款和第二款还明确了省级学位委员会审批的权限,规定"学士学位授予资格,由省级学位委员会审批,报国务院学位委员会备案。硕士学位授予资格,由省级学位委员会组织审核,报国务院学位委员会审批"。

(二)细化学位授权审核程序

《学位条例》和《学位条例暂行实施办法》对学位授权审核缺乏严格的程序规定。国务院学位委员会颁布的《关于审定学位授予单位的原则和办法》也只是原则性地规定了对申请单位的审核要

---

① 陈渝、崔延强、张陈:《谈学位授权审核制度中省级政府职能的转换》,载《中国高等教育》2009年第15、16期。

求,缺乏对于授权审查的过程、步骤的明确规定。整体而言,在当前的学位授权审核法律制度中,程序价值并没有得到体现。为此,在设计学位授予行政许可机制时,应该吸取学位授权审核实践中的教训。① 本着正当法律程序的理念,在借鉴《行政许可法》的基础上,制定更为严格的学位授权审核程序。

1. 学位授予资格的申请

根据我国《行政许可法》的规定,公民、法人或者其他组织从事特定活动,依法需要取得行政许可的,应当向行政机关提出申请。关于申请人的资格,《学位法》第十二条明确了高等学校、科学研究机构申请学位授予资格应当具备的条件是"(一)坚持社会主义办学方向,落实立德树人根本任务;(二)符合国家和地方经济社会发展需要、高等教育发展规划;(三)具有与所申请学位授予资格相适应的师资队伍、设施设备等教学科研资源及办学水平;(四)法律、行政法规规定的其他条件"。除上述基本条件外,国务院学位委员会、省级学位委员会可以对申请相应学位授予资格的条件作出具体规定。《学位法》第十五条对申请程序作出规定,申请学位授予资格,应当在国务院学位委员会、省级学位委员会规定的期限内提出。第十七条第二款还作出了授权,即"国务院学位委员会可以根据国家重大需求和经济发展、科技创新、文化传承、维护人民群众生命健康的需要,对相关学位授予点的设置、布局和学位授予另行规定条件和程序"。2023年修订的《博士硕士学位授权审核办法》在此基础上明确规定了新增博士硕士学位授

---

① 近年来学位授权审核程序失范引发的学位委员会与学位授予单位之间的争议引起了学界的高度关注,2009年西北政法大学申博案中陕西省学位委员会程序违法是西北政法大学提起行政复议的主要原因。第一,专家评审的程序和行政决策的程序都存在不规范之处,造成此次学位授权审核实体结果公正性的缺失。案中的21名评审专家是陕西省学位委员会分别从陕西、江苏和北京邀请选定的。据西北政法大学调查,21名专家的背景多为理工类,法学专家只有1名。这种组成结构的专家组违背了"同行评议"的原则,对西北政法大学明显不利。由此可见,随意选择评审专家的来源和随意选定的标准透出评审专家选择程序缺乏正当性。第二,专家评判过程具有很大的主观性,没有将评审方式和标准加以细化和公开,参评高校的知情权得不到应有的保障。

予单位和学位点的申请要求,符合新增学位授予单位申请基本条件的单位向本地区省级学位委员会提出申请,报送材料;学位授予单位按照申报指南和学位点申请基本条件,确定申报的一级学科和专业学位类别,向本地区省级学位委员会提出申请,报送材料,并说明已有学位点的师资队伍与资源配置情况。可见,我国的三级学位管理体制,由省级学位委员会接受申请机构的申请。

对于申请机构应当提交哪些材料,立法和相关政策文件中没有具体的规定,在申请机构申请学位授予权时,应当要求申请机构提供尽可能多的证明材料,充分考虑学生、教师、同行机构、伙伴机构的意见和建议,避开单方面意见可能造成的偏见。《学位法》第十四条第四款规定:"审核学位授予资格,应当组织专家评审。"《行政许可法》在第三十一条强调申请人对于申请资料真实性所应承担的法律责任,学位立法也有必要对高校和研究机构在学位点申报过程中的"材料造假"问题作出明确规定,并与资格退出机制相互衔接。[①] 为此,《博士硕士学位授权审核办法》第三十条也明确了这个问题的处理方式,规定"学位授予单位应实事求是地填写申报材料,严格遵守评审纪律。对材料弄虚作假、违反工作纪律的学位授予单位,取消其当年申请资格,并予以通报批评"。

2. 学位授权审核程序

《行政许可法》第四章专门突出了许可程序,那么,作为一项具有竞争性的行政许可,学位授权审核也应该建立健全公示(许可决定和申请材料)、回避(适用于结果申诉环节)、听取意见(申请单位和利害关系单位)、送达(相关书面决定)、听证(适用于不予授权或撤销授权的情形)等基本的程序性制度,突出过程的法治化和结果的正当性。[②]《学位法》第十五条第二款对学位授权审核程序问题作出了规

[①] 参见靳澜涛:《修改〈学位条例〉应当处理好的八对关系》,载《学位与研究生教育》2020年第7期。

[②] 参见靳澜涛:《修改〈学位条例〉应当处理好的八对关系》,载《学位与研究生教育》2020年第7期。

定,明确了审核期限:"负责学位授予资格审批的单位应当自受理申请之日起九十日内作出决议,并向社会公示。公示期不少于十个工作日。公示期内有异议的,应当组织复核。"

《博士硕士学位授权审核办法》进一步区分了三种不同情形的审核程序。第一种情形针对新增学位授予单位的审核,基本程序是:①符合新增学位授予单位申请基本条件的单位向本地区省级学位委员会提出申请,报送材料。②省级学位委员会对申请学校的资格和材料进行核查,将申请材料向社会进行不少于5个工作日的公示,并按有关规定对异议进行处理。③省级学位委员会组织专家对符合申请条件的学校进行评议,并在此基础上召开省级学位委员会会议,研究提出拟新增学位授予单位的推荐名单,在经不少于5个工作日公示后,报国务院学位委员会。④国务院学位委员会办公室组织专家对省级学位委员会推荐的拟新增学位授予单位进行评议,专家应在博士学位授权高校领导、国务院学位委员会学科评议组召集人及秘书长、全国专业学位研究生教育指导委员会主任委员与副主任委员及秘书长范围内选聘。获得2/3(含)以上专家同意的确定为拟新增学位授予单位。经省级学位委员会推荐的符合硕士学位授予单位申请基本条件的单位,经核查且无重大异议,可不进行评议并直接确定为拟新增硕士学位授予单位。⑤国务院学位委员会办公室将拟新增学位授予单位名单向社会进行为期10个工作日的公示,并按有关规定对异议进行处理。⑥国务院学位委员会审议批准新增学位授予单位。第二种情形针对新增博士硕士学位点的审核,基本程序是:①学位授予单位按照申报指南和学位点申请基本条件,确定申报的一级学科和专业学位类别,向本地区省级学位委员会提出申请,报送材料,并说明已有学位点的师资队伍与资源配置情况。②省级学位委员会对学位授予单位的申请资格和申请材料进行核查,将申请材料向社会进行不少于5个工作日的公示,并按有关规定对异议进行处理。③省级学位委员会根据学位点的类型,组织专家对符合申请基本条件的博士硕士学位点进行评议,专家组人员中应包括相应学科评议组成员或专业学位教指委委员。④省级学位委员会在专家组评议基础上召开省级学位委员会会议,提出拟新增学位点的推荐名单,在经不少于5个工作日公示后,报国务院学位委员会。⑤国务院学位委员会办公室组织专家对省级学位委员会推荐的拟新增博士学位点进行复审,复审分为网络评审和会议评审两个环节。网络评审由国务院学位委员会办公室组织同行专家开展。会议评审由国务院学位委员会办公室委托学科评议组或专业学位教指委开展,获得2/3(含)以上专家同意的确定为拟新增学位点。经省级学位委员会推荐的符合条件的硕士学位点,经核查且无重大异议,可不进行复审并直接确定为拟新增硕士学位点。⑥国务院学位委员会办公室将拟新增学位点名单向社会进行为期10个工作日的公示,并按有关规定对异议进行处理。⑦国务院学位委员会审议批准新增学位点。第三种情形则针对自主审核单位新增学位点的审核。《学位法》第十六条规定:"符合条件的学位授予单位,经国务院学位委员会批准,可以自主开展增设硕士、博士学位授予点审核。自主增设的学位授予点,应当报国务院学位委员会审批。具体条件和办法由国务院学位委员会制定。"《博士硕士学位授权审核办法》第二十一条进一步明确了符合申请基本条件的学位授予单位可向省级学位委员会申请自主审核单位资格。省级学位委员会对申请材料进行核查后,将符合申请基本条件的学位授予单位报国务院学位委员会。国务院学位委员会办公室组织专家评议后,经国务院学位委员会全体会议同意,确定自主审核单位资格。第二十三条第二款规定,自主审核单位可每年开展新增学位点审核,并于当年10月31日前,将本单位拟新增学位点经省级学位委员会报国务院学位委员会核准。

3. 学位授予行政许可时效

以往我国的学位授权审核制度在学位授权审核方面是"终身制"的,只要通过初次审核,学位授予单位即可终身拥有学位授予权,这便使学位授予单位并不注重学位质量与教育质量,而是将精力放在追求获得更多的硕士点、博士点上,不利于学位授予单位建设学科专业和提高科研能力。近年来,国务院学位委员会加大了学位与研究生教育改革力度,分别于2014年和2015年印发《学位授权点合格评估办法》和《博士、硕士学位授权学科和专业学位授权类别动态调整办法》,开始定期大规模撤销学位点。2016年,同济大学等知名高校的一些学位点被撤销,曾一度引起社会的热议;2019年4月,国务院学位委员会和教育部联合发文,新一轮学位点合格评估工作即将开启。由此,撤销学位点机制的常态化运转已初步实现。① 学位立法通过规定学位授予行政许可机制的时效制度,废除了学位授予单位的"终身制",加强了政府与社会对高校学位质量的监管力度,促进学位授予单位不断提高自身教育质量和学位质量。至于学位授予权的行政许可时效的具体标准,则要根据我国的具体实际情况以及众高校的情况,借鉴外国的经验来规定一个具体的时限。

4. 学位授权的后续监督

在《学位条例》中,只有一个条文涉及学位授权审核监督,即第十八条规定的"国务院对于已经批准授予学位的单位,在确认其不能保证所授学位的学术水平时,可以停止或撤销其授予学位的资格"。然而,这一规定在执行中暴露出诸多问题。首先,监督主体存在问题。根据上述规定,学位授权审核的监督主体是国务院,且不论国务院是否应当承担监督义务,单就监督能力而言,由国务院来监督全国众多的学位授予单位,显然超出其能力范围。其次,根据《行政许可法》所确立的"谁许可,谁监督"的原则,国务院学位委员会作为《学位条例》授权的审核主体,理应由其对学位授予进行监督。再次,对如何监督缺乏具有可操作性的规定。现行法律规范没有对国务院及国务院学位委员会应当如何监督作出具体规定。目前,我国学位点撤销主要存在两大类型:一是根据《博士、硕士学位授权学科和专业学位授权类别动态调整办法》,由学位授予单位主动申请撤销;二是根据《学位授权点合格评估办法》,对经评估不合格的,由国务院学位委员会强制撤

---

① 参见杨杰:《撤销学位授权点的法治化路径探析》,载《学位与研究生教育》2019年第8期。

销。然而,《学位条例》对学位点撤销只有一条原则性规定,《博士、硕士学位授权学科和专业学位授权类别动态调整办法》和《学位授权点合格评估办法》创设的规则亦存在疏漏。这导致对学位授予单位的监督多流于形式。最后,忽视社会中介机构等第三方主体对学位授予单位的监督。

为解决相关问题,《学位法》第三十四条规定了学位质量评估机制,明确"国务院教育行政部门和省级学位委员会应当在各自职责范围内定期组织专家对已经批准的学位授予单位及学位授予点进行质量评估。对经质量评估确认不能保证所授学位质量的,责令限期整改;情节严重的,由原审批单位撤销相应学位授予资格。自主开展增设硕士、博士学位授予点审核的学位授予单位,研究生培养质量达不到规定标准或者学位质量管理存在严重问题的,国务院学位委员会应当撤销其自主审核资格"。然而,相关规定仍较为抽象。为避免因缺失后续管理和监督而导致高校出现"重视申报立项、轻视专业学科建设"的情况,学位制度改革应当加强学位授权审核后对学位授予单位进行监督的制度设计,构建主体多元、内容翔实、保障有力的监督体系,设置具有可操作性的学位质量评估和奖惩规则。

在构建多元监督体系的过程中,行政监督是监督高校学位授予行为实施的核心关键。行政监督应当从宏观出发,保障学位竞争秩序的公平和透明,同时为学位授予单位、社会中介评估机构提供权威信息和公共服务,而不是对高校进行事无巨细的监管。[1] 为保证评估的专业性和中立性,还应该积极引入社会中介组织的评估。"社会评估是学位授权许可后最直接的监督手段,如美国的认证评估机构相当健全,主要有民间机构、私人机构、新闻媒体和学术机构。"[2]社会中介组织如果能够直接影响学校的前途与命运,那么便能有效地对大学进行

---

[1] 参见胡大伟:《我国学位授权审核制度的行政法反思与完善——西北政法大学申博案引发的思考》,载《现代教育管理》2010年第9期。
[2] 杨香香:《中美学位授予权外部管理机制比较研究》,载《世界教育信息》2009年第1期。

监督,真正促使大学注重学科质量和学位质量建设。同时,让社会中介组织评估高校学位授予行为,"还可以在一定程度上巧妙地维持学术自由权和专业同行的评价机会,使得院校免于陷入官僚专政或外行决策"①。因此,有必要培育社会中介组织实施学位质量评估,以社会力量的介入倒逼学位授予单位重视学位质量建设。除外部监督外,学位授予单位应强化自我约束的意识,不断加强学科专业建设,保证教育教学和学位授予质量。

---

① 韩映雄:《世界主要发达国家学位授权制度分析》,载《高等教育研究》2009年第8期。

第六章 学位授予标准

一、我国学位授予标准存在的问题

学位授予条件的设定边界在哪里,设定标准是什么,既是教育行政诉讼中的关键问题,也是学位授予单位在教育管理和履职过程中的重要问题。① 从学位制度的评价功能看,非学术性标准是学位授予标准的重要组成部分,我国的学位授予标准应当坚持学术标准和品行标准的双标准制。② 从实践考察,我国现行的学位授予标准存在以下不足。

(一)各层次学位授予标准区分度不强

从对学术水平的考查标准来看,除硕士学位与博士学位对马克思主义基本理论和外语水平有额外要求外,我国三级学位对学术水平的要求依次为"在本学科或者专业领域较好地掌握基础理论、专门知识和基本技能""在本学科或者专业领域掌握坚实的基础理论和系统的专门知识"和"在本学科或者专业领域掌握坚实全面的基础理论和系统深入的专门知识",它们在层次上有递进关系。但仅用"较好地""坚实的""系统的""全面的"等定语的改变来强调学术水平的差异,并不能实质性地区别不同层次的学位。各层次学位授予标准对学

---

① 参见王霁霞、张颖:《设定学位授予条件的边界与标准——基于近三年34起学位授予案件的分析》,载《学位与研究生教育》2018年第11期。
② 参见于志刚:《学位授予的学术标准与品行标准——以因违纪处分剥夺学位资格的诉讼纷争为切入点》,载《政法论坛》2016年第5期。

术水平的区分不够明晰。

从对研究能力的要求来看,我国三级学位授予标准对研究能力的要求依次为"具有从事学术研究或者承担专业实践工作的初步能力""学术学位申请人应当具有从事学术研究工作的能力,专业学位申请人应当具有承担专业实践工作的能力"和"学术学位申请人应当具有独立从事学术研究工作的能力,专业学位申请人应当具有独立承担专业实践工作的能力"。比较这三个标准可以发现,我国三级学位授予标准对研究能力的要求都围绕着具有从事学术研究或者承担专业实践工作的能力展开,其差别为学士学位仅要求具有初步能力,硕士学位要求具有从事学术研究工作或承担专业实践工作的能力,博士学位则要求具有独立从事学术研究工作或独立承担专业实践工作的能力。在逻辑关系上,硕士学位授予标准中的能力标准的范围显然大于博士学位授予标准中的能力标准,两者属于包含与被包含的关系。若从事学术研究或承担专业实践工作的能力作为硕士学位科研能力的最低标准,而独立从事学术研究或独立承担专业实践工作的能力是博士学位科研能力的最低标准,则前者作为一个底线标准就不应当包含后者这一更高的能力标准,而应修正为"具有合作从事学术研究或承担专业实践工作的能力"。因此按照现有标准,如何比较博士学位与硕士学位的科研能力差异,成为一道难题。

从上述两个方面可以看出,我国各层次学位授予标准缺乏明确的区分。不同层级学位之间缺乏明确的区分,对求学者、大学本身以及市场和社会都是有害的,其危害性具体表现为以下三点:第一,对于求学者而言,当其为自己的学业作出规划时,摆在其面前的仅有学士、硕士、博士三个模糊的概念,而无法获得清楚的认知。当求学者开始攻读学位时,现有的学位授予标准无法成为其制定具体目标和进行自我检验的依据。尤其当求学者选择攻读更高层次的学位时,会因所要攻读的学位的授予标准与已获得的学位的授予标准相差无几而陷入困惑。第二,对于大学而言,倘若不能明确区分各学位层次之间的差异,将无法确定各层次人才的培养方式、无法分配教学资源以及无法检验教育成果。第三,对于市场与社会而言,缺乏层次明晰的学位授予标准会导致学位人才识别信号的适用混乱,致使用人单位和社会公众难以形成针对不同层次学位持有者的合理期待。尤其是当用人单位认为高级学位持有者无法带来比低级学位持有者更多的效益时,会偏好以低成本聘用更年轻的低级学位持有者,最终导致高级学位人才被驱逐出市场。

(二)未对不同类型的学位作出有效区分

1988年国务院学位委员会第八次会议专门讨论设立专业学位问题,指出过去我们培养研究生的模式比较单一,主要是学术学位(适合于搞科研和教学)。为了改变这种状况,近几年来我们强调培养规格多样化,如工程硕士、管理硕士、临床医学硕士和博士等,目的是满足社会多方面的需要,特别是对应用型人才的需要。这种学位其中一部分实际上具有职业学位的性质,与一般的学术学位在培养目标、课程设置、论文要求和培养方式上都有所不同。其最大特点是,获得这种学位的人,主要不是从事学术研究的,而是带有明显职业目标的,如医生、工程师、企业家等。①

然而,想要实现最初的构想,缺少独立于学术学位的专业学位授予标准是寸步难行的,这一困境具体表现在:《学位条例》并未区分学术学位与专业学位,《学位法》虽然规定了专业学位类型但并未明确规定专业学位授予标准的实体性内容。虽然《专业学位设置审批暂行办法》中规定"成立全国性的专业学位教育指导委员会,制定培养方案和评估标准",但仅有工程硕士学位制定了特有的专业学位授予标准。目前我国对专业学位与学术学位的区分主要表现在课程设置而非学位授予标准上。大多数专业学位与学术学位共用一套标准,让人难以把握专业学位究竟专业在何处。雇主从专业学位授予标准上找不到

---

① 参见黄宝印:《我国专业学位教育发展的回顾与思考(上)》,载《学位与研究生教育》2007年第6期。

偏好专业学位持有者的理由,仅凭课程成绩又不足以令人信服。专业学位作为面向市场的学位,在职场上似乎比学术学位"矮了一截",面临难以向市场证明自身价值的尴尬局面。

(三)学位授予标准设置不够具体

纵观我国现行法律的规定,我国各级学位授予标准的内容概括起来主要包括:拥护中国共产党的领导、拥护社会主义制度,掌握马克思主义基本理论,掌握外语,具备学术水平和科研能力。整体而言,当前我国的学位授予标准可以分为道德品行标准与学术科研标准两个类别。这两类学位授予标准究竟应当包含哪些具体指标值得进一步分析和考究。

第一,学位授予的道德品行标准有待细化。强调道德品行标准是我国学位授予标准的显著特色。《学位法》第四条规定:"拥护中国共产党的领导、拥护社会主义制度的中国公民,在高等学校、科学研究机构学习或者通过国家规定的其他方式接受教育,达到相应学业要求、学术水平或者专业水平的,可以依照本法规定申请相应学位。"第十八条第一款规定:"学位申请人应当拥护中国共产党的领导,拥护社会主义制度,遵守宪法和法律,遵守学术道德和学术规范。"此外,国务院学位委员会和教育部共同发布的《关于做好应届本科毕业生授予学士学位准备工作的通知》也要求,"应届本科毕业生必须拥护中国共产党的领导,拥护社会主义制度,愿意为社会主义建设事业服务,遵守纪律和社会主义法制,品行端正"。然而,学位授予标准中的道德品行标准,因表述内容的抽象性而存在适用上的困难。换言之,在实践中考察学位申请人的道德品行情况缺乏可操作性。若以学位申请人的日常言行为衡量标准,成本过于高昂;若以他人评价为依据,则又需辨别评价者的评价是否可信,产生无尽求证的问题。

第二,学术科研标准的内容十分模糊。我国学士学位要求在本学科或者专业领域较好地掌握基础理论、专门知识和基本技能,具有从事学术研究或者承担专业实践工作的初步能力;硕士学位要求在本学科或者专业领域掌握坚实的基础理论和系统的专门知识,具有从事学术研究工作的能力或者承担专业实践工作的能力;博士学位要求在本学科或者专业领域掌握坚实全面的基础理论和系统深入的专门知识,具有独立从事学术研究工作的能力或者独立承担专业实践工作的能力,以及在学术研究或专业实践领域做出创新性成果。其中,对知识的要求为"掌握基础理论、专门知识和基本技能",对技能的要求为"从事学术研究工作或者承担专业实践工作",各级学位使用的修饰词分别为"较好地""坚实的""系统的""全面的""系统深入的"以及"初步""独立"和"做出创新性成果"。这些修饰性词语具有抽象性,难以据此产生对不同层次学位的清晰认识。同时,从要求内容上看,仅规定"掌握基础理论、专门知识和基本技能"和"从事学术研究工作或者承担专业实践工作"显得过于狭隘,与高等教育高质量发展的要求不相符,毕竟市场和社会并不能仅依据这两项内容判断学位持有者的真实能力和知识水平。一项标准倘若不具备可操作性便形同虚设。学位授予标准只有做到"规定内容可以实际考查"和"考查标准清楚明确",才能在学位授予工作中发挥指导与评价作用。若学位授予标准规定的内容本身是无法考查的,抑或考查的标准模糊不清,学位授予工作必将因缺乏裁量约束而武断恣意。因此,国家和高校应在各自职权范围内具体化学术学位授予标准,保证不同层次和类别的学位授予标准可区分、可考查和可操作。

(四)学位与学历标准存在混同

学历是指人们在教育机构中接受科学、文化知识训练的学习经历。一个人在什么层次的教育机构中学习,接受了何种层次的训练,便具有相应层次的学历。从广义上讲,任何一段学习经历,都可以成为学习者的"学历"。但通常所说的"学历"特指由国家批准认可的教育机构所颁发的证明其学习经历的凭证。目前,我国承认的学历在高等教育中有专科、本科、硕士和博士四个层次。学历不等同于学位,学位与学历并无必然联系。然而,现行制度规定取得学历是获得同等级学位的前提条件,使得学位授予标准与学历取得标准出现混淆。

从应然的角度来看,学位是指学位授予单位授予的学术称号,以表明被授予者的受教育程度和学术水平达到一定标准。这一定义虽包含了学历的内容,但并不意味着取得学历是取得学位的先决条件。受教育者处于低阶学习阶段不意味着其没有更强的专业能力与学术水平,而拥有更高阶的学习经历也不意味着受教育者必然有更强的专业能力与学术水平。因此,学位与学历之间并不存在必然联系。学历层次与学位层次的错位不应妨碍受教育者取得相应的学位和学历。将评价学历的内容作为学位授予的评价标准是不科学的,也是不符合逻辑的。

学历不等同于学位,获得学位证书而未取得学历证书者仍为原学历。取得大学本科、硕士研究生或博士研究生毕业证书的,不一定能够取得相应的学位证书;取得学士学位证书,必须首先获得大学本科毕业证书,而取得硕士学位证书或博士学位证书的,却不一定能够获得硕士研究生或博士研究生毕业证书。① 学位授予标准是被授予学位者应当达到的特定学术水平与受教育程度,从一般认识上来看与学历并无必然联系,但我国规定以本科毕业作为获得学士学位的条件。部分学位授予单位作出了其他各级学位应当以相应学历作为获得学位的条件的规定。这些规定对我国的学位授予标准造成了一定程度的混乱。

二、我国学位授予标准的立法定位

(一)学位授予标准应当具有学术导向

学位,是指学位授予单位授予的学术称号,以表明被授予者的受

---

① 参见《学位与学历的联系与区别是什么》,载中国教育在线,https://www.eol.cn/baokao/ck-wyw/2023100312443.html,2024 年 7 月 21 日访问。

教育程度和学术水平达到一定标准。因此,学位授予标准就是被授予者应当达到的特定学术水平与受教育程度,学位基础性标准就是被授予者应当达到的最低学术水平与最低受教育程度。自学位诞生以来,学位授予标准长期将学术水平与受教育程度作为判定是否授予学位申请人相应学位的依据,即学位授予标准价值取向上的学术本位。这一价值取向在学位数百年的历史中对保证学位质量、推动文化进步和社会发展起到了重要作用。但是到了20世纪90年代,学位授予标准价值取向上的学术本位开始受到市场取向的冲击。

法国20世纪90年代的高等教育改革就是强调市场机制的具体体现。作为传统的中央集权教育体制的代表国家,法国却赋予了大学越来越多的自主权,究其原因,便是使大学获得自主决策与行动的能力,以应对市场复杂多变的需求。法国高等教育政策的目标就是构建一个由市场驱动的高教系统。域外通常选取社会和市场更为关注的方面来对学术水平加以描述,即在肯定学术本位的前提下,尽可能地使学位授予标准与市场接轨,使得学位所承载的学术水平信息能够更清楚地传达。例如英国荣誉学士学位授予标准规定:系统理解其所学领域的主要方面,并获得连贯而详细的知识,其中至少有部分内容处于本专业中某些方面的前沿;具有在本专业领域准确选用已有的分析和探索方法的能力;可以运用本专业的前沿概念和方法构思和维护论点或解决问题,以及在本专业内能对当前某些特定的研究或先进的学术成就予以描述和评论;能鉴别知识中不确定、不明确和具有局限性的内容;有能力安排自己的学习,能运用学术评论和主要资源。[①] 这些学位授予标准的内容大多针对社会和业界所关注的方面,使得产出的人才有更大的可能通过市场的检验、在更大程度上回应社会的需求。

西方发达国家20世纪90年代的高等教育改革是70年代开始的政府改革运动的一部分。其与政府改革一样奉行以市场为导向的"新

---

① 参见黄小蓉:《英国高等教育概况》,载《梧州师专学报》1997年第3期。

公共管理"理论,将市场本位的价值取向引入了高等教育领域,对传统的学位制度提出了挑战。灵活应对市场变化,充分反映社会需求,高效率、高质量、高回报是市场本位的优点之所在,也正是"国家学位"之所短,"大学学位"之所求。但西方诸国最终并未彻底抛弃传统的学术本位,市场取向的引入始终以不侵犯学术为界限,对大学的学位产出提供引导和参考。究其原因,有以下两点:其一,从学位的性质来说,学位本身不能被简单地视为市场中的商品,学位具有公共产品的属性,不论是学术研究还是人才培养,都有成本高、周期长、回报慢的特点,若完全引入市场机制,则可能出现学位授予单位在市场竞争中因片面追求利益而受到市场固有的自发性、盲目性和滞后性的影响的情况,这种风险对高等教育来说是难以承受的。其二,就大学教育本身而言,除传授专业知识与职业技能外,对学生的精神塑造亦是"教育"的题中之义,而在市场本位的主导下,学生作为市场活动的准参加者,其思维方式与行为准则将会向"经济人"靠拢,大学重塑学生灵魂的这一数百年来的理想化功用无疑将被就此抹除。因此,市场本位可以为学位制度提供必要的引导并作为学位授予标准的参考,但尚不能取代学术本位,成为学位授予标准的基本价值取向。

我国确立的学位基础性标准应当首先明确学位授予标准的学术本位,保证每位学位获得者都具有相应的学术水平,推动科学研究的发展,提高人才培养的质量;另外,给市场充分的尊重,发挥市场的指引作用,反映社会需求,回应时代的需要。

(二)学位授予标准应当发挥政治道德导向作用

2022年4月25日,习近平总书记在中国人民大学考察时强调,"为谁培养人、培养什么人、怎样培养人"始终是教育的根本问题。要坚持党的领导,坚持马克思主义指导地位,坚持为党和人民事业服务,落实立德树人根本任务,传承红色基因,扎根中国大地办大学,走出一条建设中国特色、世界一流大学的新路。高校的根本任务是立德树人。一流大学要有一流的育人体系,培养一流人才方阵,坚持全员全过程全方位育人，担负起为党育人、为国育才的职责使命，为全面建成社会主义现代化强国、实现中华民族伟大复兴中国梦提供源源不断的高质量人才支撑。

我国学位立法应当旗帜鲜明地强调政治道德标准。《学位条例》第二条规定："凡是拥护中国共产党的领导、拥护社会主义制度，具有一定学术水平的公民，都可以按照本条例的规定申请相应的学位。"蒋南翔在五届人大常委会第十三次会议全体会议上就《学位条例（草案）》的有关问题作了说明，指出："社会主义国家的学位条例，对学位获得者应该有政治条件的规定，以鼓励他们坚持又红又专的方向。"国务院学位委员会和教育部共同发布的《关于做好应届本科毕业生授予学士学位准备工作的通知》也要求"应届本科毕业生必须拥护中国共产党的领导，拥护社会主义制度，愿意为社会主义建设事业服务，遵守纪律和社会主义法制，品行端正"。

《学位法》第三条规定："学位工作坚持中国共产党的领导，全面贯彻国家的教育方针，践行社会主义核心价值观，落实立德树人根本任务，遵循教育规律，坚持公平、公正、公开，坚持学术自由与学术规范相统一，促进创新发展，提高人才自主培养质量。"第四条规定："拥护中国共产党的领导、拥护社会主义制度的中国公民，在高等学校、科学研究机构学习或者通过国家规定的其他方式接受教育，达到相应学业要求、学术水平或者专业水平的，可以依照本法规定申请相应学位。"

（三）学位授予标准应当具有基础性的学位质量保障功能

《高等教育法》第二十二条明确规定："国家实行学位制度。学位分为学士、硕士和博士。公民通过接受高等教育或者自学，其学业水平达到国家规定的学位授予标准，可以向学位授予单位申请授予相应的学位。"《学位条例》并未明确赋予学位授予单位自行制定具体学位授予标准的权力。也就是说，从文本上来看学位授予标准并非完全意义上的学位基础性标准，而是直接对学位授予单位的学位产出定下了统一的标准，一方面没有明确学位授予标准的最低质量控制标准，另一方面也没有划定学位授予单位行使自主权的范围。但事实上由于学位授予标准本身是抽象的、框架性的,因而各学位授予单位在制定各自的学位考查标准时享有极大的自主权,从而出现了各个高校学位授予标准并不"标准"的情况,譬如授予学位是否与大学英语四六级考试挂钩、是否与违反校纪挂钩、是否与学位申请人品行挂钩等问题各个学校做法不一,把握程度宽严不一,这类问题成为司法实践中较为常见也较为棘手的争议。由于大学自行设立的学位授予标准与国家学位授予标准的位阶关系难以依法确定,在立法上我国的学位授予标准既未明确其最低质量控制标准的性质,也未划定大学自主授予学位的权力范围,试图以抽象性、框架性、目标性的学位授予标准统摄全国,对学位授予工作进行宏观和微观上的掌控,却导致学位授予标准层次不清、内容不明,缺乏可操作性。因而,学位立法明确学位基础性标准作为学位的最低质量控制标准,重新界定大学自主制定学位授予标准的权限和范围对我国学位授予标准的完善有着十分重要的意义。高等教育的发展需要大学自行控制学位授予标准以顺应时代的需求,高等教育的重要性则要求政府在宏观上对学位授予标准加以把握以确保教育的质量。因此,国家应当制定统一的学位基础性标准作为学位的最低质量控制标准,既保证学位的质量,又为学位授予单位自主权的行使开辟合理的空间,此即学位基础性标准的定位。

三、我国学位授予标准的制度完善

《学位法》完善了学位授予标准的内容及设定,回应了上述问题。在内容方面,《学位法》构建了兼具学术性与非学术性、肯定性与否定性评价条件的学位授予国家标准。学术性评价条件主要由第十九条、第二十条和第二十一条组成,这三条明确了学位申请人申请不同层级和不同类型学位应达到的能力要求。非学术性评价条件则由第四条和第十八条构成,涉及"拥护中国共产党的领导,拥护社会主义制度,遵守宪法和法律,遵守学术道德和学术规范"。肯定性评价条件即学位申请人申请学位应具备的能力和素质,具体为《学位法》第四章"学位授予条件"前四条载明的学术性评价条件和非学术性评价条件。否定性评价条件则是学位申请人申请学位不应存在的情况,具体为《学位法》第三十七条规定的三类情形,即"学位论文或者实践成果被认定为存在代写、剽窃、伪造等学术不端行为","盗用、冒用他人身份,顶替他人取得的入学资格,或者以其他非法手段取得入学资格、毕业证书"和"攻读期间存在依法不应当授予学位的其他严重违法行为"。在设定方面,《学位法》既明确了最低限度的学位授予国家标准和非学术性评价条件,增设法律保留原则,还赋予学位授予单位自主设定学位授予标准的权力。其中,《学位法》第二十二条规定学位授予单位只能制定以科学评价为导向的学位授予具体标准,且标准的制定必须履行听取意见等正当程序。但客观而言,我国《学位法》对学位授予标准的规定仍然过于原则,基于前文的分析,本部分将从明确我国学位基础性标准的定位出发,在学术本位、尊重市场价值取向的指引下,在我国设立学位基础性标准,并提出各层次、各类型学位授予标准的具体改进建议。

(一)明确学位授予标准的基础性地位

完善我国学位授予标准的首要任务便是在《学位法》后续配套的实施细则中明确规定我国设置的学位授予标准是基础性学位授予标准,是对学位质量的最低控制,各学位授予单位可以依据实际情况自行设立具体学位授予标准。各学位授予单位设立的具体学位授予标准应当不低于《学位法》中的基础性学位授予标准,其标准的上限应当以不侵害公民受教育权和不违反其他法律规定为界。《学位法》的相关实施细则可以明确规定:"国家设定各级学位授予的基本条件和标准,推动与其他国家之间的学位互认,提升学位的国际化程度。学位授予单位可以在本法规定的基础上确定各级各类学位授予的具体标准、要求、条件和程序。"这一表述根据《教育法》和《高等教育法》的规定,明确规定了我国实行学位制度。所谓"国家设定各级学位授予的基本条件和标准",表明我国实行学位基础性标准制度,规定国家确立学位授予的基本标准,从而在宏观上实现对学位的管理和质量控制。在此基础上明确学位授予单位的自主权,体现在学位授予单位可以在本法规定的"最低控制线"基础上自行确定学位授予具体标准、要求条件和程序,自主授予学位。借此,我国现行学位授予标准中存在的学位授予标准定位不明所导致的问题可以得到一定程度的解决。例如高校确定的学位授予具体标准高于国家学位授予标准时,只要学位授予具体标准既未侵害公民受教育权也未违反其他法律规定,就应当以该学位授予具体标准为准;反之,若高校确定的学位授予具体标准低于基础性学位授予标准,则该学位授予具体标准当归于无效。

(二)完善学位授予标准的实体内容

未来制定《学位法》配套的实施细则时,可以考虑从以下几个方面对我国学位授予标准实体内容进行完善:

其一,从总体上来说,学位基础性标准内容的完善应当以学位基础性标准的价值取向为指导,即坚持以学术为核心,充分发挥市场的导向作用,使学位基础性标准能够保障学位质量,回应市场与社会的需求。其中,对学术水平和科研能力的规定应当具体、细致、明确,尽可能地使学位基础性标准能够涵盖学术水平的主要方面,尤其是为社会发展所需的方面。相对于对学术水平和科研能力的规定,学位基础性标准对于市场的回应则应当从宏观着手。从长期来看,市场需求处于不断的发展变化之中,而其变化速度远较一般社会制度的发展速度快,倘若学位基础性标准以某一时期的具体市场需求为导向,则很有可能在一段时间后出现与市场脱节的情况,从而使得学位基础性标准的市场取向失去意义。从维护制度的长期稳定性出发,国家制定的学位基础性标准只需在宏观上为遵循市场导向留有一定的空间即可,而如何具体地顺应市场变化则要靠各学位授予单位自行把握,唯此方能在维护基础性学位授予标准制度稳定的前提下充分发挥该制度的灵活性。

其二，就具体学位而言，特定学位授予标准的内容由该学位的定位决定。学位授予标准的内容是学位授予标准的实体部分，对于学位授予标准发挥其引导、规范、评价作用起到决定性作用。对学位授予标准内容的研究就是对学位授予标准要考查什么以及如何考查的研究。学位授予标准的考查内容应当充分反映该学位所应具备的学术水平以及市场和社会对该学位的预期。如欧洲高等教育区的博士学位授予标准要求申请者符合下列条件：①在所学领域具有系统性的知识与能力，掌握该领域的研究技能与方法；②可以基于学术要求构思、设计、选择和开展一项可持续的研究；③通过原创性研究扩展了前沿性知识，作出了贡献，如研究成果被刊登在经评审的国家或者国际的出版物上；④有能力对新的、复杂的观点进行批判性分析和评估；⑤能与同行、非所学领域的专家以及普通群众交流自身的专长；⑥有能力推动技术、社会或者文化的进步。①

其中，①是对知识掌握程度的要求，②和③是对研究能力的要求，④是对思维能力的要求，⑤是对沟通交流能力的要求，⑥是对贡献能力的要求。社会对博士学位的定位大体是具有很高的知识水平、很强的科研能力、严谨敏捷的思维、在合作与交流中能令人获益、能够对知识社会作出贡献。可见，欧洲高等教育区的博士学位授予标准正是对博士学位定位的具体反映，通过明确的标准规定了博士的知识水平应当高到何种程度，科研能力要达到何种水平，思维上应当具有怎样的能力，沟通能够达到何种效果以及对知识社会能起到怎样的作用。

因此，在完善《学位法》配套的实施细则时，应当充分考虑该学位的应然形态究竟为何，包括其自身的历史传统、文化背景、时代需求、本土理念以及可以稳定存在的学位的本质。唯此方能使学位授予标准的内容充实完整，使学位授予标准能够发挥其应有的作用。我国基

---

① 参见毕家驹：《欧洲高等教育区的学位标准和质量保证准则》，载《高教发展与评估》2006年第5期。

础性学位授予标准在学位立法中至少应当包含以下内容：①学习态度与学术素养；②对本学科的基础理论、专门知识和基本技能的掌握程度；③获取与应用专业知识的能力；④沟通交流能力；⑤各层次、各类型学位的其他标准。

上述内容是各层次、各类型学位授予标准中都应规定的内容，各层次、各类型的学位授予标准还应根据自身特点和层次关系对上述内容作出具体明确的规定。在具体规定时应注意用词的准确、层次与类别的区分以及与基础性学位授予标准制度的内在逻辑关系。值得注意的是，在学位制度中通过层次清晰的学位授予标准来明确各层次学位的区分是十分必要的。各主要发达国家的学位层次划分在学位授予标准上都体现为较为明确的学术水平和科研能力要求的逐级上升。英国学位授予标准侧重于对专业知识的理解、运用以及自主研究能力；欧洲高等教育区的学位授予标准侧重于掌握知识、解决问题、自主研究和沟通交流的能力。虽然各层次考查的能力内容大致相当，但不同层次的水平要求却有明显不同，随着学位层次的提高，学生被要求越来越多地掌握前沿知识，如此标准对学术创新和专业发展必然起到推动作用。

通过层次清晰的学位授予标准来明确各层次学位的区分对于学位制度而言是至关重要的。首先，对学位申请人而言，在攻读学位之前，便可根据学位授予标准选择符合自己预期的学位目标，如以"系统理解其所学领域的主要方面，并获得连贯而详细的知识，其中至少有部分内容处于本专业中某些方面的前沿"为目标的求学者就可以将自己的学业规划定为荣誉学士学位的取得，而以"系统地获取和理解本专业学术领域或专业实践领域的前沿重要知识"为目标的求学者则当立下必取博士学位的决心。在开始特定学位的攻读后，求学者更可依据该学位的学位授予标准来定立学习目标和自检标准。概言之，层次清晰的学位授予标准对于求学者的学业规划和学习方向起着重要的指导作用。其次，对于大学自身而言，层次清晰的学位授予标准能够成为大学为各层次学生制订不同培养计划的依据。只有各层次学位授予标准的区分足够明确，才能避免在较低层次的培养上浪费教育资源和对较高层次的培养程度不足等情况。最后,对于市场和社会而言,层次清晰的学位授予标准极大地降低了衡量人才质量的成本,雇主可以依据自身需要提出对特定职位的学位要求,并可以对相应学位持有者抱有符合其学位授予标准的期待。可见层次清晰的学位授予标准对于降低人才市场交易成本,促进人才资源优化配置亦有莫大助益。因此,建议未来的学位立法在申请条件和授予条件两方面对各层次学位授予标准作出明确的区分。其中,申请条件以达成各学位层次的修业、课程、考核以及论文要求为准,授予条件则在学习态度与学术素养,对本学科的基础理论、专门知识和基本技能的掌握程度,获取与应用专业知识的能力,沟通交流能力等方面作出有明显层递关系的规定。

(三)增加学位的考查标准

一项标准倘若不具备可操作性便形同虚设。学位授予标准的可操作性体现为规定的内容可以实际考查,考查的标准清楚明确。至少要做到这两点,学位授予标准才能在学位授予工作中起到实际的作用。若学位授予标准规定的内容本身是无法考查的,抑或考查的标准是模糊不清的,则根本无法判断某一申请人是否符合标准,学位授予工作必将陷入随意与混乱的状态。

美、日两国的学位授予标准相对量化,考查内容和标准都十分清楚,如美国现行硕士生培养学制为1~2年,实行完全学分制,获得学士学位者经过两年学习修完规定课程学分,通过考试,按学科提交论文(也可不交论文),即可获得硕士学位[①];日本《学位规则》规定:在研究生院学习两年以上并修满规定的学分(30学分)以及通过硕士论文审查和考试合格者,授予硕士学位[②]。这两项标准中,学制、学分、考

---

① 参见〔美〕伯顿·克拉克主编:《研究生教育的科学研究基础》,王承绪译,浙江教育出版社2001年版,第258—292页。
② 参见王秀槐:《德国、日本与美国主要大学研究所学位授予比较研究》,载《复旦教育论坛》2006年第2期。

试、论文诸项是否达到标准一目了然。

与美、日两国的量化标准相对的是欧洲诸国的相对抽象的学位授予标准。如欧洲高等教育区的学士学位授予标准:①已经具有在普通中等教育之上的某一个领域的知识和智力能力,其典型的水准包括学生所学领域高级教科书中的某些前沿知识;②能以专业的方法在工作或职业中应用其知识和智力能力,典型的表现是在其学习领域据理争辩,能够设计和解决问题;③能收集和解释相关数据(通常是在其学习领域),以作出正确判断,包括关于社会、科学或伦理问题的见解;④能与专家和非专业听众交流信息、思想以及提出解决办法;⑤已经具有高度自主地持续进修所必需的学习技能。① 这五项标准虽不能直接量化,但标准本身已给出了可以参照的实例。如"其典型的水准包括学生所学领域高级教科书中的某些前沿知识"和"典型的表现是在其学习领域据理争辩,能够设计和解决问题"。其他几项的规定也十分明确,可以通过各种途径进行考查以判定申请人是否达到该标准。如"能与专家和非专业听众交流信息、思想以及提出解决办法"一项便可通过面试,或者通过令申请者提交一份说明性报告等方式检验其沟通交流能力。可见不论是采用量化的标准还是抽象的标准,都应当充分考虑学位授予标准的操作性问题,切不可使学位授予标准因无法考查而形同虚设。

实践中,我国对学位申请人的考查主要以修业、课程、考核、论文等量化标准为准。在此基础上,我国的基础性学位授予标准应当对学位申请人修业情况、课程学分状况、考核成绩以及学位论文是否通过答辩等相关问题作出规定。建议从加强学位基础性标准的可操作性角度出发,将这一类可以量化考查的较为基本的标准规定为申请学位的"基本条件",即符合特定学位对修业情况、课程学分状况、考核成绩以及学位论文是否通过答辩等相关问题的要求是申请人申请进入学

---

① 参见毕家驹:《欧洲高等教育区的学位标准和质量保证准则》,载《高教发展与评估》2006年第5期。

位考核阶段的条件。通过可以量化的申请条件对申请人进行初步筛选,可以减少学位授予标准考核的工作量,使学位评审工作直接围绕申请人是否达到学位授予标准的问题展开。目前我国通常直接根据课程和考核成绩以及毕业论文通过情况决定是否授予学位,不利于对申请人学术水平、学术素养、科研能力以及其他能力的考查。分化申请条件与学位授予标准,将提高我国学位对特定学术水平的反映程度,有利于提升学位的"含金量"。

(四)区分学术学位和专业学位授予标准

专业学位与学术学位的划分本身就是高等教育回应社会与市场需求的产物,是顺应时代发展而生的新事物,其发展壮大代表了大学人才培养方向的转变,符合人才职业化的趋势,对解决就业问题、满足市场需求有着重要的作用。专业学位与学术学位的培养方向有根本性的不同,因而其考查标准也当有明确的区分。若专业学位与学术学位授予标准混同不清,则必然导致专业学位与学术学位的划分变得毫无意义。对不同种类学位制定具有明确区分度的学位授予标准与区分不同层次学位的学位授予标准对学位申请人、大学以及市场与社会来说同样具有规范和指导作用。因而如何制定不同种类的学位授予标准,使专业学位更加专业,学术学位更加学术便是修订学位授予标准时应当注意的问题。因此,建议在基础性学位授予标准中对学术学位与专业学位在申请标准、授予标准与考核标准上分别加以明确区分。例如在硕士学位的申请条件中,学术学位要求全日制修业期满,专业学位要求通过相关资格测试。这与二者的培养目的和培养方式是相对应的。学术学位以学术和研究为培养目标,注重理论学习和知识积累,全日制修业期满的要求有利于保证申请人有足够的学习积累。专业学位以实践和就业为培养目标,培养方式灵活,注重实习和职业资格的取得,故不对全日制修业期满作强制要求,但要求申请人获取职业资格以证明其具备相应的职业能力。又如硕士学术学位的学位授予标准包括学术素养、知识水平、应用能力和交流能力;硕士专业学位的学位授予标准包括职业伦理、专业知识和实践能力。二者的区分同样是以培养目的和培养方式为基础,学术硕士注重学术科研水平,专业硕士偏重实践应用能力。再如对二者学位授予标准的考查,前者以学位论文为主,后者兼顾课程、职业资格考试和学位论文。

此外,针对我国本科教育中普遍存在的"混日子"现象,有必要设置荣誉学士学位以激发本科生的学习热情。荣誉学士学位的申请条件与学位授予标准均应明显高于普通学士学位,使市场与社会能够明确地认识到荣誉学士学位的持有者较普通学士学位的持有者有更高的学术水平和相关能力,从而使荣誉学士学位获得者具备高于普通学士学位持有者的人才价值,在竞争中取得优势地位。同时严格限定获得荣誉学士学位的毕业生占毕业人数的最高比例,以保证荣誉学士学位的质量,营造稳定的良性竞争氛围,避免过量颁发荣誉学士学位导致的荣誉学士学位质量下降、信誉流失等问题。

第七章 高等职业教育学位制度

高等职业教育是高等教育的重要组成部分,亦是职业教育的高层次表现形式。随着国家的现代化转型,党和国家愈发重视高等职业教育的高质量发展,强调优化制度供给以推动形成同市场需求相适应、同产业结构相匹配的现代职业教育体系,培育更多的高素质技术技能人才、能工巧匠和大国工匠。学位制度作为高等教育的基础性制度之一,理应超越普通高等教育范畴而推行适用至高等职业教育领域,为高等职业教育的发展提供制度性保障。

一、高等职业教育学位的发展现状

职业教育是指以培养高素质技术技能人才为目的,以提高劳动者素质和技术技能水平为导向,以技术技能、专业知识、职业道德为教学内容的教育类型。根据《职业教育法》,职业教育是独立于普通教育且与普通教育地位相等的教育类型,内部有不同层次。在我国职业教育体系中,职业教育由职业学校教育和职业社会教育组成,其中职业学校教育还可再细分为中等职业学校教育(以下简称"中等职业教育")和高等职业学校教育(以下简称"高等职业教育")。学位作为评价受教育者知识与技能水平的符号,目前仅适用于高等教育领域。因而,对职业教育学位问题的探讨,实际上就是对高等职业教育学位问题的探讨。

高等职业教育是由专科、本科及以上教育层次的高等职业学校和普通高等学校实施的职业教育。按照联合国教科文组织1997年颁布的

《国际教育标准分类法》(ISCED),高等职业教育是与普通高等教育并行的、以培养高级技术应用型专门人才为目标的高等教育类型,是职业教育的高级层次形式。在我国,高等职业教育有专科、本科、硕士、博士四个层次,不同层次皆属于高等学历教育范畴。根据《高等教育法》第二十二条和《职业教育法》第五十一条的规定,对于接受本科、硕士、博士层次高等职业教育的学生,只要学业水平达到国家规定的学位授予标准,可申请相应学位。因此,高等职业教育亦适用学位制度。

为推动职业教育高质量发展,国家通过发布政策和规范性文件的形式,要求不断完善高等职业教育学位制度。2014年5月2日,国务院印发《关于加快发展现代职业教育的决定》,要求"建立以职业需求为导向、以实践能力培养为重点、以产学结合为途径的专业学位研究生培养模式"和"研究建立符合职业教育特点的学位制度"。[①] 2014年6月16日,教育部等六部门印发的《现代职业教育体系建设规划(2014—2020年)》明确"基本建成中国特色现代职业教育体系"的建设目标,指出要使"职业教育体系的层次、结构更加科学",以及"在办好现有专科层次高等职业(专科)学校的基础上,发展应用技术类型高校,培养本科层次职业人才"和"建立以提升职业能力为导向的专业学位研究生培养模式"。[②] 2019年1月24日,国务院印发《国家职业教育改革实施方案》,提出要加强职业教育领域专业学位硕士研究生的培养,并支持开展本科层次职业教育试点。[③] 2019年,中共中央、国务院印发的《中国教育现代化2035》明确要健全职业教育人才培养质量标准,制定紧跟时代发展的多样化高等教育人才培养质量标准[④],为构建独立自主的职业教育学位制度提供了政策依据。2021年,中共中央办公厅、国务院办公厅联合印发《关于推动现代职业教育高质量发展

---

① 参见国务院《关于加快发展现代职业教育的决定》。
② 参见教育部、国家发展改革委、财政部等六部门《关于印发〈现代职业教育体系建设规划(2014—2020年)〉的通知》。
③ 参见国务院《关于印发国家职业教育改革实施方案的通知》。
④ 参见《中共中央国务院印发〈中国教育现代化2035〉》,载《人民日报》2019年2月24日,第1版。

的意见》,要求"稳步发展职业本科教育,高标准建设职业本科学校和专业,保持职业教育办学方向不变、培养模式不变、特色发展不变"和"制定国家资历框架,建设职业教育国家学分银行,实现各类学习成果的认证、积累和转换"。① 2021年11月,国务院学位委员会办公室印发《关于做好本科层次职业学校学士学位授权与授予工作的意见》,正式将职业本科纳入学士学位体系,规定"本科层次职业教育学士学位授权、授予、管理和质量监督按照《中华人民共和国学位条例》《中华人民共和国学位条例暂行实施办法》《学士学位授权与授予管理办法》执行"和"省级学位委员会负责本区域(系统)的本科层次职业教育学士学位授权审批工作""本科层次职业教育学士学位按学科门类授予"。② 2022年,中共中央办公厅和国务院办公厅联合印发《关于深化现代职业教育体系建设改革的意见》,指出要深化职业教育供给侧结构性改革,形成制度供给充分、条件保障有力的现代职业教育发展良好生态。③ 学位制度作为高等职业教育的基础性制度之一,其优化完善是构建良好现代职业教育发展生态的前提条件,也是职业教育供给侧结构性改革的关键点。

在实践方面,高等职业教育学位授予探索可追溯至21世纪初。2001年珠海国际创新人才培训学院首次招收攻读"副学士学位"的考生。④ 从2005年开始,德胜鲁班木工学校向经考核合格的毕业生授予"匠士学位",以激励学生保持工匠精神和努力成为造福社会的能工巧匠。⑤ 2014年6月20日,湖北职业技术学院向优秀毕业生授予"工士学位"证书,开创了国内向高职高专层次学生授予"学位"的先河。湖

---

① 参见中共中央办公厅、国务院办公厅《关于推动现代职业教育高质量发展的意见》。
② 参见国务院学位委员会办公室《关于做好本科层次职业学校学士学位授权与授予工作的意见》。
③ 参见《中办国办印发〈关于深化现代职业教育体系建设改革的意见〉》,载《人民日报》2022年12月22日,第1版。
④ 参见唐淑艳、龚向和:《面向高质量发展的职业本科高校学位授予标准与立法路径》,载《大学教育科学》2022年第1期。
⑤ 参见《全世界绝无仅有的学位——匠士学位》,载网易,https://www.163.com/dy/article/C0FD13GL0521AMFN.html,2024年7月12日访问。

北职业技术学院表示,向学生颁发"工士学位"证书,目的是使高职生有机会进入学位通道,增强其市场竞争力。对此,教育部新闻发言人表示"工士学位"只是荣誉称号而非法定学位类型,并透露教育部正在探索发展本科层次职业教育,研究建立符合职业教育特点的学位制度。① 尽管湖北职业技术学院的学位授予行为未获得官方的明确支持,但其促使国家和社会思考高等职业教育学位制度的创设问题。之后,《现代职业教育体系建设规划(2014—2020年)》《关于加快发展现代职业教育的决定》《高等职业教育创新发展行动计划(2015—2018年)》等政策文件提出要开展关于设立高等职业教育学位的可行性研究,建立符合职业教育特点的学位制度。人大代表与政协委员也纷纷就高等职业教育学位制度建设提出议案和建议。例如,深圳市人大代表提议探索职业教育学位制度,搭建应用技术型本科、硕士和博士体系。② 在国家政策和法律的支持下,部分地区和学校陆续开展了职业本科教育试点和学位授予。2019年教育部启动实施本科层次职业教育试点,先后五次批准广东工商职业技术大学、深圳职业技术大学、广东轻工职业技术大学等41所院校开展本科层次职业教育试点。2024年,广东工商职业技术大学、泉州职业技术大学、南京工业职业技术大学等试点院校向符合条件的毕业生授予学士学位。

二、高等职业教育学位的制度问题

高等职业教育学位制度问题是学位制度改革的关键点之一。对于高等职业教育学位制度的建设,不少学者提出了建议并进行了论

---

① 参见雷嘉:《教育部回应湖北颁发工士学位:为称号非学位》,载科学网,https://news.sciencenet.cn/htmlnews/2014/6/297268.shtm,2024年7月12日访问。
② 参见陈熊海:《职业教育没办法上本科?人大代表建议深圳探索职教学位制度》,载广东头条新闻资讯平台,https://static.nfapp.southcn.com/content/201801/23/c927495.html,2024年7月12日访问。

证。他们都指出职业教育有着不同于普通教育的知识属性和价值功能,应建立符合职业教育特点的学位制度,向职业教育的受教育者授予学位。这不仅可以提高职业教育的社会认可度和受教育者的学习积极性,还有利于服务高质量教育体系建设、人才强国战略以及新质生产力发展。例如,有学者认为,"高等职业教育学位是获得者实践性知识的评价尺度,具有微观权力属性,标志着学位获得者在职业场域中的初级专业能力"[1],呈现知识评价、权力和职业三重向度,具有建构的必要性。目前,高等职业教育学位制度建设的核心问题是学位类型和层次的设置。我国实行"三级两类"学位制度,学位层次包括本科、硕士和博士,学位类型包括学术学位和专业学位。在现有学位体系下,高等职业教育不仅缺乏可独立适用的学位类型,而且专科层次高等职业教育未被纳入学位制度的调整范畴。对专业学位的依附和专科层次高等职业教育学位的缺失,使高等职业教育学位制度不完整。

(一) 高等职业教育的学位类型

关于高等职业教育学位类型的设置,学界主要有两种观点。第一种观点认为应当建立符合高等职业教育特点的独立学位类型。康翠萍根据科学演化过程将学位类型划分为科学研究型学位、技术研究型学位和应用研究型学位,并认为对接受以培养从事技术应用研究实践型人才为目的的职业性教育的受教育者,应授予技术研究型学位或应用研究型学位。[2] 潘懋元指出高等职业教育是平行于普通教育的独立体系,建议设置独立的职业学位类型。[3] 陈厚丰等认为学术教育和专业教育同属于普通教育,职业教育却是独立且平行于普通教育的教

---

[1] 何谐、吴叶林、崔延强:《高等职业教育学位本质审视及其体系构建》,载《学位与研究生教育》2017年第11期。

[2] 参见康翠萍:《对学位类型界定的一种重新解读》,载《学位与研究生教育》2005年第5期。

[3] 参见潘懋元:《建立高等职业教育独立体系刍议》,载《教育研究》2005年第5期。

育类型,因而将学术学位和专业学位适用于职业教育并不符合逻辑,职业教育应有专属于自己的学位类型。① 王亚南等认为职业学位的本质是对技术技能人才技术知识创新水平的制度性认可,设置平行于学术学位和专业学位的职业学位,有利于推动技术知识的生产创新和职业教育的发展。② 翟亚军等通过分析不同类型教育背后的知识属性差异,主张设立职业学位。③ 周洪宇等则结合教育强国建设与中国式现代化要求,主张在学位类型上增设职业学位以及在学位层次上增设副学士学位。④ 第二种观点建议将专业教育学位制度适用于高等职业教育,授予高等职业教育受教育者专业学位。该观点的论证逻辑是,认为高等职业教育与专业教育同属于应用型教育范畴,两者在教学目标、课程设计、培养模式、职业方向等方面具有同质性,因此可适用同一学位类型,即专业学位。例如,别敦荣等分析指出专业学位具有"职业性与学术性的统一""特定的职业指向性""教育的实践依赖性"三大特征,能够兼容评价职业教育与专业教育的受教育者。⑤

从现行学位法律制度看,第二种观点被官方所采纳,即在保持"两类"学位体系不变的情形下,将专业学位适用于高等职业教育。然而,将专业学位适用于高等职业教育存在着诸多问题。

首先,不符合现行教育体系和教育分类发展趋势。从教育体系看,学位教育包括普通高等教育和高等职业教育两类,专业教育只是普通高等教育中平行于学术教育的教育类型,其在逻辑结构上与高等职业教育不处于同一位阶。因此,将专业学位适用于高等职业教

---

① 参见陈厚丰、李海贵:《建立我国高等职业教育学位制度的探讨》,载《高等教育研究》2015年第7期。
② 参见王亚南、贺艳芳:《高职教育学位体系构建争议的学理澄明及路径抉择——双轨制抑或三轨制?》,载《学位与研究生教育》2019年第9期。
③ 参见翟亚军、王战军、王晴:《从二元到三元:我国学位类型划分的新思维》,载《北京大学教育评论》2022年第2期。
④ 参见周洪宇、陈诗:《从双轨到三轨:新时代我国学位制度改革的宏观思考与政策建议》,载《高校教育管理》2023年第5期。
⑤ 参见别敦荣、赵映川、闫建璋:《专业学位概念释义及其定位》,载《高等教育研究》2009年第6期。

育,不仅会破坏现行教育体系,还会矮化高等职业教育,与"职业教育是与普通教育具有同等重要地位的教育类型"的法律定位相抵触。① 从教育发展客观规律看,类型化设置学位是学位教育的发展趋势。学位作为评价受教育者知识水平的符号,不同的学位类型意味着不同属性的知识。从反向进行推导,这意味着不同属性的知识应有不同的评价标准,并有与其相匹配的学位类型。基于亚里士多德的"知识三分论",专业教育属于制造之学而职业教育属于实用之学。制造之学是将科学理论转化为实践技术的知识类型,其核心是要解决技术的生成问题;实用之学则是以行动为目的的知识类型,其核心是要解决技术的应用问题。② 两种知识类型分别与专业教育和职业教育的特征相吻合,即专业教育是培养高层次应用型人才的创制之学,职业教育是培养高素质技术技能人才的实践之学。因此,从知识性质的维度审视,适用于专业教育的专业学位无法科学评价高等职业教育所传授的知识。

其次,无法贯通适用于不同层次的高等职业教育。高等职业教育相较于普通高等教育,其在本科、硕士、博士三级传统高等教育构造基础上,还有着专科层次教育。根据现行学位制度,学术学位和专业学位的区分适用仅面向研究生教育。换言之,专业学位只适用于硕士、博士,而不适用于本科、专科。接受本科层次高等职业教育的受教育者,仅可依法向学位授予单位申请学士学位。接受专科层次高等职业教育的受教育者,在"三级"学位体系下则无权申请学位。专业学位适用范围的有限性,使其不能很好地服务于建立适应社会主义市场经济和社会发展需要、符合技术技能人才成长规律的职业教育体系,也无法为"书证融通"的实施提供坚实有力的制度保障。

最后,加重高等职业教育的"标签化"和"边缘化"。在高等教育体系中,高等职业教育长期以来被视作普通教育的"淘汰品",人们对

---

① 参见《职业教育法》第三条。
② 参见[古希腊]亚里士多德:《形而上学》,吴寿彭译,商务印书馆2009年版,第134页。

高等职业教育的认可度明显低于普通高等教育。高等职业教育地位的矮化与学位制度设计的不合理有着密切的关系,这主要表现在高职学生难以获得受市场认可的学位。作为评价受教育者专业实践工作能力的专业学位,是在普通高等教育分化为学术教育和专业教育的背景下产生的,是服务于专业教育的学位类型。职业教育与专业教育在知识属性和教育地位上的差异,决定了两种教育不应共用同一学位。将专业学位适用于职业教育,会造成三重不利后果:一是无法发挥学位识别不同类型人才的制度功能,混淆求职信号与扰乱市场秩序;二是迫使职业教育与专业教育同质化,背离高等教育分类发展要求;三是弱化高等职业教育学位优势而降低高职学生的市场竞争力,导致其在市场化的职业筛选过程中遭受歧视。

(二)高等职业教育的学位层次

关于高等职业教育的学位层次,争议焦点为是否应当设置面向高等职业专科教育的学位。在现行法律制度下,高等职业专科教育不适用学位制度,相关学校不享有学位授予权且受教育者不享有学位申请权。接受高等职业专科教育的学生,只能依法获取学历证书、培训证书、职业资格证书和职业技能等级证书。然而,主流观点认为现行学位体系设计过于保守,忽视了高等职业专科教育适用学位制度的强烈需求,建议将"三级"学位体系扩展为包含专科层次的"四级"学位体系,增设专科层次学位。例如,余雪莲等通过比较不同国家和地区的高等职业教育学位层次的制度设计,指出构建面向专科层次的副学士学位符合教育发展规律和国家建设需要。[①] 顾海兵等从尊重和保障高职生受教育权出发,认为应当设立副学士学位。[②] 刘大伟认为可以将"工士"学位作为我国四级学位制度变迁的重要一环,构建合理的从

---

① 参见余雪莲、李巧针:《高等教育专科层次学位的国际比较与设置规律》,载《比较教育研究》2005年第5期。
② 参见顾海兵、王亚红:《探讨取消高校毕业证书与设置副学士学位问题》,载《学术界》2007年第3期。

"工士"到"博士"的四级学位制度,弥补我国学位体制对专科层次教育关注不足的缺陷。①

制度需求和社会呼声的产生源于高等职业专科教育学位缺失引致的不利后果。这些不利后果主要包括:一是贬低高等职业专科教育。学位作为评价受教育者知识水平和能力的符号,其价值高于以记载学习经历为中心任务的学历。专科层次学位的缺失,使专科层次高等职业教育"成为仅靠颁发学历一条腿支撑的跛足行进",在实践上导致高等职业专科教育受歧视和质量每况愈下,引发"专科生能不能被称为大学生"的社会困惑以及加剧"混文凭"的教育现象。② 这极大地挫伤了高职专科生的学习积极性,与国家鼓励高等职业专科教育的政策要求背道而驰。二是破坏高等职业专科教育秩序。作为国家规制高等教育的手段,学位不仅仅是评价受教育者知识水平的标志,也是考核高校教育教学质量的重要抓手。在学位制度之下,国家可以通过"事前学位授权审核—事中学位授予监管—事后学位质量评估",实现对高等教育的全过程监管。专科层次学位的缺失,事实上降低了国家对高等职业专科教育的监管力度,使其监管水平低于本科、硕士和博士层次的高等职业教育和普通高等教育。这为高等职业专科教育"质量滑坡"现象的产生提供了条件,造成高等职业专科教育"文凭掺水"和"学历贬值"的局面,并诱发"劣币驱逐良币"的发展危机。三是减损高职专科生的受教育权。获得公平公正的评价和获得学位证书的权利是受教育权的重要内容。③ 基于"同等情况,同等对待"的公平原则,同属于高等教育体系的高等职业专科教育,应当与其他层次的高等教育一样适用学位制度。将高等职业专科教育排斥于学位制度之外,是对高职专科生受教育权的剥夺和侵害。

---

① 参见刘大伟:《路径依赖与制度变迁:"工士"学位机制创新的诉求》,载《教育理论与实践》2016 年第 3 期。
② 参见刘会胜、王运来:《我国应当增设副学士学位》,载《学位与研究生教育》2003 年第 4 期。
③ 参见龚向和:《受教育权论》,中国人民公安大学出版社 2004 年版,第 56—59 页。

三、高等职业教育学位的制度完善

职业教育与普通教育分类不分等的职业性和高等职业教育隶属高等教育领域的高等性,决定了高等职业教育学位制度建设的必要性与合理性。① 国家应秉持能力本位、实践导向、技术应用的基本原则,构建符合高等职业教育特点的学位分类和分级制度,并完善相应的学位管理和授予规则。

(一)完善高等职业教育学位体系

"学位类型制度是确立研究生培养目标和培养标准的重要依据,研究生培养目标和培养标准是学位类型制度的具体化、明确化和可操作化。"②然而,从高等教育发展规律看,学位的类型化事实上以高等教育的分类发展为前提。不同的高等教育类型对应着不同的人才培养目标和教育教学方式,进而产生设置不同类型学位的客观需要。学位类型制度则通过将学位类型化的客观需要转化为制度要求,使高等教育的分类发展得以有明确的规范指引。因此,是否需要在制度层面创设新的学位类型,由高等教育分类发展的客观现实和社会需要所决定。

对照客观现实和社会需要双重标准,设置独立的高等职业教育学位具有必要性。从客观现实出发,我国已形成普通高等教育和高等职业教育共存并立的"二元"高等教育体系。根据教育部官方统计数据,在2022年高等教育学生数(不含成人本科和网络本科生)中,普通高等教育学生数(含研究生和普通本科生)为5577823人,高等职业教

---

① 参见祁占勇、齐跃丽:《高等职业教育学位制度建设:现实诉求、基本原则与实践路径》,载《高教探索》2020年第11期。
② 翟亚军、王战军、王晴:《从二元到三元:我国学位类型划分的新思维》,载《北京大学教育评论》2022年第2期。

育学生数（含职业本科和职业专科生）为4956907人，两者分别占高等教育学生数的52.95%和47.05%。同时，高等职业教育具有独特的知识体系、教学体系、管理模式和制度构造，其与普通高等教育中的专业教育存在显著的性质差异。地位的等同与性质的差异决定了从普通高等教育内部分化生成的传统"二元"学位类型制度，无法与高等职业教育适配。从社会需要出发，实施高等职业教育的教育机构、接受高等职业教育的受教育者以及招纳高职学生的用人单位，皆期望建立能够体现职业教育特殊性的学位类型制度，以指导教学的开展、学习的安排和人才的选择。综上，客观现实与社会需要都要求推动我国学位类型从"二元"到"三元"①，从"双轨"到"三轨"②，建立符合职业教育特点的独立学位类型。

至于高等职业教育学位类型的选择与命名，目前有"工士学位说""业士学位说""职业学位说""应用型学位说""职业技术学位说"等多元观点。但无论选取何种命名形式，未来学位类型制度的改革方向应是建立平行于普通高等教育学位类型体系的高等职业教育学位类型体系。甚至从更长远的发展考虑，在创设独立的高等职业教育学位类型制度的基础上，还需要根据国家战略部署、技术发展趋势和市场需要，进行内部的学位类型化。考虑到高等职业教育"专科—本科—硕士—博士"四级理论构造，高等职业教育学位体系除须完善横向的学位类型制度外，还须同步完善纵向的学位分级制度。在实践中，高等职业教育的实施仍主要停留于专科层次，专科生的数量在高等职业教育学生数中占主导，本科生和研究生的数量较少。然而，现行"三级"学位体系未赋予专科生学位授予申请权，使其无法获得学位证书。从促进教育公平和保障受教育权出发，有必要将学位制度的适用范围拓展至专科层次，增设面向高等职业专科教育的"副学士学位"，构建

---

① 参见翟亚军、王战军、王晴:《从二元到三元:我国学位类型划分的新思维》，载《北京大学教育评论》2022年第2期。

② 参见周洪宇、陈诗:《从双轨到三轨:新时代我国学位制度改革的宏观思考与政策建议》，载《高校教育管理》2023年第5期。

"副学士—学士—硕士—博士"四级学位体系。

(二)加强高等职业教育学位管理

健全学位体系是完善高等职业教育学位制度的前提,而加强学位管理则是完善高等职业教育学位制度的关键。从过程性视角看,高等职业教育学位管理涵盖事前学位授权审核、事中学位授予监管和事后学位质量评估三大环节。为保障高等职业教育学位授予的质量,必须适应性调整相关制度设计,以迎合高等职业教育的特点。

事前学位授权审核是实施高等职业教育学位授予的前提。只有经学位管理机构许可,获得学位授予资格后,实施高等职业教育的机构才能行使学位授予权,向学生授予相应学位。在学位授权审核环节,把控高等职业教育学位质量的关键机制是设置学位授权审核标准,明确解禁学位授予权的最低控制线。高等职业教育学位授权审核标准的创设,至少应包含两项要求:一是符合战略,即申请学位授予资格的高等职业教育机构必须坚持国家关于发展职业教育的大政方针;二是符合实际,即申请学位授予资格的高校具备能够满足经济社会发展需要的师资队伍、基础设施、技术能力、办学水平等条件。

事中学位授予监管是对高等职业教育机构学位授予行为的过程性管理,其内含学位授予标准制定、学位授予决定备案审查、学位撤销等诸多具体规制行为。其中,构建符合高等职业教育特点的学位授予国家标准是重中之重。学位授予国家标准,是国家制定的学位授予的最低标准,是平衡国家规制与学术自由关系的核心制度。明确高等职业教育学位授予国家标准,就是为高等职业教育机构实施学位授予划定红线,以防教育机构乱作为。高等职业教育学位授予国家标准的设计,应根据职业教育的特点突出评价内容的"学术性"和"职业性",即申请学位的高职学生应同时满足"具备较好掌握学科基础理论知识、专门知识的能力和具有初步从事科研工作的能力"这一"学术标准"和"具备较好的专门技术工作能力和获得相关登记的职业资格证书"

这一"职业标准"。①

事后学位质量评估是保障高等职业教育学位授予质量的重要机制。考虑到高等职业教育具有"产教融合"的特性,高等职业教育学位质量评估宜采取"政府+第三方组织"的双重评估模式。所谓双重评估模式,是指由政府和第三方组织分别对高等职业教育学位授予质量进行评估。政府评估是教育行政系统对高等职业教育学位授予活动的监管,其应强制实施,以检查高等职业教育机构是否履行法律义务和践行学位授予国家标准为中心任务。第三方组织评估则是中立性的专业组织对高等职业教育学位授予活动的监管,其应由评估机构自主实施,以判断高等职业教育机构的教学质量和学位授予质量为中心任务。惟有实行双重评估模式,才能保障学位质量评估结果的权威性和公正性,并倒逼高等职业教育机构不断提高职业教学水平和学位授予质量。

---

① 参见唐淑艳、龚向和:《面向高质量发展的职业本科高校学位授予标准与立法路径》,载《大学教育科学》2022年第1期。

第八章　合作学位项目制度

根据美国国际教育协会和德国柏林自由大学联合发布的《国际环境下联合学位和双学位项目》的解释,合作学位项目是指由多个教育机构共同提供教育服务并向受教育者授予学位的活动。[①] 合作学位项目的产生是现代社会下知识分化、交叉与融合的结果,目的是集不同高等教育机构之力,培养社会所需的复合型人才。面对教育协同化和国际化的发展趋势,研究合作学位项目制度,对深化学位制度改革和促进高等教育高质量发展具有重要意义。

一、合作学位项目的发展现状

合作学位项目是培养复合型人才的教育项目,主要由联合学位项目和双学位项目组成。[②] 联合学位项目是指受教育者在两所或多所教育机构学习,并在完成合作机构共同规定的学业要求后,由合作机构联合向其授予单一学位证书的项目。[③] 双学位项目是指受教育者满足不同合作机构学位授予条件时,由合作机构分别向其授予学位证书的项目。双学位项目与联合学位项目是两种独立的合作

[①] See Daniel Obst, Matthias Kuder & Clare Banks, Joint and Double Degree Programs in the Global Context: Report on an International Survey, at https://www.iie.org/wp-content/uploads/2022/12/Joint-Double-Degree-Survey-Report-2011.pdf (Last visited on March 5, 2024).

[②] See Jane Knight, Joint and Double Degree Programmes: Vexing Questions and Issues, The Observatory on Borderless Higher Education, 2008, p. 5.

[③] 参见李海生:《研究生教育国际合作学位项目类型探析》,载《学位与研究生教育》2013年第12期。

学位项目类型①,合作学位项目具有三大特点:一是高等教育机构之间签订教科研合作协议,并建立实体机构负责项目的执行;二是参与项目的学生完成合作机构单独设立或联合设立的学位课程;三是合作机构按法律和协议规定,对符合规定条件的学生授予学位。

合作学位项目自20世纪90年代起在欧洲高等教育机构间推广,如今已在发达国家的高等教育中普遍适用,其对促进教育资源共享、培养复合型人才和满足学生全面发展需求具有积极意义。改革开放后,我国也开始试行高等教育合作学位项目,这主要表现为以合作办学、校际交流等形式向参与项目的受教育者授予双学位或联合学位。② 据统计,中国是全球设立合作学位项目第二多的国家,项目的合作方主要是美国和澳大利亚的高校。③

实践中,合作学位项目既有国内高校间的合作,也有国内高校与国外高校间的合作。在国内合作方面,合作学位项目主要依附于联合办学活动,如武汉七校联合办学、南京六校联合办学、南开大学与天津大学联合办学等。其中,武汉七校联合办学持续时间最长、影响最大、受益学生最多。2001年,武汉大学、华中科技大学、华中师范大学、武汉理工大学、中国地质大学(武汉)、华中农业大学、中南财经政法大学7所高校签署联合办学协议,明确对符合规定条件的跨校辅修双学位的学生颁发辅修学位证书。这不仅促进了教育资源的整合,带动了武汉地区高等教育整体水平的提升,还为受教育者弥补高考缺憾以及获取多元知识提供了机会,切实保障了他们的受教育权。

在中外合作方面,合作学位项目主要有"清华大学与澳大利亚国

---

① 有观点认为双学位项目属于联合学位项目,详见 Steve O. Michael & Leela Balraj, Higher Education Institutional Collaborations: An Analysis of Models of Joint Degree Programs, Journal of Higher Education Policy and Management, Vol.25:2, p.131-145(2003)。

② 参见叶林:《中日高校国际合作学位项目的现状与挑战》,载《中国高教研究》2012年第7期。

③ See Daniel Obst, Matthias Kuder & Clare Banks, Joint and Double Degree Programs in the Global Context: Report on an International Survey, at https://www.iie.org/wp-content/uploads/2022/12/Joint-Double-Degree-Survey-Report-2011.pdf (Last visited on March 5, 2024).

立大学合作举办管理硕士学位教育项目""中山大学与美国明尼苏达大学合作举办高级管理人员工商管理硕士学位教育项目""华东政法大学与新加坡国立大学合作举办法学硕士学位教育项目"等。[1] 中外合作学位项目覆盖高等职业专科教育、本科教育、研究生教育三大教育层级,其依法颁发的国外学位证书由国家予以认证。在众多合作学位项目中,学位授予主要采取两种形式,即由合作机构分别授予各自学位和合作机构共同授予单一学位。换言之,双学位项目和联合学位项目事实上并存于我国合作办学实践之中。例如,南京大学兼有双学位项目和联合学位项目。南京大学法学双学位硕士项目由南京大学与德国哥廷根大学合作设立,参与项目的学生在修满学分、完成毕业论文并通过答辩后,由两所高校分别授予学位;中美中心联合硕士项目由南京大学与约翰斯·霍普金斯大学合作设立,两所高校对满足毕业条件的学生,联合授予单一学位。[2]

在制度层面,我国与合作学位项目相关的规范主要有《学士学位授权与授予管理办法》和《中外合作办学条例》。2019年,国务院学位委员会印发《学士学位授权与授予管理办法》,其中简略提及合作学位项目。《学士学位授权与授予管理办法》第十五条规定,"具有学士学位授予权的普通高等学校,可在本校全日制本科学生中设立双学士学位复合型人才培养项目";第十六条规定,"具有学士学位授予权的普通高等学校之间,可授予全日制本科毕业生联合学士学位"。由条文内容可知,我国实行的双学位项目是对高校内部学位授予形式的调整,其不属于合作学位项目,只有联合学位项目才属于合作学位项目。《中外合作办学条例》第三十四条规定,"中外合作办学机构实施高等学历教育的,可以按照国家有关规定颁发中国相应的学位证书",同时

---

[1] 参见《硕士及以上中外合作办学机构与项目(含内地与港台地区合作办学机构与项目)名单》,载中华人民共和国教育部,https://www.crs.jsj.edu.cn/aproval/orglists/1/,2024年5月31日访问。

[2] 参见仇鹏飞:《跨国硕士双学位项目与联合学位项目的模式、特征及实施建议》,载《研究生教育研究》2018年第1期。

"中国对中外合作办学机构颁发的外国教育机构的学历、学位证书的承认,依照中华人民共和国缔结或者加入的国际条约办理,或者按照国家有关规定办理"。这明确了中外合作办学机构可依法颁发中国学位证书以及颁发外国教育机构的学位证书,为合作学位项目的开展提供了法律依据。

二、合作学位项目存在的问题

自合作学位项目实施以来,其在培养市场紧缺的复合型人才、促进教育领域的国际合作、推动教育资源跨校际配置等方面发挥了积极作用。虽然合作学位项目取得了一定成效,但其仍存在依据不足、范围较窄、管理严苛和保障不力等问题。这些问题给合作学位项目的可持续发展带来了消极影响,不利于相关学位的管理和授予。

(一)合作学位项目依据不足

尽管《高等教育法》《中外合作办学条例》《中外合作办学条例实施办法》等规范明确高等教育机构之间可依法开展合作办学活动,但未系统性规范合作办学中的学位管理与授予行为。例如,《高等教育法》仅宣示性地表示鼓励高等教育的国际交流与合作;《中外合作办学条例》仅笼统规定"按照国家有关规定"颁发中国相应学位证书和承认外国教育机构颁发的学位证书。制度设计的粗疏,使合作学位项目缺乏坚实的合法性基础,还导致双学位和联合学位授予活动因缺乏必要的指引而产生混乱与失序。

(二)合作学位项目范围较窄

对于合作学位项目,我国现行法律未作出明确界定。按照美国国际教育协会的解释,联合学位项目和双学位项目皆是合作学位项目的重要表现形式。然而,根据我国《学士学位授权与授予管理办法》的规定,双学位项目不属于合作学位项目,只有联合学位项目属于合作学位项目。该办法将双学位项目排除出合作学位项目范畴,人为限缩了合作学位项目的适用范围,使联合学位项目几乎与合作学位项目等同。这不仅与国际主流观点相违背,也同我国实践做法不一致。

(三)合作学位项目管理严苛

在推进高等教育"放管服"改革的背景下,合作学位项目管理仍保留了较为浓厚的行政色彩,合作学位项目的设置、招生、教学以及学位授予缺乏自由度。例如,根据《学士学位授权与授予管理办法》的规定,双学位项目的招生通过高考进行。这意味着受教育者只能在接受高等教育前作出是否攻读双学位的决定,而不享有受教育过程中的选择权。此外,我国合作学位项目的具体内容是由学校事先设计并由行政机关批准的,其虽增强了双学位项目结构的合理性与强度,但牺牲了学生受教育的选择权和学习自主权。[①] 因此,在合作学位项目中,高校和受教育者都必须按照政府设定的方向和政策进行运转,不得偏离政府划定的轨道。这种强制性管理方式,使合作学位项目各参与方的自主性受到压制,模糊了国家干预和学术自由的界限。

(四)合作学位项目保障不力

合作学位项目虽已在我国实施多年,但受到国内外环境变化、法律规范供给不足等影响,其质量和发展的可持续性堪忧,暴露出"雷声大,雨点小""收费贵,服务差""挂羊头,卖狗肉"等问题。例如,有的高校重申报而轻建设,把合作学位项目当作"面子工程";有的高校在实施合作学位项目过程中没有切实履行协议约定的义务,或是未提供

[①] 参见张晓报:《双学士学位、联合学士学位等概念正义》,载《大学教育科学》2020年第2期。

相应的教学服务,或是拒绝授予学位;有的高校虽创新人才培养模式,但培养层次有待提高。相关问题的存在,使合作学位项目的含金量不断下降,并出现大量项目被搁置、终止的现象。这既打击了国内高校及中外合作办学的信心,不利于高等教育资源的优化配置与对外开放,还减损了参与项目学生获得优质教育服务和公正评价的权利,不利于保障其学位获得权。

三、合作学位项目的完善建议

破解合作学位项目中存在的问题,促进高等教育合作办学的高质量发展,是提升教育服务供给质量和建设教育强国的应有之义。为化解实践中存在的问题,促进合作学位项目在法治轨道上的可持续发展,至少需要从以下四个方面完善合作学位项目制度。

(一)加强合作学位项目规范供给

因合作学位项目涉及"主权""安全""发展""合意"等多重要素,故而其规范建设是一项复杂的系统性工程,需要由国家法、校内法和契约法共同保障。在国家法方面,应通过行政立法的方式明确关于合作学位项目的管理和学位授予等内容,阐明项目设立基本条件、教育教学方式、学位授予标准、学位授予形式以及争端解决机制;在校内法方面,开展合作学位项目的国内高校应当在遵循依法决策、民主决策、科学决策原则的基础上,建章立制,实现对合作学位项目的设计、审核、教学、学位授予等各环节的规范;在契约法方面,合作机构之间应当坚持对等、自愿、合法原则,签订合作协议,并在协议中列明各方权责以及教育管理和学位授予事宜。只有实现三类规范的一体建设,才能更好地规范合作学位项目的实施。

(二)拓宽合作学位项目具体类型

针对法律规范与实践发展不匹配的问题,应丰富合作学位项目的类型。其中,国家应将双学位项目和联合学位项目一同纳入合作学位项目范畴,建立逻辑严密、层次分明的合作学位项目体系。同时,国家还应分类别完善双学位项目和联合学位项目的实施规则,实现两者在概念内涵、构成要素、执行机制等方面的差异化设置,增强区分度以提高建设的针对性。

(三)推进合作学位项目柔性治理

合作学位项目的学位授予因具有联合性与涉外性,其管理和教学相较于普通学位教育,国家干预的程度更深。行政权的运行覆盖合作学位项目的设立、办学、学位授予各环节。然而,合作学位项目的科层化模式带来了管理危机,学位的管理和授予活动缺乏效率性、民主性和柔性,高校的办学自主权和学位授予权受到削弱。例如,《中外合作办学条例实施办法》第三十七条第二款关于中外合作办学项目申请的限制性规定①,虽有助于抑制低水平的"连锁店"式的重复办学,但其也限制了中国高校与教育资源优质的国外高校的合作②。对此,应改变传统合作学位项目的管理模式,建立一种由多主体参与的柔性治理模式。柔性治理模式要求以自由、平等、民主为原则,用非强制性方式激发合作学位项目参与各方的主动性、协同性与创造性,增强政府、高校与受教育者之间的信任与配合。

(四)强化合作学位项目质量保障

不断提高质量是高等教育的生命线,也是教育改革发展最核心、

---

① 《中外合作办学条例实施办法》第三十七条第二款规定:"外国教育机构已在中国境内合作举办中外合作办学机构或者中外合作办学项目的,还应当提交原审批机关或者其委托的社会中介组织的评估报告。"

② 参见吴安新:《中外合作办学质量保障的制度供给困境与解决路径》,载《现代大学教育》2022年第5期。

最紧迫的任务。面对合作学位项目客观存在的违规招生和办学、管理机制形同虚设、协议变更随意等问题,亟须从体制和机制两个方面强化合作学位项目的质量监管。在体制方面,应形塑由政府、高校、师生、社会共同参与的学位质量保障体制,实现政府规制、高校自制和社会监督的统一。在机制方面,一是要加强合作学位项目的事前准入管理,审核合作学位项目中教育资源的优势性、互补性,从源头解决合作学位项目中的"两张皮"问题;二是要加强合作学位项目的事中、事后监管,完善由政府组织、专家决策的合作学位项目定期质量评估机制,并将评估结果作为奖惩的依据。

第九章　远程教育学位制度

互联网的建立与发展,使人类经历了一场自发现火以来最深刻的技术变革。作为被广泛使用的传播媒介,互联网影响着社会治理的方方面面。在教育领域,跨时空的网络技术打破了传统的教学组织形式,带动了远程教育的兴盛与繁荣。根据国家政策文件的解释,可授予学位的远程教育是指主要面向成人在职人员,以网络形式进行教学的非全日制教育。① 它的对象具有特定性,并非泛指利用信息技术实施教学的各类教育活动,本质上是继续教育的特殊形式。在大力提倡终身学习的当下,如何规范远程教育的学位管理与授予,是学位制度改革需要思考的重大问题。②

一、远程教育学位的发展现状

自进入信息时代起,国家和学校就利用互联网的开放、自由、无时空限制等特点,推行远程教育。作为不依附校园这一物理空间而存在的新兴学习方式,远程教育已成为改革传统教育模式的有效手段,对便利受教育者获取知识、创新教育教学手段、解决教育资源分配不均发挥着重要的推动作用。远程教育学位并不是指一种独立的学位类型,而是指接受远程教育并获得法定学位类型的活动。换言之,远程教育学位是具有学位授予资格的高等教育机构经国家批准或认可,向

---

① 参见教育部办公厅《关于进一步加强现代远程教育试点高校网络高等学历教育学历证书和学位证书规范管理的通知》。
② 本文所指远程教育,特指远程高等学历教育。

符合规定条件的远程教育受教育者授予的相应学位。

我国的远程教育最早可追溯至1994年实施的"中国教育和科研计算机网示范工程"。① 1998年出台的《高等教育法》第十五条第三款明确规定:"国家支持采用广播、电视、函授及其他远程教育方式实施高等教育。"教育部批准清华大学等4所高校举办国家现代远程教育试点,标志着远程高等学历教育在我国的正式实行。1999年1月13日,国务院批转教育部《面向21世纪教育振兴行动计划》,要求"实施'现代远程教育工程',形成开放式教育网络,构建终身学习体系"。2002年,教育部出台了《关于加强高校网络教育学院管理提高教学质量的若干意见》,强调要"积极推进网络教育和成人高等教育、各级各类继续教育的结合,促进我国网络化、开放式终身教育体系的形成"。2007年,教育部办公厅《关于进一步加强现代远程教育试点高校网络高等学历教育学历证书和学位证书规范管理的通知》要求加强网络高等学历教育学位证书的规范管理,"建立和健全有关网络高等学历教育毕业生的学历证书和学位证书授予的规章制度"以及"加强对网络高等学历教育学历证书和学位证书的监督与管理"。2011年,教育部启动国家精品开放课程建设计划,推动高校建设面向社会开放的高质量远程教育课程。2017年,国务院印发《国家教育事业发展"十三五"规划》,强调"发展现代远程教育和在线教育,实施'互联网+教育培训'行动,支持'互联网+教育'教学新模式,发展'互联网+教育'服务新业态"。

在国家的大力支持下,众多高校依托现代信息技术,不仅实现了校内与校际学位教育的创新发展,还推出了面向社会公众的在线学位教育。截至2016年,全国共有68所普通高校和6所开放大学开展远程教育。② 可以说,远程教育已成为高等教育中最具活力和创新性的教育办学形式之一。它创新了基于信息化的人才培养模式,推动了优质教育资源的建设及向全社会的开放,丰富了促进学习型社会建设的

---

① 参见梁建:《网络教育的发展与思考》,载《中国教育学刊》2001年第1期。
② 参见陈丽、林世员、郑勤华:《"互联网+"时代中国远程教育的机遇和挑战》,载《现代远程教育研究》2016年第1期。

有效途径。①

为规范高等教育机构实施远程教育,教育部还先后印发了《关于加强高校网络教育学院管理提高教学质量的若干意见》《关于进一步加强高校网络教育规范管理的通知》《关于服务全民终身学习 促进现代远程教育试点高校网络教育高质量发展有关工作的通知》《关于进一步加强现代远程教育试点高校网络高等学历教育学历证书和学位证书规范管理的通知》等政策文件。这些政策文件对远程教育的实施提出了三项总体性要求:一是严把入口关,加强招生管理工作;二是严把过程关,规范人才培养环节;三是严把出口关,做好毕业管理工作。其中,"严把出口关"强调应根据远程教育特点,优化调整学位管理措施,保障远程教育的学位授予质量。具体而言,远程教育学位授予,应当坚持"依法规范、客观写实、学校负责、政府监督"的原则,严格执行与学位管理相关的国家规定,健全远程教育学位证书授予的规章制度,强化监督和管理,以保障学位授予的质量。

二、远程教育学位的现实问题

远程教育是互联网时代的必然趋势,其是施教者通过线上虚拟平台向受教育者提供教育服务。通过网络平台,教育资源可以摆脱时空限制,得到广泛快速地传播。众多世界知名大学纷纷推出远程教育课程,部分国家甚至建立了以远程教育为主的开放大学,向符合规定条件的远程教育学生授予相应的学位。然而,远程教育的便捷性、虚拟性和开放性,给传统学位管理制度带来了诸多挑战。

(一)学位授权审核

远程教育在我国方兴未艾,为公众提供了新的受教育形式。目

---

① 参见林世员、陈丽、赵宏、张文梅:《高校网络教育发展脉络与阶段特征》,载《中国远程教育》2021年第6期。

前,我国开展远程教育的主力是具有高等教育办学资格的知名高校。这些高校在提供远程教育服务的同时,也向符合国家规定条件的受教育者授予相应的学位。从应然的视角看,远程教育的特殊性,决定其学位授予资格申请条件应比传统教育学位授予资格申请条件更加严苛。这主要表现在远程教育学位授予资格申请人需接受技术审查,证明其具有实施远程教育的能力。然而,我国现行学位法律制度对远程教育的学位授权审核鲜少提及,其申请标准、审批程序、救济机制等仍处于规范空白状态。此外,因网络传播的跨空间特征,不少国外教育机构也通过远程教育形式向国内受教育者提供教育服务,并授予学位。然而,《中外合作办学条例》等具有涉外性的教育法规范对此未作出回应,致使相关行为的合法性不明。

(二)学位质量评估

相较于学位准入管理,学位评估管理属于教育行政管理的后端环节,旨在考查"已经批准的学位授予单位及学位授予点"是否能够保证所授学位的质量。学位质量评估具有导向和分级的功能,能起到督促、激励和诊断的作用,是国家制定高等教育长远规划的决策依据之一。[①] 因此,要想学位能够正确发挥识别人才的重要作用,就必须加强学位评估管理,保证学位授予不变质和不走样。2014年,国务院学位委员会和教育部印发《学位授权点合格评估办法》,标志着我国已建立起具有规范性、周期性和强制性的学位质量评估制度。然而,我国学位评估管理仍存在诸多问题:第一,学位评估机构独立性较差,教育评估机构多为行政机构的附庸,中立性难以得到保证;第二,学位评估专家参与不充分,行政化的评估体制和行政命令式的评估方式,使学位评估中的专家论证出现形式化;第三,学位评估管理监督薄弱,评估机构容易在利益驱动下被学位授予单位俘获,致使评估学位质量的功能

---

① 参见骆四铭:《中国学位制度:问题与对策》,华中科技大学出版社2007年版,第145页。

失效;第四,评估方与被评估方权利义务关系不对等,救济途径少。这些问题在远程教育场域中被放大,造成远程教育学位授予因缺乏有力的事中、事后监管而质量低下。

(三)学位认证

学位认证是指经国家授权的学位认证机构对学位获得者所持学位证书的真实性、合法性和有效性进行考查的过程。学位认证旨在强化学位授予单位合法颁布的学位的可接受性,以及减少虚假学位对劳动力市场秩序的破坏,对保障学位质量有着重要的意义。随着远程教育的逐渐普及,远程教育学位的认证问题随之而来。例如,美国宾夕法尼亚州学位认证机构在认证学位的过程中,发现远程教育机构竟然向猫颁发远程教育学位。① 此外,我国学位认证机构仅对国内远程教育学位获得者提供学位认证服务,国外远程教育学位仍被排除在学位认证范畴之外。

三、远程教育学位的完善建议

远程教育学位具有不同于传统教育学位的特点。一方面,它对硬件设备和技术支持有着更高的要求;另一方面,依托虚拟平台的教学模式使其在管理上具有一定的困难。然而,我国现行远程教育从学位授权审核到学位质量管理皆依附于传统教育,这与远程教育的特性与发展要求是不相符的。学位制度改革应当在立足传统教育学位管理制度的基础上,总结出一套相对独立的远程教育学位管理制度,增加适应远程教育发展要求的个性化规定。只有建立相对独立的远程教育学位管理制度,远程教育才能获得长足的发展。为解决远程教育普

---

① 参见志珍:《美惊曝假文凭欺诈案 网上大学竟给猫颁发 MBA 文凭》,载新浪网,https://news.sina.com.cn/w/2004-12-08/10514466734s.shtml,2024 年 4 月 16 日访问。

及背景下的学位管理问题,应着重从以下三个方面完善远程教育学位管理制度。

(一)严格远程教育学位的授权审核

在现行体制之下,教育机构授予远程教育学位,必须经学位委员会审批获得学位授予资格。为统筹"安全"和"发展",网络学位教育的准入管理应略严于传统线下学位教育,这主要应体现在学位授予资格申请条件的设定方面。具体而言,政府应当将普遍性的学位授予资格申请条件与远程教育的特殊性相结合,制定涵盖政治要求、学科水平、技术能力、资源保障四大判断要素的远程教育学位授予资格申请标准,从源头上控制远程教育的教育教学质量和学位授予质量。

(二)健全远程教育学位质量评估体系

加强远程教育学位质量评估体系的建设,应当遵循内外相结合的原则,既要明确由行政机关、社会组织负责的外部评估,也要明确学位授予单位的自我评估。远程教育学位质量评估体系的建设应当从以下四方面入手:一是建立定期评估制度,适当压缩远程教育学位质量评估的周期而增加评估的频次,以迎合远程教育变化迅速的特点;二是完善学位质量评估指标体系,不仅要吸纳传统教育学位质量评估的标准,如思想政治、管理水平、科研水平等内容,还要创设符合远程教育自身特点的评估标准;三是建立中立性的学位质量评估机构,实现专业力量与行政力量在评估活动中的分离,减少行政权对远程教育学位质量评估的干预;四是完善学位质量评估监督机制,评估机构应设立独立机构专门受理被评估的学位授予单位和社会公众的异议,教育行政机关应加强对评估机构的监管。

(三)推进远程教育学位的规范认证

我国的学位认证系统目前不对国外远程教育学位实施认证。但从长远来看,为让受教育者能够通过远程教育获取其他国家的优质教育资源,有必要将学位认证服务范围扩展至对国外远程教育学位的认证。在这一过程中,有几点需要注意:第一,为了保障经认证的学位的真实性和权威性,对国外远程教育学位的认证应当是有条件的,即所认证的学位应当是合法正当的教育机构授予的,且符合国家和市场需要;第二,为提高远程教育学位认证的有效性和权威性,认证机构应当配备必要的专业技术人员和远程教育教学人员;第三,国外远程教育学位的认证是国与国合作的结果,因而在开展国外远程教育学位认证时,应坚持平等互惠原则和增强国家间的合作交流。

第三篇

学位制度的比较研究

第十章　境外学位立法考察

一、学位立法的目的

欠缺立法目的的法律是虚无缥缈的。立法目的不仅有助于执法者、司法者和守法者了解立法意图,也有助于在缺失直接法律依据时实现对权利人的"无漏洞保护"。① 因此,明确学位法的立法目的,有利于编织无缝法网,能动地调整学位授予与管理场域中复杂的权利义务关系。

在境外,学位立法一般会开宗明义地指出立法目的。比如,英国《学位授予机构高等教育资格框架》指出学位制度建设的目的有三点:一是为高校制定学术标准提供参考依据;二是通过统一高等教育资格名称增强对资格的共同理解;三是协助确定潜在的晋升途径。② 日本《学位规则》第一条指出,学位立法的目的是规范学位授予单位的学位授予行为。在没有学位单行立法的国家和地区,学位规则主要规定在教育法中,受教育法立法目的统领。例如,德国《高等教育总纲法》第二条指出,高校实施高等教育的任务包括发展科学和艺术、促进民主和法治、保障受教育者平等受教育的权利、促进交流与合作等,并在第十八条和第十九条中规定了相关学位事宜。再如,美国《教育法典》第二十八章"高等教育资源和学生援助"对高等教育的实施和学位制度

---

① 德沃金提出了用所谓"整体性"的观念来指导法律解释的观点。他的法律观是"整体性的法",也就是说,法律除规则之外,还包括隐藏在规则背后的原则和政策。参见李龙主编:《西方法学经典命题》,江西人民出版社 2006 年版,第 220—223 页。

② See The Quality Assurance Agency for Higher Education, The Frameworks for Higher Education Qualifications of UK Degree-Awarding Bodies, 2024, p. 6-7.

建设的目的和原则作了说明,主要是推进学术自由、保障学生权利、加强质量保障等。

在我国香港、澳门特别行政区和台湾地区,高等教育制度与学位制度的设计亦首先明确立法目的。香港特别行政区《教育条例》在开头指出:"本条例旨在促进香港的教育,综合和修订有关监督和管制学校及校内教学的法律,以及就有关连的目的订定条文。"由于香港特别行政区的学位规范包含在教育立法和大学章程中,《教育条例》的上述表述,可被视作学位制度的立法目的。澳门特别行政区第 10/2017 号法律《高等教育制度》第三条规定:"高等教育的目标尤其包括:(一)透过传授理论及实务的知识,培养文化、科学及技术等方面的高等教育水平的人才,并培养学术及个人品格及促进其思维、科研、创新、评析、融入团队及适应转变等能力的发展,使其能从事专业活动;(二)创造条件让有适当能力的个人获得接受高等教育的机会;(三)推动文化、科学及技术领域的研究及发展;(四)促进知识的传播,尤其在文化、科学及技术领域,并提高研究活动的价值;(五)推动创新及发挥本地科研潜力;(六)促进教学与研究的互相结合;(七)为社会提供专业服务,并与之建立互惠关系;(八)在高等教育活动范围内,促进澳门特别行政区与外地在文化、科学及技术方面的合作及交流。"与香港特别行政区类似,澳门特别行政区的学位规范也散见于教育立法和大学章程中。因而,《高等教育制度》第三条的规定,亦可被视作学位制度的立法目的。此外,我国台湾地区制定了所谓"大学法",其第一条规定:"大学以研究学术,培育人才,提升文化,服务社会……为宗旨。大学应受学术自由之保障,并在法律规定范围内,享有自治权。"

通过比较不同国家和地区的学位立法目的可知,学位制度建设的基础价值目标主要有三类:一是推进学术自由,保障高校学位授予权;二是规范学位授予权,保障受教育者权益;三是促进高等教育发展,维护国家利益和社会公共利益。三类目的之间存在冲突,因而学位制度设计的实质是寻求平衡三者间关系的最佳方案。

二、学位立法的定位

境外学位立法主要有两种立法模式。第一种是分散立法模式,即将学位法律规范分散在教育法和大学章程之中。例如,法国和美国皆在教育法典中规定学位制度,明确学位教育的课程要求以及学位授予的基本条件。第二种是单行立法模式,即制定专门的学位法律规范或指导性文件,如日本的《学位规则》和英国的《学位授予机构高等教育资格框架》等。就立法定位而言,在采取单行立法模式的国家和地区,学位法一般被定位为教育法或大学法的特别法。

在学位立法过程中,我国大陆学位法的定位存在"教育基本法"和"教育特别法"之争。在不同定位下,学位法有着不同的立法依据。如果将学位法定位为教育基本法,其立法依据应当是宪法;如果定位为教育特别法,其立法依据就应当是教育法。然而,在能够从非宪法性法律中找到直接依据时,不宜将学位法定位为教育基本法,以避免向宪法"逃逸"而出现规范间关系的混乱。同时,从境外相关立法看,多数境外立法将学位法定位为教育特别法。因此,我国大陆学位立法应定位为教育特别法,在《学位法》第一条明确"依据《中华人民共和国教育法》和《中华人民共和国高等教育法》,制定本法"。

三、学位体系的构成

学位体系也被称为学位的结构,其由学位层次和学位类型共同组成,是学位制度最关键、最基础的内容。不同的国家和地区基于自身高等教育发展经验和本土实际,创设了差异化的学位体系,但它们之间也存在着共性特征。

英国的学位结构并不复杂,学位层次分为学士学位、硕士学位和博士学位三级。学士学位是初级学位,包括荣誉学士学位、普通学士学位和基础学位。荣誉学士学位也被称为专门学位,是英国最受尊重、攻读人数最多的学士学位,其内部还可再细分为一级、二级和三级荣誉学士学位;普通学士学位又被称为合格学位,其对课程的专业化程度要求低于荣誉学士学位,功能相当于我国的学历证书,仅起到证明学习经历和课程成绩合格的作用[1];基础学位是一种两年制、职业性的中间水平的学位,主要适用于高等职业教育,类似于美国的副学士学位[2]。在英国的学士学位中,根据不同学科专业学位有不同的分类,如文学学士、理学学士、法学学士等。硕士学位可分为研究型硕士学位和授课型硕士学位,两者之间的区分相当于我国的学术学位和专业学位,前者重在考查学位申请人从事学术研究的能力,后者重在考查学位申请人从事实践工作的能力。博士学位则分为哲学博士学位和专业博士学位两类,前者关注理论知识研究的创造性,后者关注知识实践应用的创造性。

美国学位实行副学士、学士、硕士和博士四级学位制度。副学士学位是受教育者在社区学院或初级学院的学习证明,不是攻读学士学位的必要条件,因而不属于严格意义上的学位。但因副学士学位收费不高、学期较短、面向社会需求开课等特征,其得到社会的广泛认同与受教育者的普遍热爱,事实上成为美国的基础学位。学士学位是美国学位体系的第二个层次,也是最重要的一级学位。它在类型上可分为学术学士学位和专业学士学位,其中学术学士学位还可再细分为文学士学位和理学士学位。硕士学位、博士学位则是更高级的学位层次,目的是培养从事科学研究或实务工作的高级专门人才。在学位类型方面,美国学位分为研究型学位和职业型学位两类。这两种学位类型还可进一步细分。例如,职业型学位还可进

---

[1] 参见杨少琳:《法国学位制度研究》,西南大学2009年博士学位论文。
[2] 参见张陈:《我国当代学位制度的传统与变革》,重庆大学出版社2014年版,第173页。

一步细分为"普通职业学位"和"第一职业学位"。① "第一职业学位"是为受教育者可以进入特定专业领域工作而设立的学位②,具有准入性、专业性和实践性等特征。它多适用于医学、法学、神学领域,如医学博士学位、药学博士学位、神学博士学位、法律博士学位等。除正式学位类型外,美国还存在非正式学位类型,包括研究生中间学位、博士后资格和名誉学位。③

德国作为学位制度改革的引领者之一,最早提出将学术研究纳入学位教育计划,创设了大学发展史上首个哲学博士制度。④ 在传统高等教育体制中,德国的学位教育层次只有硕士和博士,没有学士。其中,德国的博士学位属于典型的学术学位类型,不包括以培养职业型人才为导向的专业学位类型。然而,受欧洲高等教育一体化运动的影响,德国学位制度自博洛尼亚进程启动后,开始与欧盟学位制度接轨,也形成了学士、硕士和博士三级学位体系,学位类型得到了丰富。在制度层面,德国《高等教育总纲法》第十八条规定了大学的学位授予事宜,而第十九条规定了学士学位和硕士学位的课程要求。

日本作为亚洲区域的教育发达国家,其学位体系具有独特性。根据日本《学位规则》的规定,日本共有学士、修士、博士、短期大学士、专门士和高度专门士六种学位类型。其中,学士、修士和博士等同于我国的学士、硕士和博士,是基于学位教育层次的分类。获得博士学位的方式有两种,即完成博士课程或提交论文并获得认可。以第一种方式获取的博士学位被称为课程博士,以第二种方式获取的博士学位则被称为论文博士。除传统三级学位外,日本还增设短期大学士、专门

---

① 参见张永泽、张雨菲、张海滨:《我国"博士专业学位"与美国"专业博士"辨析——兼论美国药学博士(Pharm.D.)教育层次》,载《江苏高教》2020年第7期。
② 参见卢勃、杜燕锋、高佳佳:《美国第一职业学位的发展及其启示》,载《研究生教育研究》2012年第6期。
③ 参见雷彦兴、王德林:《美国当代学位制度的特征》,载《学位与研究生教育》2002年第9期。
④ 参见张陈:《我国当代学位制度的传统与变革》,重庆大学出版社2014年版,第180页。

士和高度专门士三种学位类型。短期大学士是指在短期大学毕业后所获得的学位,这一学位通常也被称为"准学士"学位;专门士、高度专门士则是在专门学校学习专业课程后所获得的专业性学位,两者在课程和学习年限等方面存在差异。

第十一章 境外学位管理制度

一、学位管理的理念

学术自由这一理念产生于中世纪的大学,具有十分悠久的历史。对于大学来说,学术自由是一种信念,是大学赖以生存的灵魂。对以探求知识和传播知识为宗旨的大学而言,缺少了学术自由,现代大学制度就失去了其存在的土壤和发展的空间。联合国教科文组织指出:"近代历史有力地证明了必须捍卫学术自由的原则,它是高等教育机构存在和正常运转的先决条件。因此,必须给予公立高校和认可的私立高校一定程度的法定的自治权,允许它们针对实际情况在社会中发挥其创造、思考和批判的职能。"[1]

基于高等教育发展的客观规律和学术自由的理念,世界教育发达国家和地区的学位制度纷纷提倡受控制的学术自由理念。换言之,现代学位制度建设要求在保证必要的政府干预的基础上,充分尊重高校的学位授予权,实现政府规制与学术自由的统一。例如,牛津大学章程分为"教职员大会章程"和"枢密院会议章程",前者只需由学校教职员大会同意即可生效,后者还需要由枢密院批准方能生效。"枢密院会议章程"主要对学校核心管理机构、学术人员权益和学校财力保障等问题进行了规定,"教职员大会章程"则规定了大学内部学术机构的自主设置、内部学位授予事务的自主决策、学位行政管理人员的自

---

[1] 联合国教科文组织:《关于高等教育的变革与发展的政策性文件》,转引自尹晓敏:《寻求政府控制与大学自治的平衡——世纪之交政府与大学关系的合理定位》,载《高教探索》2007年第4期。

主聘任、学位文凭证书的自主授予等。两类章程的划分,实质上是英国高等教育"管办分离"的缩影,对我国政府放松对高等教育的管制、明晰政府与大学的权力边界、改革高等教育资源配置方式等具有重要的借鉴意义。① 因此,完善学位管理制度的重中之重,是要在学位立法中推动国家向大学的"放权",尽量减少国家对高校学位授予活动的直接干预。

二、学位管理的模式

自 19 世纪以来,西方学位制度出现三种不同的管理模式,即自由放任模式、政府规制模式,以及兼采两者的混合模式。其中,自由放任模式强调市场控制和学术自由,排斥政府对高校学位授予行为的干预;政府规制模式强调国家对高校的直接干预,要求学位授予行为符合国家利益和社会公共利益。三种模式在高等教育国际化的过程中相互借鉴,并作出适应性调整,愈发朝着融合化的方向发展。通过比较不同国家和地区的学位制度,可以发现世界教育发达国家和地区的学位管理模式高度一致,即采取政府规制、高校自制和社会监督三者相结合的复合学位管理模式。

政府规制是学位管理的基础,指国家对高校学位授予行为的监督与管理。无论是实行"国家学位"形态抑或"大学学位"形态的国家或地区,政府规制始终是学位制度建设的重要组成部分,只是在实施程度上略有差异。在法国,《高等教育方向指导法》规定高校行使学位授予权须经国家高等教育委员会批准,《综合大学自由与责任法》还规定政府可以通过与综合性大学签订行政合同的方式,对大学的学位授予和管理行为进行管制。在英国,《继续教育和高等教育法》第七十六条

---

① 参见严蔚刚:《牛津大学章程对我国高等教育实行"管办分离"的启示》,载《中国高教研究》2012 年第 2 期。

对高校行使学位授予权作了规范,明确枢密院可以通过命令的形式赋予和剥夺高等教育机构的学位授予资格。[①] 此外,不少国家和地区还通过控制财政资金支持额度、实施教育教学和学位质量评估、开展学位认证等举措,强化对高校学位授予行为的规制,以保障高校学位授予的质量。

高校自制是学位管理的核心,指具有学位授予资格的高校对学位授予行为进行自我约束。高校自制表现多样,涉及学位授予工作的方方面面。德国沿袭中世纪行会师徒模式,特别强调教师在学位授予中的作用,建构了由指导教师主导的学位质量保障制度。又如,在推崇学术自由的美国,特别强调高校的自主管理和学位授予的自我负责。

社会监督是学位管理的补充,指借由社会力量监管高校的学位授予行为。例如,法国政府为避免单一评价制度产生限制高校自主权和浪费财政资源的问题,积极引入第三方机构参与学位管理活动。同样,英美两国在专业技术性较强的领域设立行政代理机构,加强对学位授予的社会监督。这些代理机构由实践经验丰富的专家组成,他们积极参与社会公共治理,并向需要帮助的公民提供独立的指导、建议。此外,教育发达国家和地区的学位质量评估和学位认证一般由经政府认可或委托的中介机构进行,如英国的高等教育质量保障署和德国的认证、证明与质量保障研究所。

三、学位管理的内容

从保障学位授予质量的视角看,学位管理由两大制度共同构成,即前端的学位授权审核制度和中后端的学位质量评估制度。两种制度在不同国家和地区的学位制度中皆有存在,是学位管理的重要内容。

[①] See Further and Higher Education Act § 76.

(一)学位授权审核

学位作为衡量受教育者学术水平和能力的标准,其授予不仅关乎个人利益,更关乎国家利益和社会公共利益。正是基于学位的利益双重性,学位授予需要国家的干预。[①] 学位授权审核是国家管理学位授予行为的重要手段,其要求高校在经国家审批同意取得学位授予资格后,才能行使学位授予权。它属于学位管理的前端环节,旨在以事前的资格限制提高学位授予的准入门槛,保障学位授予的质量。

美国学位授权审核由州政府和资格鉴定机构共同负责。若高校已经被官方认可的基准协会确认其学位质量合格的,可以当然行使学位授予权。若未被官方认可的基准协会确认其学位质量合格的,高校需先获得州政府颁发的许可证,取得学位授予资格,才能行使学位授予权。例如,在加利福尼亚州,未经学位质量认证的高校若要行使学位授予权,应向州教育长提出申请,并提交与教师队伍、课程设置、基础设施、资金支持等事项相关的申报材料。受理申请后,州教育长应当指定特别委员会对提出申请的大学进行评价,并根据特别委员会出具的评价报告和建议作出许可或不许可决定。[②] 当然,高校向州政府申请学位授予资格前,还需要接受高等教育认证委员会等资格鉴定机构的审查,以明确该校可授权的学位层次。可见,美国学位授权审核主要存在市场认证和政府审批两种模式。在市场认证模式之下,高校学位授予资格的获得取决于同行的认可;在政府审批模式之下,高校学位授予资格的获得取决于行政机关的同意。两种模式相互补充和替代,拓宽了高校获取学位授予资格的途径,形塑了内涵丰富的学位授权审核制度。

---

① 参见王敬波:《学位授权审核法治化路径探析》,载《学位与研究生教育》2014年第7期。

② 参见张陈:《我国当代学位制度的传统与变革》,重庆大学出版社2014年版,第166—168页。

英国学位授权审核始于 1992 年《继续教育和高等教育法》颁布,并形成了特色鲜明的学位授权审核制度。根据英国制定法的规定,学位授予权分为"授课式"授予权和"研究式"授予权两类。两者可以共同提出授权申请,也可在单独提出"授课式"授权申请后再提出"研究式"授权申请。一般而言,学位授权审核需要历经五个阶段:一是高校向枢密院提交学位授予资格申请;二是枢密院委托高等教育质量保障署对申请人进行资格审查;三是高等教育质量保障署接到委托后,通过书面审、实地调查等方式对申请人的具体情况进行审查;四是高等教育质量保障署出具审查报告,并向枢密院提出审核建议;五是枢密院根据高等教育质量保障署的报告和建议,作出是否授予申请人学位授予资格的决定。[①] 通过该程序可知,学位授权审核中的行政权力和学术权力是相分离的。具体来说,高等教育质量保障署作为非政府机构,负责对学位授予资格申请作出专业判断,出具专业评估意见;而枢密院作为政府机构,负责根据专业判断结果,对学位授予资格申请作综合判断,最终作出是否授予申请人学位授予资格的行政决定。

除英美两国外,其他国家和地区也通过建立学位授权审核制度,加强对学位教育的准入管理,从源头把控学位授予的质量。在不同国家和地区的学位授权审核制度中,根据审核时间,学位授权审核可分为"办学许可与学位授予权分开授予"和"办学许可与学位授予权一并授予"两种模式;根据审核内容,学位授权审核又分为"一揽子批准学位授予单位所有专业学位授予权"和"分专业批准学位授予单位的学位授予权"。[②] 但不论是何种学位授权审核制度,其良好运作都需要:一是明确学位授权审核的具体步骤与程序,以程序正义促实体正义;二是明确学位授予资格申请的具体条件,确保审核标准的公

---

① 参见苏兆斌:《中国学位制度的变迁与反思》,中国财富出版社 2017 年版,第 96—98 页。
② 参见韩映雄:《世界主要发达国家学位授权制度分析》,载《高等教育研究》2009 年第 8 期。

开与透明;三是明确学位授权审核程序中各主体的职责,防止出现"争权夺利"和"踢皮球"等现象。

(二)学位质量评估

学位质量评估是学位管理的重要手段,属于对学位授予行为的事中、事后监管措施。它有助于以结果问责的方式倒逼高校采取学位授予质量保障行动,提升学位授予的规制效率。正是因其功能上的重要性,教育发达国家和地区皆建立了较为完善的学位质量评估制度和机制。

美国的学位质量评估主要通过"认证"的形式实施。在美国高等教育制度中,高校经过"注册"与"认证",其教学活动和授予的学位才具有合法性和可接受性。其中,政府部门负责高校的"注册"事务,社会团体负责高校的"认证"业务。高校如果希望其授予的学位能够获得社会公众和市场的认可,那么其必须经过大学同行联合设立的"六大地区院校认证机构"或其他权威机构的认证。[1] 在认证过程中,认证机构会对高校的教育教学质量进行全方位评估,以明确其是否有能力保障学位授予的质量。

英国的学位质量评估采取的则是自我评估与他人评估相结合的方式。英国高校内设质量保证机构并建立了学位保障制度,定期审查各级各类学位教育的质量和学位授予情况。根据法律要求,英国高校还必须聘请外部的学术审查员与校外督察员,动态评估"学生是否达到学校的学业标准",以及检查"学校在给予学生成绩和学位时是否依据学校订立的标准"和"对学生的评价是否有效和公平"。[2] 学术审查员还会定期对高校办学标准和学位授予质量进行总体性评估,以确定其是否符合学位授予资格申请条件。此外,英国高等教育质量保障署通过学位授权审核制度,参与对高校学位授予质量的监管。

---

[1] 参见杨少琳:《古老而常新的法国学位制度》,重庆大学出版社 2010 年版,第 147—148 页。

[2] 参见杨少琳:《古老而常新的法国学位制度》,重庆大学出版社 2010 年版,第 131 页。

其他国家和地区也建立了多样化的学位质量评估机制,强化对学位授予行为的事中、事后监管。例如,法国设立国家评估委员会负责高等教育和学位质量评估工作。评估委员会具有独立地位,不隶属于任何政府部门,其评估结果向社会公开并作为奖惩的依据。

第十二章　境外学位授予制度

一、学位授予标准

学位授予标准是学位申请人获得相应学位应满足的特定条件的集合。从类型上看，学位授予标准包括学位授予官方标准和学位授予自主标准。学位授予官方标准一般为最低限度的学位授予标准，是国家或国际组织为保障学位授予质量而制定的指导性标准；学位授予自主标准则是高校以规范形式对本单位学位授予条件的明确，是学位授予单位行使办学自主权和学位授予权的结果。考虑到学位授予官方标准具有适用上的普遍性，因而下文仅就不同国家和地区的学位授予官方标准进行说明。

（一）英国的学位授予标准

英国学位制度分为三个等级，分别是学士学位、硕士学位和博士学位。不同层次和类型学位的划分标准，在英国高等教育质量保障署《英格兰、威尔士和北爱尔兰高等教育资格框架》中有着具体规定。[1] 其中，英国荣誉学士学位、硕士学位以及博士学位的学位授予标准列举如下。

荣誉学士学位的学位授予标准：①系统理解其所学领域的主要方面，并获得连贯而详细的知识，其中至少有部分内容处于本专业中某

---

[1] See The Quality Assurance Agency for Higher Education, The National Qualifications Framework for Higher Education Qualifications in England, Wales and Northern Ireland: a Position Paper, 2000, p.6-7.

些方面的前沿;②具有在本专业领域准确选用已有的分析和探索方法的能力;③可以运用本专业的前沿概念和方法构思和维护论点或解决问题,以及在本专业内能对当前某些特定的研究或先进的学术成就予以描述和评论;④能鉴别知识中不确定、不明确和具有局限性的内容;⑤有能力安排自己的学习,能运用学术评论和主要资源。

硕士学位的学位授予标准:①系统地理解知识,批判地了解当前的问题和新的见解,所批判的应主要为本专业、学习领域或专门职业范围的前沿内容;②对用于其研究或学术工作的各种方法具有综合的理解;③在本专业内对知识的应用具有独创性,并对如何应用各种研究方法去创造和阐明知识具有实用的理解;④具有概念性理解能力,使其得以批判性地评价本专业当前的先进知识和研究方法,并在适当的场合提出新的假设。

博士学位的学位授予标准:①通过原创性研究或其他先进的学术工作,创立或阐明新知识,其质量应当足以通过同行专家评审,并能促进本专业的发展以及具有出版价值;②系统地获取和理解本专业学术领域或专业实践领域的前沿重要知识;③具有为本专业探索新的知识、新的应用或认识而构思、设计和实现一个项目的综合能力,以及由于无法预料的困难而调整项目计划的能力;④详尽地了解用于研究和探索先进学术的各种应用方法。

英国对各层次学位授予标准作出了较为细致的规定,且各层次之间有较为明显的差别。荣誉学士学位以掌握专业知识、具备学习能力为要;硕士学位提高了对专业知识的要求,强调知识应用的独创性及提出新假设的能力;博士学位进一步提高了对掌握知识、应用研究方法的要求,明确可以从事原创性研究和独立解决前沿问题是博士学位申请人应当具备的基本能力。从学士学位要求系统理解专业知识,到硕士学位要求具有宏观把握专业内容和提出独创性见解的能力,再到博士学位要求具备精深的学术水平和较强的研究能力,三个层次的学位授予标准对掌握和应用专业知识的能力的要求逐级提高。层次的划分和能力要求的递进,使英国的学位授予标准有助于促进人才的分类分层培养,满足劳动力市场对多样化人才的需求。

(二)欧洲高等教育区的学位授予标准

2005年,欧洲高等教育区教育部长会议正式宣布采用欧洲高等教育区学术资格框架,将欧洲高等教育学位分为学士、硕士和博士三个层次,并强调《欧洲高等教育区质量保证标准和指南》的适用。①《欧洲高等教育区质量保证标准和指南》明确了欧洲高等教育区内不同层次学位的授予标准。②

学士学位的学位授予标准:①已经具有在普通中等教育之上的某一个领域的知识和智力能力,其典型的水准包括学生所学领域高级教科书中的某些前沿知识;②能以专业的方法在工作或职业中应用其知识和智力能力,典型的表现是在其学习领域据理争辩,能够设计和解决问题;③能收集和解释相关数据(通常是在其学习领域),以作出正确判断,包括关于社会、科学或伦理问题的见解;④能与专家和非专业听众交流信息、思想以及提出解决办法;⑤已经具有高度自主地持续进修所必需的学习技能。

硕士学位的学位授予标准:①具有超越学士学位所要求的知识和能力,这些知识和能力有助于在科学研究中创造新的成果;②能在新的或不熟悉的环境下,运用其知识和能力解决问题;③在信息不完整或有限的情况下,能综合运用其知识处理复杂问题,并对相关问题作出正确判断以及对包括社会伦理责任在内的问题提出新的见解;④能与专家和非专家人士清晰而明确地进行交流,以及阐明论证其论点所需要的知识和基本原理;⑤具有自主持续进行学习的技能。

博士学位的学位授予标准:①在所学领域具有系统性的知识与能

---

① 参见毕家驹:《欧洲高等教育区的学位标准和质量保证准则》,载《高教发展与评估》2006年第5期。

② See European Association for Quality Assurance in Higher Education, Standards and Guidelines for Quality Assurance in the European Higher Education Area, at https://www.ucd.ie/t4cms/esg2005.pdf (Last visited on March 5, 2024).

力,掌握该领域的研究技能与方法;②可以基于学术要求构思、设计、选择和开展一项可持续的研究;③通过原创性研究扩展了前沿性知识,作出了贡献,如研究成果被刊登在经评审的国家或者国际的出版物上;④有能力对新的、复杂的观点进行批判性分析和评估;⑤能与同行、非所学领域的专家以及普通群众交流自身的专长;⑥有能力推动技术、社会或者文化的进步。

欧洲高等教育区的学位授予标准与前述英国的学位授予标准在层次上和具体要求上大致相当,各层次学位所要求的学术水平和研究水平随学位等级的提高而次第上升。但相较于英国的学位授予标准,欧洲高等教育区的学位授予标准更具体,这主要表现在其列举了学术水平达到某一程度的具体形态,如"在其学习领域据理争辩,能够设计和解决问题"。此外,欧洲高等教育区的学位授予标准还增设了关于交流能力的要求,包括与同行、普通公众的交流。

(三)美国的学位授予标准

在美国,学位授予标准由各学位授予单位自行设定。通常,不同层次、类别的学位申请人需要达到的基本标准包括修满课程学分或提交学位论文,抑或二者兼顾。在硕士学位授予标准方面,一些学院要求硕士生撰写毕业论文,另一些学院则不要求硕士生撰写毕业论文,只要求其提交具有独创性的文献综述、实习报告或课程设计。在博士学位授予标准方面,无论是学术型还是专业型,各学院几乎都要求撰写毕业论文。同时,根据美国研究生委员会的规定,博士论文应满足两项标准:一是具有独立解决重大问题的能力;二是具有创造性的知识贡献。[①]

(四)日本的学位授予标准

日本的学位分为学士学位、修士学位和博士学位三级,博士学位

---

① 参见王栾井、杜佳:《国外综合性大学研究生培养模式初探》,载《学海》2004年第5期。

分为课程博士学位与论文博士学位两类。其具体学位授予标准为:学士学位以修满一定年限并取得相应学分为基础;修士学位除修满一定年限并取得相应学分外,还需提交学位论文并通过审查以及通过毕业考试,此外还要"视野广阔、修得精深学识,具有在专业领域方面的研究能力或从事高度专门性的职业等所必需的能力";博士学位亦须修完相关课程、通过毕业考试和论文审查,此即课程博士学位,具备同等以上学力者也可以授予博士学位,即论文博士学位。可见,日本的学位授予标准以考查学位申请人的修业时间、课程完成状况、毕业考试成绩、论文水平和学力水平为主。

通过比较以上国家和地区的学位授予标准可知,不同学位授予标准均呈现出学位授予标准随教育层次提高而逐级严格的趋势。随着教育层次的提高,学生被要求掌握更多的前沿知识。建立层次清晰的学位授予标准具有重要意义:对学位申请人而言,层次清晰的学位授予标准可以帮助其理性选择需要攻读的学位;对大学而言,层次清晰的学位授予标准能够成为大学制订不同学位层次学生培养计划的依据;对市场和社会而言,层次清晰的学位授予标准可以降低人才市场交易成本,促进人才资源的优化配置。

二、学位授予的程序

学位授予程序是指高校进行学位授予的过程,它由多个过程性行为共同组成。不同国家和地区通过搭建多环节的学位授予程序,规范学位授予的实施和保障学位授予的质量。

在学位授予程序方面,美国高校的学位授予一般需经导师审查、论文评审和学位论文答辩等程序。在学位申请人开始撰写论文前,其可以通过双向选择机制确定论文指导教师,或是根据规定选择论文指导委员会。学位论文完成后,学位申请人应当将学位论文交由导师审核,根据导师意见修改后再送论文指导委员会审查。论文指导委员会审查同意的,正式进入学位论文答辩程序。在学位论文答辩过程中,学位申请人应就研究内容进行陈述并及时回答答辩委员会提出的问题,答辩委员会在学位申请人陈述和回答完毕后对是否同意授予其学位进行匿名表决。当然,不是所有的美国高校都要求进行学位论文答辩。例如,加州大学伯克利分校规定,学位论文经论文指导委员会审查通过后,便可授予学位申请人相应学位。①

英国高校的学位授予程序与美国大体相似,包括导师审核、指定考官和学位论文答辩等程序。学位申请人的学位论文在经导师审核同意后,学院或导师应聘请考官对学位论文进行考核评级。在考官制之下,学位论文答辩原则上由两名考官参与,一名为校外同领域专家,另一名为本校同领域但未参与指导该学位申请人的专家。经学位论文答辩,考官会作出无条件通过、附条件通过和不通过三种决定。学位申请人对答辩决定不服的,可以向本校的学术委员会进行申诉。

相较于英美两国,德国学位授予程序更为复杂烦琐,包括资格审查、论文评审、委员会审批、口试答辩、学位论文出版、学位授予等诸多环节。在资格审查阶段,学位申请人应当向学院提交学位书面报告,学院经形式审查确定其符合学位申请条件后,准予其进入论文评审阶段。在论文评审阶段,学院聘请教师对学位申请人的论文进行评审,并将评审专家出具的评审意见和学位论文进行公示。论文评审通过且公示无异议的,经委员会审批,正式进入口试答辩阶段。口试答辩包括学位论文的答辩,也包括专业知识的答辩,是对学位申请人学术能力和综合素质的全方位考查。口试答辩通过的,由学校或学院向学位申请人授予学位。值得注意的是,博士学位申请人在口试答辩通过后,还必须在一年内出版博士学位论文。②

---

① 参见张陈:《我国当代学位制度的传统与变革》,重庆大学出版社2014年版,第170—171页。

② 参见张陈:《我国当代学位制度的传统与变革》,重庆大学出版社2014年版,第183—184页。

考虑到学位申请人在攻读学位过程中可能遇到的特殊情况,一些国家和地区的学位制度对学位授予程序进行了灵活设计。例如,澳门特别行政区第 15/94/M 号法令第十一条规定,在出现特殊情形时,校长可以"中止计算论文呈交及论文答辩之期间"。特殊情形包括两种:一种是学位申请人遇到生活中的困难,如学位申请人分娩、重病或遇到严重意外。在这种情况下,校长可以依职权中止学位授予申请审核期间的计算。另一种是学位申请人遇到工作中的困难,如从事重要的公共事务,在外从事短期的研究工作。在这种情况下,校长依当事人申请,可以中止学位授予申请审核期间的计算。

三、学位授予争议的处理

学位授予争议是指在学位授予工作中,学位授予单位与学位申请人、学位获得者之间产生的纠纷。学位授予争议类型多样,常见的学位授予争议包括不受理学位申请的争议、不授予学位的争议以及撤销学位的争议。学位授予争议的实质是高校学位授予权与学生学位获得权之间的对立冲突,其产生既有学术性原因,也有非学术性原因。对于学位授予争议,不同国家和地区基于自身的制定法或是判例法,设置了不同的纠纷解决机制,但适用最普遍的莫过于高校内部的申诉机制和高校外部的司法审查机制。

第一,学位授予争议处理的校内申诉机制。在不同国家和地区,校内申诉都是解决学位授予争议的重要途径。它具有专业性强、成本低、便利的优势,既有利于尊重高校自主权,也有利于避免因政府权力过分介入和司法程序频繁启动而造成的国家资源的浪费。[①] 美国是适用校内申诉机制解决学位授予争议的典范。在美国,几乎所有公

---

① 参见顾海波、李雪:《学位争议的校内申诉解决机制探析》,载《研究生教育研究》2022 年第 4 期。

立高校都根据宪法正当程序条款要求,成立了专门的申诉处理机构或是设置了某种形式的内部申诉程序。① 美国的校内申诉机制具有以下特征:一是充分保障师生的参与,师生在申诉委员会中的人数占比高于行政人员;二是申诉受案范围广,申诉事项涵盖由学术或非学术原因引发的各类学位授予争议;三是遵循最低限度正当程序原则,建立申诉听证制度②;四是申诉决定可以改变和撤销产生争议的原处理决定③;五是申诉人若对校内申诉结果不服,可以继续提出校内审查和校外审查,校内审查包括校长审查和董事会审查两种形式,校外审查是指向法院提起诉讼④。

第二,学位授予争议处理的司法审查机制。司法是保障公民权益的最后一道防线,也是处理学位授予争议的最终手段。大多数国家和地区都将学位授予争议纳入法院受案范围,或采取民事诉讼模式,或采取行政诉讼模式。在涉及学位授予争议的司法案件中,司法裁判的核心问题在于如何平衡相冲突的学位授予权和学位获得权,同时避免陷入对学位授予行为"干预不足"和"干预过度"的双重危险。对此,美国法院不再严格坚持"学术尊让"原则,而是采取"全面审查"模式,既审查学位授予争议涉及的实体问题,也审查学位授予争议涉及的程序问题。⑤ 法国行政法院则在多年的学位授予争议审判中,确立了尊重教师专业权威与维持法院有限监督相结合的审查标准。⑥ 一方

---

① See Ralph D. Mawdsley, Plagiarism Problems in Higher Education, Journal of College and University Law, Vol.13:1, p. 65-92(1986).

② See Edward N. Stoner Ⅱ & John Wesley Lowery, Navigating Past the "Spirit of Insubordination": A Twenty-First Century Model Student Conduct Code with a Model Hearing Script, Journal of College and University Law, Vol.31:1, p. 1-78(2004).

③ See Ralph D. Mawdsley, Plagiarism Problems in Higher Education, Journal of College and University Law, Vol.13:1, p. 65-92(1986).

④ 参见孙波:《美国公立高校学生申诉权保障的理论与实践——兼论我国高校学生申诉权的保障与校内申诉制度的完善》,载《政治与法律》2016年第6期。

⑤ 参见黄厚明:《高校学位授予案件司法审查进路研究:基于两种法律性质定位的考察》,载《高教探索》2017年第6期。

⑥ 参见王敬波:《高等学校与学生的行政法律关系研究——以规范我国高等学校权力为中心》,中国政法大学2005年博士学位论文。

面,法国行政法官尊重高校对学术问题的专业判断,不以法官判断代替专家判断;另一方面,若学位授予过程中存在显失公平、考量不相关因素、程序违法等情形,法国行政法院可撤销相关决定。在德国,学位授予争议被纳入行政诉讼的受案范围,由行政法院负责审理。受"基础关系与管理关系二分法"和"重要性理论"的影响,德国行政法院将学位授予争议事项区分为重要事项和非重要事项。对于涉及学位申请人基本权利的重要事项,法院对学位授予的司法审查更加严苛,会考查行为是否违反法律保留原则、比例原则以及正当程序原则。然而,无论争议是涉及重要事项抑或非重要事项,法院始终认可高校在学位授予方面应享有较大的自主权,在保障学位申请人合法权益的同时尊重高校的学术自由。

第四篇

《中华人民共和国学位法》的解读

第十三章 《中华人民共和国学位法》的立法目的

《学位法》于2024年4月26日由第十四届全国人民代表大会常务委员会第九次会议表决通过,并自2025年1月1日起正式施行。学位立法是教育法治建设以及学位制度发展的重要内容[1],也是高等教育高质量发展的制度性保障。因此,有必要认真研究新出台的《学位法》。这不仅有利于我国《学位法》的宣传实施,而且对促进学位工作的有序展开和推动学位制度的深化改革具有重要的现实意义。《学位法》第一条开宗明义地指出,"为了规范学位授予工作,保护学位申请人的合法权益,保障学位质量,培养担当民族复兴大任的时代新人,建设教育强国、科技强国、人才强国,服务全面建设社会主义现代化国家,根据宪法,制定本法",明确了多重立法目的。立法目的作为整部法律的统领性条款,不仅是立法者宣示的整部法律的精神与目标,也是法律适用时进行法律解释的"目的要素"和"判断标准",甚至在法律出现漏洞时可以发挥"填补工具"的作用。[2] 因此,应当高度重视并认真分析《学位法》的立法目的条款。

一、我国学位立法目的的回顾与反思

1980年2月12日,五届全国人大常委会第十三次会议通过的《学

---

[1] 参见龚向和:《我国学位立法的价值变迁与〈学位法〉的价值定位》,载《苏州大学学报(教育科学版)》2023年第2期。

[2] 参见杨铜铜:《论立法目的类型划分与适用》,载《东岳论丛》2023年第2期。

位条例》是我国第一部学位立法,确立了我国学位制度。其第一条开宗明义地指出立法的目的:"为了促进我国科学专门人才的成长,促进各门学科学术水平的提高和教育、科学事业的发展,以适应社会主义现代化建设的需要,特制定本条例。"2023 年 8 月 28 日,《学位法(草案)》提请十四届全国人大常委会第五次会议审议,其中第一条明确规定:"为了规范学位授予活动,保护学位申请人的合法权益,保障学位制度实施,促进教育、科技和文化事业的发展,培养德智体美劳全面发展的社会主义建设者和接班人,培养担当民族复兴大任的时代新人,服务全面建设社会主义现代化国家,根据宪法和教育法,制定本法。"

明确的立法目的不仅有助于执法者、司法者、守法者了解学位立法的精神,也有助于在法律条文缺位时,实现德沃金所述的"整体性的法"和对于学位申请人的"无漏洞保护"。学位立法的目的体现的正是隐藏在具体学位法律规则背后的原则与政策。本次提请审议的《学位法(草案)》第一条的规定显然赋予了其多重立法目的:一是从规范国家公权力的管理工作的角度,明确规定学位立法的目的是"规范学位授予活动"。二是从保障私权利的角度,明确规定了"保护学位申请人的合法权益"。三是通过立法"保障学位制度实施",从而为高等教育事业的创新发展和教育法制建设提供关键的制度性保障。① 四是学位立法要"促进教育、科技和文化事业的发展"。五是学位立法要实现培养高层次人才的目标。六是要服务国家现代化战略。国家通过立法确立教育事业的战略地位,并通过加强教育法制建设来推动教育事业的发展。作为教育法的重要组成,《学位法》同样要服务于国家的现代化战略。

众多的立法目的表明了立法者在设计这部法律时考虑到学位制度在社会发展中扮演的多元角色和承担的多重责任,但是从文本意义上来看,各子目的之间没有必然的逻辑,似乎应有尽有,层次略显混

---

① 参见龚向和:《我国学位立法的价值变迁与〈学位法〉的价值定位》,载《苏州大学学报(教育科学版)》2023 年第 2 期。

乱,至少存在以下几个方面的问题:

首先,草案在立法目的中宣示"保障学位制度实施"的逻辑难以自洽。学位法是构建学位制度的基石,其本身就是最为核心的学位制度,制定学位法本身的目的不是保障学位制度的有效实施。制度的实际运行是一个系统性工程,还需要一系列配套政策、实施细则、监管机制以及全社会遵守法律的意识和行动来共同保障,这才是所谓学位制度的实施。因此,通过学位立法保障学位制度实施在逻辑上难以自洽。

其次,学位立法目的和学位制度实施的工作方针并未严格区分。《学位法》第三条是关于工作方针、教育方针的规定,即学位工作坚持中国共产党的领导,全面贯彻国家的教育方针,事实上已经明确了"为谁培养人、培养什么人"的问题。因此,草案在立法目的条款中规定"培养德智体美劳全面发展的社会主义建设者和接班人,培养担当民族复兴大任的时代新人"并不能体现立法目的的统领性。

最后,学位立法目的未能反映高等教育的发展趋势。学位立法目的应当回应高等教育国际化的趋势。从全球范围来看,经过相关国际组织以及各国政府的努力,加上各国学位管理机构的配合,近年来各国间学位立法的协调或统一,使学位互认和学位区域合作的发展进程加快。国际学位立法的协调以及学历学位的互认开启了学位立法发展的崭新阶段,属于学位国际化的突出表现和杰出成果,对高等教育国际化、学位立法国际化起到巨大促进作用。因此,把推动人才培养的国际化,促进人才国际交流写入学位法的立法目的之中,或者说把不利于国际化的表述排除在立法目的之外,可以更好地促进国内国际的学术繁荣和科技进步,既是高等教育面向世界的必然选择,也是国家发展和国际竞争的战略需要。

学位立法应当推动人才培养的国际化,促进人才国际交流。在全球化快速发展的今天,国际交流合作日益密切,人才流动和资源共享成为常态。通过学位立法推动人才培养国际化,有助于我国高等教育体系适应全球化趋势,培养具有国际竞争力的人才,满足国家和社会对具有全球视野和跨文化交际能力人才的需求。因此,学位立法应当坚持学术标准,充分考虑高等教育国际化的趋势,为吸引国际留学生和国际人才留足制度空间。

二、我国学位立法的价值定位

学位法立法目的条款的设定,应当遵循从"理念"到"价值"再到"目的"的路径。学位法的立法目的条款设置就是在保护学术生态的理念基础上,抽象和提炼出一般化的学位法价值,再对其进行选择和外化的过程。有学者认为,现有理论研究基本上是从与学位法直接相关的制度层面展开论述,而相对忽略了从深层次的价值层面入手,来反思学位法制定的正当性基础与价值定位问题,难以给学位立法有关争议解决提供更为全面、科学的理论借鉴。

学位立法在价值层面上经历了从工具价值到人本价值、从社会价值到个人价值和从管理价值到教育价值的变迁。针对当下我国制定的学位法的价值定位来看,在应然层面,应当以对学术自由权与受教育权的保障作为基本价值遵循。①

首先,学位立法应当保障人才培养的自主性。我国目前实行的是国家学位制度,无论是学位授予权的来源,还是学位授予单位资格的授权审核,抑或学位授予质量的保障与监督,所有与学位管理有关的事项均由公权力主导,折射出国家权力对学位制度的高强度影响。但是,这种带有明显的计划经济体制色彩的行政模式极大地限制了高校办学自主权的发挥,难以调动它们的积极性和创造力,与改革开放以来形成的高等教育市场需求已有些不相适应。② 在"国家学位"形态下,学位授予单位的自主权一般受到较多限制,人才培养机制过于死

---

① 参见龚向和:《我国学位立法的价值变迁与〈学位法〉的价值定位》,载《苏州大学学报(教育科学版)》2023年第2期。

② 参见靳澜涛:《修改〈学位条例〉应当处理好的八对关系》,载《学位与研究生教育》2020年第7期。

板,缺乏对社会和市场的回应,学术自由和学术的独立秉性较难得到保证。与此形成鲜明对比的是"大学学位"形态,国家仅对学位进行宏观控制,学位的标准和学位管理基本上由大学自己掌握。事实上,我国的学位性质在实践改革中已悄然发生变化,正在由纯粹的"国家学位",逐步发展为具有"大学学位"特征的"国家学位"。① 高校的自主权扩大有利于各大学的学位广泛地参与市场竞争,并在其中获得评价与检验,实现优胜劣汰。

其次,学位立法应当捍卫学术自由。大学学位制度体现了大学的本质,有利于学术自由的捍卫。学位管理事务毕竟不同于一般的行政事务。学位是衡量一个人学术水平和受教育程度的称号,学术性和教育性是学位最核心的要素,这也是大学的本质所在。从某种意义上讲,学术性是大学形成和发展的内在根据。由于大学以研究高深学问为中心,"自治是高深学问的最悠久的传统之一"②,对于大学来说,学术自由是一种信念,是大学赖以生存的灵魂。对以探求知识和传播知识为宗旨的大学而言,缺少了学术自由,现代大学制度就失去了其存在的土壤和发展的空间。探求真理和传播真理是大学的本质要求,学术自由的目的就是在寻求和传播知识的过程中,能够让专家去独立探索和解决各领域中的问题,不受外界各种因素的影响,使学者只服从于真理,保证学术知识的准确性和权威性。学术自由的重要性也在此体现。联合国教科文组织指出:"近代历史有力地证明了必须捍卫学术自由的原则,它是高等教育机构存在和正常运转的先决条件。因此,必须给予公立高校和认可的私立高校一定程度的法定的自治权,允许它们针对实际情况在社会中发挥其创造、思考和批判的职能。"③从大学的历史演变看,"这种'不变中

---

① 参见湛中乐:《我国学位立法的回顾与展望——兼评〈学位法草案(征求意见稿)〉》,载《新文科教育研究》2023 年第 2 期。
② 〔美〕约翰·S.布鲁贝克:《高等教育哲学》,王承绪等译,浙江教育出版社 2002 年版,第 30 页。
③ 联合国教科文组织:《关于高等教育的变革与发展的政策性文件》,转引自尹晓敏:《寻求政府控制与大学自治的平衡——世纪之交政府与大学关系的合理定位》,载《高教探索》2007 年第 4 期。

有变,变中有不变'的大学理念,我们称之为大学理想或'大学本位'的大学理念,它引导着各国大学乃至整个高等教育发展的方向"①。学位立法应当充分体现对学术自由的尊重,并在具体制度上体现国家向大学的"放权",使大学获得学术自由的广阔空间。

最后,实现对人的教育是学位立法的根本目的。大学学位制度是实现受教育权的应有之义。在行政集权的背景下,大学的学科布局、专业设置、学位授予等事务理论上都属于国家行政管理事务,主要基于国家需要而发展。从教育的目的来看,教育只是手段,教育的根本目的是人的自我实现。"以教育为目的同样是当下学位立法应当秉持的基本理念,教育是当下教育立法需要坚持的核心内容,脱离了教育的基本初衷,任何教育立法都是徒劳的,学位立法同样也不例外。"②国家仅能在教育的外部事项上发挥公权力的作用,而学位授予条件和标准等教育内部事项,则应当属于大学的自制范畴。我国宪法奉行人民主权学说,一切权力均来自人民,从保障受教育权的角度,"若扩大高等学校学位授予自主权,从宪法基础上来讲,应是坚持国民教育权论。学位制度是高等教育制度的重要组成部分,学位授予权作为教育权的重要内容,作为规制其行使的学位制度应是大学学位制度而不是国家学位制度,学位授予权应属于高等学校的固有权利"③。

三、我国学位立法目的的立法选择

学位法的立法目的应当从空间和时间两方面按线索进行思考分析。从空间上看,立法目的不仅要全盘考虑学位法自身的触及范

---

① 林亦平、滕秀梅:《对大学在经济环境中的"本位、错位、定位"的思考》,载《教育探索》2005年第11期。
② 龚向和:《我国学位立法的价值变迁与〈学位法〉的价值定位》,载《苏州大学学报(教育科学版)》2023年第2期。
③ 吴文灵:《我国学位制度改革的宪法基础》,载《首都师范大学学报(社会科学版)》2012年第4期。

围,实现各类教育立法彼此之间的相互关联,共同构成一个有机整体,而且还应当在整个教育法体系中展现学位法独特的立法价值和意义。从时间上看,立法目的应当置身于中国改革开放以来四十多年的教育制度变迁的背景中,反映出从《学位条例》迈向《学位法》的时代意涵。总体而言,立法目的的表述要强调新意,改变家长思维,重视权利保障,要站在保证中国大学学位含金量和国际竞争力的高度上进行制度设计。

我国《学位法》第一条立法目的明确规定:"为了规范学位授予工作,保护学位申请人的合法权益,保障学位质量,培养担当民族复兴大任的时代新人,建设教育强国、科技强国、人才强国,服务全面建设社会主义现代化国家,根据宪法,制定本法。"由此可见,我国学位法的立法目的可以归纳为三个方面,即"规范学位授予工作""保护学位申请人的合法权益"和"保障学位质量",这一规定既规范了国家公权力的管理工作,又充分保护了相对人的合法权益,保障学术自由和学术中立,促进学术水平的提升。但《学位法》的立法目的还需要厘清行政权力与学术权力、公权力与私权利、政府监管与学术自由的关系。

首先,《学位法》的立法目的之一是"规范学位授予工作",从而调整好行政权力与学术权力的关系。《学位法》第一条规定了"规范学位授予工作",并未涉及"学位管理"的相关内容,这是立法的缺陷。学位管理与学位授予工作存在明显的区别:一是学位管理与学位授予是包含与被包含的关系,学位授权审核制度是学位管理制度的组成部分。学位管理涉及的是对学位制度的整体规划、组织运作和监管控制,包括但不限于对学位授予单位的资质审核、学位授予标准的制定、学位授予程序的监管以及学位质量的评估等行政活动。二是两者相比,学位管理更偏向行政活动,学位授予更偏向学术活动,学位授予活动是对个人学术水平和研究能力的认可。《学位法》若只规定规范学位授予工作,那么仅是对学术活动进行了调整约束,调整对象是学术权力,而更具行政管理色彩、更需要被限制和约束的行政权力反而游离在法律调整的范围之外。目前我国学位制度在内涵和机制上显然还不适应促进大学自主发展的需要,大学设置学位、设定标准等权力不够明确,尤其是立法目的对实施更加灵活、高效的教育管理模式的凸显程度不够,应当在立法目的中明确"规范学位管理",为国家宏观管理下的大学学位性质转型提供支撑。因此,立法目的应表述为"规范学位管理与授予工作",侧重对行政权力进行强有力的法治约束和合理规范,防止行政权力的滥用和误用,同时兼顾规范学术权力。

其次,《学位法》的立法目的之二是"保护学位申请人的合法权益",从而调整好公权力与私权利的关系。《学位法》在内容上包括了学位管理和学位授予两方面的基本内容,既要调整政府与学位授予单位之间的法律关系,又要调整学位授予单位与学位申请人之间的法律关系,坚持"两条腿走路"的立法路线图。因此,《学位法》既是一部学位管理法,又是一部学位权利保障法。《学位法》第一条规定了"保护学位申请人的合法权益",把"保护学位申请人的合法权益"表述为"保护相对人的合法权益"更有利于立法目的的实现。因为在学位这一特定领域,公权力主要体现为国家和教育行政部门对学位制度的设立、管理、监督与调控,而私权利则反映为学校、学生、教师、科研人员等在学术自由、教育选择、学术认定等方面的权益。虽然学校不是纯粹的私人实体,特别是在公立学校体系中,学校更多地是在国家法律法规框架下履行教育职能,但即使如此,学校依然在一定程度上享有一些私权利,尤其是在教育自主权方面。近年来,学生与高校之间、高校与学位管理机构之间的争议日益增多,作为一种行政争议曾引发教育界、行政法学界的热烈讨论。从"无救济则无权利"角度,为了更好地保障行政相对人的合法权益,学位立法应当回应学位管理与授予过程中出现的争议,明确相对人的救济途径。处理学位争议时应当考虑"政府与高校""高校与学生"这两组不同的法律关系,分别规定"学位管理争议的处理"和"学位授予争议的处理",与此相对,立法目的应当表述为"保护相对人的合法权益"。

最后,《学位法》的立法目的之三是"保障学位质量",从而调整好政府监管与学术自由的关系。学位是国家或高等学校以学术水平为衡量标准,通过授予一定称号来表明专门人才知识能力等级的制度。学位是评价学术水平的一种尺度,学位质量是衡量人才培养质量的标准,通过学位立法提升学位质量无疑是最为重要的立法目的。现代竞争是人才质量的竞争,事实证明,要提升学位质量,不能把希望寄托在政府监管上,而要依托学术自由的实现。《学位法》的立法目的应该体现时代性,要适应国内国际形势、服务国家战略、提升人才培养质量、鼓励创新,从而保证所培养的高层次人才具有国际竞争力。学位立法要让学校根据市场需求、科技发展趋势和社会需要灵活调整,减少学位管理制度转型中的阻力,体现国家宏观行政管理与学术自由之间的适度张力,促进大学学位制度的理性回归,在教育体制上激活学校的内生动力和创新潜能。

我国《学位法》的立法目的明确规定了保障学位质量,笔者认为,学位立法的目的不仅是保障学位质量,而且要促进高等教育高质量发展和学位质量提升。在有学位单行立法的国家,比如,日本的《学位规则》第一条明确指出学位立法的目的是"规范学位授予单位的学位授予行为、独立的大学评价机构的行为,以及与学位相关的事项"。在没有学位单行立法的国家,学位规则的有关内容一般都包含在教育法中,受教育法的立法目的统领,故而这些国家教育法的目的在一定程度上也体现了学位立法的目的。比如美国内华达州《高等教育体系法》以及《澳大利亚首都领地教育法案》等都指出要确保学位申请人获得高质量的教育,可见与教育质量相匹配的"学位质量"也应当成为学位立法所追求的目标。可以说,《学位法》的立法目的之一,就是要通过法律手段,引导和保障高等教育朝着上述的高质量、内涵式发展方向迈进。

概言之,我国学位法的立法目的可以归纳为三个方面,即对政府公权力而言应当"规范管理",对学位申请人的私权利而言则是"保护权益",对高校和科研机构则要"保障学位质量",保障学术自由和学术中立,促进学术水平的提升。学位制度作为高等教育制度的重要组成部分,对实现人才强国、科教兴国的国家战略具有重要意义,担负着培育人才、促进创新和建设教育强国的重要使命。我们相信,新出台的《学位法》在立法目的上的清晰定位有利于培养担当民族复兴大任的时代新人,加快教育强国、科技强国、人才强国的建设,助力全面建设社会主义现代化国家。

第十四章 《中华人民共和国学位法》的基本制度

《学位法》深入贯彻党和国家教育方针，全面总结我国高等教育改革发展的经验和取得的成果，直面长期以来学位工作实践中存在的重点、难点问题，对我国学位类型、学位工作体制、学位授予资格制度、学位授予条件和程序以及学位质量保障体系等作出了重大创新，极大地优化、完善了我国的学位制度体系，推动我国学位制度更加成熟定型。[1]《学位法》共设七章四十五条，除总则和附则外，还以专章形式规定了学位工作体制、学位授予资格、学位授予条件、学位授予程序和学位质量保障。经梳理和分析，《学位法》从学位形态、学位类型、学位工作体制、学位授权审核、学位授予、学位质量保障和学位争议处理七个方面，系统地构建了具有鲜明中国特色的学位制度。

一、学位形态

在学位形态上坚守"国家学位"抑或转变为"大学学位"，是学位立法绕不开的前提性议题。[2] 它直接影响着学位制度的设计思路和逻辑结构，是隐匿在规范表达之中并贯穿于规范制定与实施全过程的基

---

[1] 参见周佑勇：《学位法出台：推动我国学位制度更加成熟定型》，载中华人民共和国教育部政府门户网站，http://www.moe.gov.cn/jyb_xwfb/moe_2082/2024/2024_zl07/202404/t20240428_1128065.html，2024年5月30日访问。

[2] 参见湛中乐、李烁：《学位形态变革与〈学位法〉的制定》，载《行政法学研究》2020年第3期。

本理念。关于我国学位形态的选择，《学位法》重申了《学位条例》确立的"国家学位"形态。这既与《教育法》《高等教育法》的规定保持一致，也符合我国高等教育发展实际和学位制度改革经验。从《学位法》的内容看，"国家学位"形态主要体现在以下三个方面。

第一，学位制度建设以国家利益为本位。在立法宗旨上，《学位法》确立了私益与公益双重保护原则，要求学位制度建设既要有利于保护学位申请人的合法权益，也要有利于服务国家发展大局，"培养担当民族复兴大任的时代新人，建设教育强国、科技强国、人才强国，服务全面建设社会主义现代化国家"；在学位工作原则和学位授予条件上，《学位法》规定学位工作应当"坚持中国共产党的领导，全面贯彻国家的教育方针，践行社会主义核心价值观，落实立德树人根本任务"，身为中国公民的学位申请人应当"拥护中国共产党的领导、拥护社会主义制度"；在学位授权审核与学科专业发展上，《学位法》明确申请学位授予资格的高等教育机构应当具备"坚持社会主义办学方向""符合国家和地方经济社会发展需要、高等教育发展规划"等条件，并授权国务院学位委员会"可以根据国家重大需求和经济发展、科技创新、文化传承、维护人民群众生命健康的需要"，另行规定学位授予点的设置、布局和学位授予的条件和程序。这些规定表明我国学位制度建设的根本出发点是维护国家利益和社会公共利益。

第二，学位授予资格须经行政机关审批。学位授予资格是高等教育机构具有实施学位授予行为能力的凭证，为"学位授予权运行的实际前提"①。"国家学位"之下，合法设立的高等教育机构只有经国家批准，才能取得学位授予资格，行使学位授予权。《学位法》第五条规定，"经审批取得相应学科、专业学位授予资格的高等学校、科学研究机构为学位授予单位，其授予学位的学科、专业为学位授予点"。该条清晰地指出我国高等教育机构的学位授予资格非当然取得，而是源自政府的批准。

---

① 靳澜涛:《国家学位制度的现实考察与立法完善》，载《重庆高教研究》2020年第2期。

第三,学位授予行为受到政府严格规制。《学位法》通过设置学位授予国家标准、明确学位授予信息备案、建立学位质量评估制度等,展现出以政府规制保障学位授予质量的意图。例如,《学位法》通过第四条、第十八条至第二十一条,构建了最低限度的学位授予国家标准,并要求学位授予单位根据国家标准实施学位授予和制定各学科、专业的学位授予具体标准。《学位法》第二十九条规定省级学位委员会应当将本行政区域的学位授予信息报送国务院学位委员会备案,以便学位管理机构监督和管理学位授予行为。《学位法》第三十四条规定国务院教育行政部门和省级学位委员会应当定期组织专家对已经批准的学位授予单位及其学位授予点进行质量评估,并明确可以责令经质量评估确认不能保证所授学位质量的学位授予单位限期整改,强化对学位授予工作的事中、事后监管。

可见,《学位法》的理念、原则和规则呈现出较为浓厚的国家属性与权力色彩,折射出"国家学位"形态在我国的延续。但相较于以"政府包办"为特征的《学位条例》,《学位法》在坚持政府对"共同体认为重要的活动施加持续、集中的控制"的同时①,通过"科学的分权"与"充分的合作"②,实现了社会需要、国家政治和自发力量相互作用下政府规制与高校自制的有机结合。换言之,《学位法》适度吸收了大学学位制度的有益经验,在明确政府干预的基础上,推动了学位授予单位的自主办学。例如,《学位法》通过第九条、第十六条、第二十二条、第三十七条等条文,明确学位授予单位可以依法"制定各学科、专业的学位授予具体标准""自主开展增设硕士、博士学位授予点审核""作出授予、不授予、撤销相应学位的决议"以及"研究处理学位授予争议"等。通过赋权学位授予单位,《学位法》在一定程度上实现了高校自制对政府规制的补充与替代,对凝聚力量克服学位工作中的各种混

---

① See Philip Selznick, Focusing Organizational Research on Regulation, in Roger G. Noll, Regulatory Policy and the Social Sciences, University of California Press, 1985, p. 363.
② 参见湛中乐、郑磊:《分权与合作:社会性规制的一般法律框架重述》,载《国家行政学院学报》2014年第1期。

乱和非理性具有积极作用。但也要看到,《学位法》对我国学位形态的调整,还只是特殊历史阶段下为平衡国家权力和学术权力而作出的过渡性安排。它虽扩大了高校的办学自主权,但难以充分释放高校的办学活力。基于高等教育的客观规律与发展需要,学位制度在后续改革中应通过学科专业目录设置权的下放、学位的第三方认证以及公民参与机制的引入,持续完善具有中国特色的"国家学位"形态。

二、学位类型

学位是"教育文凭体系中用以表明个体学识与能力水平的学术符号或者等级称谓"[①],不同类型的学位意味着不同的人才培养目标、教育教学方式和能力评价标准。自 1991 年开始试行工商管理硕士起,我国的学位类型在客观上形成了学术学位和专业学位共存并立的"二元"模式。随着经济社会的发展和高等教育的改革,我国的学位类型已超越"二元"模式,多样化设置学位类型的呼声日益高涨。在此背景下,如何设置学位类型,成为《学位法》在制定过程中不可回避的重要问题。

明确专业学位是优化学位类型的核心关键。专业学位是以培养高层次应用型人才为目的并以专业技能为衡量标准的学位类型,具有培养复合性、职业指向性和实践依赖性等特点。[②] 它对优化人才结构、满足市场需要、促进经济社会发展具有积极作用,是"高等教育迎接新科技革命和新兴产业发展挑战的重大举措"[③]。国家高度重视专业学位的建设,通过印发《关于深入推进学术学位与专业学位研究生教育

---

① 王顶明:《〈学位条例〉修订过程中需明确的几个问题》,载《中国高等教育》2018 年第 22 期。
② 参见别敦荣、赵映川、闫建璋:《专业学位概念释义及其定位》,载《高等教育研究》2009 年第 6 期。
③ 黄宝印、唐继卫、郝彤亮:《我国专业学位研究生教育的发展历程》,载《中国高等教育》2017 年第 2 期。

分类发展的意见》《博士、硕士学位授权学科和专业学位授权类别动态调整办法》《专业学位研究生教育指导委员会工作规程》等政策文件,推动了专业学位的独立设置、分类发展与融通创新,并确立了学术学位与专业学位"同等地位、同等重要"的基本原则。目前,专业学位在研究生教育中已成为规模最大的学位类型。根据教育部2022年教育统计数据,我国专业学位毕业生数为471867人、招生数为714389人、在校生数为1976347人[①],其人数及占比均高于学术学位。然而,相比于政策制定与实践探索,专业学位的规范建设明显滞后,这主要表现在《学位条例》《学位条例暂行实施办法》等法律规范仅聚焦学术学位而未明确专业学位的独立地位和授予标准上。专业学位的立法缺失,加剧了专业学位建设的定位"同化"、内容"软化"、过程"异化"、评价"矮化"和条件"弱化"[②],使专业学位教育在实践中多被视为学术学位教育的"附属品"甚至是"淘汰品"。

  为贯彻坚持两类学位同等重要和分类规划两类学位发展要求,保证专业学位的管理和授予有法可依,《学位法》第二条明确专业学位是平行于学术学位的独立学位类型,首次从法律层面确立了"三级两类"的学位体系。该条还在规定学位类型时采取了开放式表述,以"等"字的表述为学位类型的日后创新提供了法律依据和立法空间,回应了设置多样化学位类型的社会呼声。同时,为避免专业学位与学术学位相混淆,《学位法》第二十条和第二十一条对学术学位和专业学位的授予条件进行了区分设计,规定学术学位应考查学位申请人"从事学术研究工作的能力",而专业学位应考查学位申请人"承担专业实践工作的能力"。《学位法》对学位类型的优化调整,为推动学术创新型人才和实践创新型人才的分类培养提供了更有力的制度支撑。但需要指出

---

① 参见《高等教育分学科门类研究生数(总计)》,载中华人民共和国教育部政府门户网站,http://www.moe.gov.cn/jyb_sjzl/moe_560/2022/quanguo/202401/t20240110_1099524.html,2024年5月21日访问。

② 参见陈斌、王艳:《我国专业学位硕士研究生教育演进图景、现实境遇与优化路径》,载《高校教育管理》2023年第3期。

的是,《学位法》对专业学位的规定只是对实践中政策所支持的行动的合法化,并未能完全解决专业学位授予条件不具体、专业学位教育与学术学位教育人才培养同质化以及专业学位内在结构与产业需求不匹配等现存问题。因此,为更好地服务战略人才力量建设和新质生产力发展,学位管理机构应加快制定与《学位法》相配套的专业学位建设管理办法,通过完善与产业结构耦合的专业学位结构、细化以评价实践能力和职业素养为导向的专业学位授予标准、健全专业学位教育与职业资格考试的关联衔接机制、强化专业学位建设的教育督导和质量评估,改变专业学位"当前水平偏低"的发展现状。[①]

三、学位工作体制

学位工作体制是国家为实施学位制度而确立的由多类型组织构成的分工体系,是学位工作开展的结构性前提。随着学位制度的不断改革,我国在实践中形成了"国家学位管理机构—地方学位管理机构—学位授予单位"三级学位工作体制,以及学位委员会、教育行政部门分工负责的学位管理格局。因而,从结构上看,关于学位工作体制的规范应当分别解决纵横两个维度的机构设置和职权配置问题。具体而言,在纵向方面,学位制度需要厘清国家学位管理机构、地方学位管理机构、学位授予单位的地位、关系和权责;在横向方面,学位制度需要厘清同级学位管理机构中学位委员会和教育行政部门之间的地位、关系和权责。

《学位法》出台前与学位工作体制相关的法律规范主要是《教育法》第二十三条、《高等教育法》第二十二条、《学位条例》第七条和第八条。它们规定国务院设立学位委员会负责领导全国学位授予工

---

① 参见徐学、王战军:《专业硕士学位与产业结构耦合协调的实证研究》,载《研究生教育研究》2021年第6期。

作,学位授予单位经国务院授权后负责授予学位。从条文内容可以发现,学位工作体制的法律规定与实践发展存在脱节。这主要表现在两方面:一是主体,仅规定了国务院学位委员会和学位授予单位,而遗漏了教育行政部门和省级学位委员会;二是权限,仅规定学位授权审核与授予学位,而遗漏了标准制定、争议解决与质量评估等方面的问题。这些问题导致学位工作中的权责不清,为"不作为"和"乱作为"现象的生成蔓延提供了土壤,削弱了学位制度的执行力。

为强化组织保障,推进学位制度的有效实施,《学位法》认可了公共行政主体扩大化的客观现实,将两级学位委员会、两级教育行政部门以及学位授予单位一同纳入其调控范畴,构建了具有"分权化"和"多元化"特征的学位工作体制。首先,《学位法》细化了国务院学位委员会的职责,在第六条明确国务院学位委员会负责领导全国学位工作,并规定其内设专家组具体负责学位的评审评估、质量监督与研究咨询等工作。专家组职责的明确,塑造了由学术权力统管"建设、审核、监管等阶段的学术事务"、行政权力负责"政策保障、组织实施和批准授权等行政事务"的权力运行体系①,在一定程度上推动了学术权力和行政权力的分离。其次,《学位法》第八条明确了省级学位委员会以及教育行政部门的职权,前者负责领导地方学位工作,后者负责学位管理有关工作。最后,《学位法》以列举的方式明确学位评定委员会具有审议学位授予自主标准、作出学位授予和撤销决议、研究处理学位授予争议等职责,并就其机构设置、人员组成及议事规则作了相应规范。可见,《学位法》不仅将"国家学位管理机构—地方学位管理机构—学位授予单位"三级学位工作体制法定化,解决了《学位条例》中省级学位委员会和教育行政部门缺位的问题,还通过主体职责的划分列举,较为系统地确认了学位工作的责任归属。

值得注意的是,《学位法》不同于2021年的《学位法草案(征求意

---

① 参见杨丽娜、姚云:《新时代学位授权审核"放管服"的改革进展与未来推进》,载《学位与研究生教育》2022年第4期。

见稿)》和2023年的《学位法(草案)》,未采用"学位管理体制"的传统提法,而是以"学位工作体制"代之。这一行为隐含着立法机关对学位管理机构和学位授予单位职责内容的再界定。在实际的学位工作中,学位管理机构和学位授予单位兼具管理和促进双重职责,其既负有通过"命令—控制"维持良好学位授予秩序的责任,还负有通过"支持—激励"凝聚学位制度建设合力的责任。尽管管理也具有促进的功能,但以强化规制为特征的管理行为并不能取代以缓和规制为特征的促进行为。因此,"学位工作体制"是对学位管理机构和学位授予单位职责内容的科学认识与准确描述。与此同时,表述的变化也体现出区分对待学位管理行为和学位授予行为的意蕴。学位工作分为学位管理和学位授予两大部分。学位管理是学位管理机构对高等教育机构的支配行为,即政府通过事前的准入许可、事中的督导检查以及事后的评价问责,确保学位授予权运行的规范、有效;学位授予则是取得学位授予资格的高等教育机构对受教育者的支配行为,即学位授予单位通过控制学位的授予、不授予或者撤销,确保学生遵守国家法和校内法。在行为性质方面,学位管理属于典型的行政行为,而学位授予尚存"行政行为""自治行为""复合行为"之争。因而,《学位法》以"学位工作体制"统合学位管理和学位授予,既是对学位制度内在结构的反映,亦是对两类行为内容与性质差异的尊重。

四、学位授权审核

学位授权审核是指国家学位管理机构依法审批高等教育机构学位授予资格的行为。它是"国家学位"形态下高等教育管理制度的重要组成部分,旨在以事前的资格审核把控学位授予的质量。自《学位条例》实施以来,我国已进行了多批次的学位授权审核,形成了"国家学位"形态下具有中国特色的学位授权审核制度。根据《学位条例》的规定,我国实行高等教育机构办学资格与学位授予资格相分离的审批制度,并采取"资格审核+法律授权"的"双阶层"学位授予权取得模式。① 合法设立的高等教育机构只有经国务院授权获得学位授予资格后,才能够行使学位授予权。然而,《学位条例》关于学位授权审核的规定存在行为定性不明、审核标准缺失、程序约束不足等问题。这些问题造成我国学位授权审核工作政策管控过严和权力运行失范②,加剧了高等教育机构与学位管理机构之间的紧张对立,诱发"西北政法大学申博案"等事件。

为解决学位授权审核法治化不足的问题,国务院学位委员会通过印发《博士硕士学位授权审核办法》,以"自我革命"的方式推动学位授权审核回归行政许可属性,实现过程的法制化和结果的审慎化。③ 在此基础上,《学位法》设"学位授予资格"专章,围绕学位授予资格的申请条件、学位授予资格的审批程序、学位授权自主审核等内容,进一步优化调整了学位授权审核制度,展示了重塑政府与高校之间关系的意愿和努力。

首先,《学位法》第十二条明确了申请学位授予资格的法定条件,规定高等教育机构申请学位授予资格应当满足"坚持社会主义办学方向,落实立德树人根本任务""符合国家和地方经济社会发展需要、高等教育发展规划""具有与所申请学位授予资格相适应的师资队伍、设施设备等教学科研资源及办学水平"等要求。考虑到以上条件表述的抽象性,该条第二款还授权学位委员会制定具体规定,通过解释不确定的法律概念,增强学位授权审核的可预见性和可操作性。此外,《学位法》第十三条规定申请学位授予资格还应当具备相应的办学资格,这不仅重申了高等教育机构办学资格和学位授予资格相分离的原则,还揭示了高等教育机构办学资格和学位授予资格之间的关

---

① 参见周佑勇:《法治视野下学位授予权的性质界定及其制度完善——兼述〈学位条例〉修订》,载《学位与研究生教育》2018 年第 11 期。
② 参见姚荣:《从〈学位条例〉到〈学位法〉:中国学位授权审核的法治化进路》,载《高校教育管理》2023 年第 5 期。
③ 参见章志远:《博士硕士学位授权审核的行政法规制》,载《福建行政学院学报》2019 年第 1 期。

系,即取得办学资格是取得学位授予资格的前提。尽管《学位法》设置的学位授予资格申请条件较为粗糙,但其彰显了以标准化建设促学位授权审核客观化和透明化的价值取向,有利于保障高等教育机构的信赖利益和促进对教育资源的公平竞争。

其次,《学位法》健全了学位授予资格审批工作机制,明确审批学位授予资格的主体、期限和程序。在主体方面,《学位法》第十四条构建了分级分类审批学位授予资格的组织体系,实现学位授权审核权的局部下放。该条明确学士学位授予资格由省级学位委员会审批,并报国务院学位委员会备案;硕士、博士学位授予资格分别由省级学位委员会、国务院教育行政部门组织审核,并报国务院学位委员会审批。在期限方面,《学位法》第十五条第二款要求学位授予资格审批单位自受理申请之日起九十日内作出决议。在程序方面,《学位法》第十四条第四款明确审核学位授予资格应当组织专家评审,第十五条第二款规定学位授予资格的审批决议应当向社会公示。

最后,《学位法》第十六条规定经国务院学位委员会批准的学位授予单位可以"自主开展增设硕士、博士学位授予点审核"。这意味着实施多年的学位授权自主审核制度,终于在法律层面得到了确认,对实现国家权力与学术权力的分离,扩大高等教育机构的办学自主权以及将教育行政资源从事前审批转移至事中、事后监管具有推动作用。

从《学位条例》《博士硕士学位授权审核办法》到《学位法》,学位授权审核制度的完善实质上是对学位授权审核不断进行许可化改造的过程,即由"政策管制"到"行政许可"。① 这是坚持"国家学位"形态下推进高等教育"放管服"改革和促进学位授权审核法治化的现实选择,其底层逻辑是通过学位制度与《行政许可法》的关联衔接,将配额管理的内部授权模式转化为标准设定的外部许可模式,实现学位授予资格在法治框架内的自由竞争。《学位法》巩固了《博士硕士学位授

---

① 参见范奇:《学位授权自主审核的行政规制意涵:基于政校关系的视角》,载《学位与研究生教育》2021 年第 1 期。

权审核办法》在推动政府放松对高等教育管制和学位授权审核许可化改造方面的改革成果,对促进高等教育由行政本位向学术本位回归具有重要意义。当然,《学位法》对学位授权审核的许可化改造还有进一步提升的空间。一方面,《学位法》未明确学位授权自主审核资格的申请条件,政府向高校放权的尺度与界限不明;另一方面,《学位法》未系统设置学位授权审核程序,专家评议、材料公示、异议听证等程序机制依旧缺失。为弥补上述缺陷,学位管理机构尚需根据《学位法》要求抓紧制定具体条件和办法,并自觉推动《行政许可法》在学位授权审核工作中的转化适用。在此基础上,下一阶段的学位制度改革应迎合历史发展趋势,实现学位授权审核由"特别许可"模式逐步过渡至"一般许可"模式,尽可能减少指标控制和配额管理对学术市场竞争的扭曲,建立一种以"放管服"为基本理念、以标准化的竞争规则为审查依据、以"告知—承诺"为规制手段的学位授权审核制度。

五、学位授予

学位授予是指具有学位授予资格的高等教育机构,依法向学位申请人授予学位并颁发学位证书的行为。它直接关系到学生表现能否获得公正评价以及学位获得权能否得到充分保障[1],是学位制度的核心规制对象。通过观察"刘燕文诉北京大学案""田永诉北京科技大学案""何小强诉华中科技大学案"等影响我国教育法治进程的司法案例[2],可以发现学位授予在实践中存在标准适用混乱、正当程序缺失以及不当联结等问题。从制度层面看,这些问题的产生主要归因于:第一,学位授予国家标准高度抽象。《学位条例》《学位条例暂行实施

---

[1] 参见林华:《学位撤销案件中的司法审查范围模式及其反思》,载《东方法学》2020年第6期。

[2] 参见湛中乐、靳澜涛:《我国教育行政争议及其解决的回顾与前瞻——以"推动教育法治进程十大行政争议案件"为例》,载《华东师范大学学报(教育科学版)》2020年第2期。

办法》所设定的最低限度学位授予标准过于原则化,导致学位授予单位在授予学位过程中拥有广泛的裁量空间,并使国家机关难以据此规制学位授予行为。第二,学位授予自主标准设定缺乏约束。《学位条例暂行实施办法》第二十五条虽赋权学位授予单位"根据本暂行实施办法,制定本单位授予学位的工作细则",但未就权力的行使作出必要限制,致使大量学位授予单位随意增设逾越学术评价范畴的学位授予条件。第三,学位授予程序规则空缺。在程序方面,《学位条例》《学位条例暂行实施办法》更多地规定学位授予单位作出学位授予决定的工作流程,而忽视了对学位授予决定生成过程的正当程序控制,导致不少学位授予单位剥夺或不当限制学位申请人的知情权、参与权和表达权。对此,《学位法》设"学位授予条件"和"学位授予程序"专章,从实体和程序两个维度完善了我国的学位授予制度,在一定程度上解决了制约学位授予法治化的问题。

学位授予标准作为学位授予的依据,由学位授予国家标准和学位授予自主标准共同组成。为有序规制学位授予行为和调动学位申请人的学习积极性,《学位法》在全面总结学位授予经验教训的基础上,通过第十八条、第十九条、第二十条、第二十一条和第三十七条,构建了"政治—法律—道德—能力"四位一体、兼具肯定性和否定性条件且分级分类的学位授予国家标准。相关条文明确了学位获得者应当拥护中国共产党的领导和社会主义制度、遵守宪法和法律、遵守学术道德和学术规范,以及达到相应的学术水平或专业水平。同时,为满足不同类型、层次、办学水平和特点的学位授予单位的发展需要,保障和规范学位授予单位的办学自主权,《学位法》第二十二条明确学位授予单位享有制定学位授予自主标准的权利。权利的行使遵循五项原则:一是坚持底线思维,自主标准不得与国家标准相抵触;二是坚持学术本位,学位授予单位仅可增设评价专业能力的学术性条件;三是坚持科学发展,设定的自主标准应体现办学特色和以科学评价为导向;四是坚持正当程序,标准的制定和修正应当充分听取意见并向社会公示;五是坚持裁量限缩,分学科、专业设置自主标准。《学位法》第二十二条对学位授予单位的赋权与限制,既有利于将晦涩不明的国家标准简化为纲要性条目,推动学位授予的可视化,也有利于在民主基础上促进学位授予回归学术本质,推动学位授予的"去行政化"。此外,《学位法》在附则中对授予名誉博士学位和境外个人学位的标准作了说明,以"原则+例外"的规范组合,实现学位授予标准的体系化建构。在授予名誉博士学位方面,《学位法》第四十三条规定学位授予单位经国务院学位委员会批准,可以对"在学术或者专门领域、在推进科学教育和文化交流合作方面做出突出贡献,或者对世界和平与人类发展有重大贡献的个人"授予名誉博士学位。在授予境外个人学位方面,《学位法》第四十四条规定学位授予单位向境外个人授予学位,应当依照法定程序对其是否达到"学业要求、学术水平或者专业水平等条件"进行审查。

除从实体维度明确学位授予标准外,《学位法》还从程序维度规范了学位授予的运行过程,实现对申请和受理、审查与决定、信息备案、档案保存等学位授予主要环节的覆盖。其中的亮点有:第一,区分设置学士学位和硕士、博士学位的授予流程。对于学士学位,《学位法》第二十四条明确学士学位申请由学位评定委员会组织审查并作出决议;对于硕士、博士学位,《学位法》通过第二十五条至第二十八条,搭建了"申请受理—专家评阅—学位答辩—学位评议"的授予审查流程。第二,明确学位答辩委员会和学位评定委员会的职能分工。《学位法》第二十六条规定学位答辩委员会负责审阅硕士、博士研究生的学位论文或者实践成果,第二十八条规定学位评定委员会负责根据学位答辩委员会出具的专业意见审核学位申请,作出授予或不授予学位的决定。第三,增设次级学位授予规则。《学位法》第二十七条第二款规定博士学位答辩委员会经学位申请人同意,可以对"虽未达到博士学位的水平,但已达到硕士学位的水平"的学位申请人作出建议授予相应硕士学位的决议,更好地保障了学位申请人的合法权益。第四,对学位授予施加程序约束。为保障最低限度的公正,《学位法》第三十九条要求学位授予单位在作出不授予学位决定前,告知学位申请人"拟作出决定的内容及事实、理由、依据",并听取其陈述和申辩。

相较于《学位条例》，《学位法》对学位授予的规定更加细致和科学，但仍有待完善的地方。首先，在《学位法》明确非学术性标准实行法律保留的情形下，政府应通过行政立法具体化《学位法》设定的政治性、法律性和道德性评价条件，改变非学术性标准"惜字如金"的状况①，提高学位授予国家标准的可执行性。其次，为防止学位授予单位在增设学位授予条件时逾越学术边界和转嫁科研指标，应允许师生通过听证会质询学位授予自主标准，并推进学位授予自主标准的备案审查。最后，学位授予程序需补充关于导师审核与专家评阅的内容。在实践中，学位授予包括"导师审核""专家评阅""学位答辩"和"学位评定"前后衔接的四个环节。每个环节都存在学位授予被终止的风险，与学位申请人的切身利益关联密切。然而，《学位法》更多地着墨于后两者而忽视对前两者的规制，致使其难以解决"北京邮电大学15名学生联合举报导师""武汉大学博士生学位论文遭遇恶意评审"等事件所暴露的"导师压榨"和"专家作恶"问题。对此，亟须强化制度供给约束导师审核权与专家评阅权，实现对学位授予过程性行为的全方位控制。在规范导师审核方面，应制定相应办法，明确导师审核的作用范围、运行程序与行为效力；在规范专家评阅方面，在赋权学生提出异议和申请复核的同时，还应建立周期性的评阅专家考核评价机制和动态调整机制。

六、学位质量保障

不断提高质量是高等教育的生命线，也是教育改革发展最核心、最紧迫的任务。随着高等教育"放管服"改革的持续推进，学位制度建设进入转型时期，出现国家权力的退位限缩和高校权力的扩容增量。这既是政府转变职能、还权于高校的过程，也是优化教育资源配置、发

---

① 参见于志刚：《学位授予的学术标准与品行标准——以因违纪处分剥夺学位资格的诉讼纷争为切入点》，载《政法论坛》2016年第5期。

挥自律和他律各自优势的过程。然而,因转型过程中尚未形成分权基础上的规制合力,学位质量保障面临着诸多困难。"监管法律体系的科学化和系统化是监管效能提升的基本前提。"①为扭转规制碎片化所产生的学位质量保障不力现象,《学位法》构建了政府规制和高校自制相结合的学位质量保障制度。

政府规制是保障学位质量的基础。学位授权审核经许可化改造后,学位授予的事中、事后监管压力不断增大,如何充分提升政府规制效能确保学位质量成为学位制度改革的关键性问题。《学位法》第三十四条明确我国实行学位授予质量评估制度,要求学位管理机构定期组织专家对已经批准的学位授予单位及学位授予点进行质量评估。该条还明确学位质量评估结果是判定学位授予资格许可是否具有存续必要性的依据,规定对经质量评估确认不能保证所授学位质量的学位授予单位,学位管理机构可以视情节轻重给予其责令限期整改、撤销相应学位授予资格或者自主审核资格等处罚,通过强有力的问责倒逼学位授予单位确保学位授予不走样、不变质。除此之外,《学位法》因应数字政府建设要求,规定教育行政部门应完善学位信息管理系统。这有利于推进学位管理的信息化建设,帮助学位管理机构通过信息数据的收集处理,提高规制的精度和效率。

然而,政府规制不是包治百病的"万灵丹"。面对学位制度建设的深层次矛盾以及宏观调控、秩序行政、公共服务等多重任务,从纯粹的政府规制走向"多中心、多主体、多层次"的合作治理②,是保障学位质量的最佳路径。作为学位授予的执行者,高等教育机构俨然是合作治理中的关键角色。为此,《学位法》特别就高校在保障学位质量方面的职责权限作了较细致的规定:第三十一条明确学位授予单位为保障学位质量的第一责任人,要求学位授予单位建章立制,"加强招生、培养、学位授予等全过程质量管理";第三十二条要求学位授予单位加强教

---

① 渠滢:《我国政府监管转型中监管效能提升的路径探析》,载《行政法学研究》2018年第6期。

② 参见宋华琳:《论政府规制中的合作治理》,载《政治与法律》2016年第8期。

师队伍建设,建立研究生导师"遴选、考核、监督和动态调整机制";第三十五条赋予学位授予单位学位授予点撤销请求权,允许学位授予单位"根据本单位学科、专业需要,向原审批单位申请撤销相应学位授予点",以有限资源的优化配置提升人才培养、学科建设与学位授予的质量;第三十七条明确学位授予单位可以对符合规定情形的学位申请人、学位获得者,作出不授予或者撤销学位的决定。在推进高校自制的同时,《学位法》还在第三十二条、第三十三条简要规定了师生在保障学位质量方面的义务,明确研究生指导教师应当"履行立德树人职责,关心爱护学生,指导学生开展相关学术研究和专业实践、遵守学术道德和学术规范、提高学术水平或者专业水平",以及博士研究生应当"努力钻研和实践,认真准备学位论文或者实践成果,确保符合学术规范和创新要求"。《学位法》对师生义务的规定本质上是对高校内部主体权责的分配,体现了"以功能为导向的利益相关者参与原则"在学位制度建设中的适用①,对形塑由政府、高校、师生共同负责的学位质量保障体制具有积极作用。

在学位质量保障体制中,学位撤销制度是法治化的核心。由于撤销学位的客观结果是对学位获得者所获学位的否定,会严重影响学位获得者的合法权益与学位授予的公信力,因而其必须受到法律的严格约束。在原先的学位制度体系中,《学位条例》第十七条正式确立了学位撤销制度,规定"学位授予单位对于已经授予的学位,如发现有舞弊作伪等严重违反本条例规定的情况,经学位评定委员会复议,可以撤销"。但该规定存在"表达抽象笼统"和"重实体、轻程序"的问题,导致学位撤销在实践中出现事由泛化、功能异化和恣意武断的情况,催生出"于艳茹诉北京大学案""陈颖诉中山大学案"等冲突激烈的学位撤销纠纷。为解决上述问题,规范学位撤销行为和保护学位获得者的信赖利益,《学位法》通过第三十七条和第三十九条,完善了学位撤销

---

① 参见姚荣:《新公共管理语境下大学自治权限分配的公法争议及其解决》,载《重庆高教研究》2020年第2期。

的实体与程序规则。首先,《学位法》明确了学位撤销的有限纠错原则,将撤销学位的正当事由限定为"学位论文或者实践成果被认定为存在代写、剽窃、伪造等学术不端行为""盗用、冒用他人身份,顶替他人取得的入学资格,或者以其他非法手段取得入学资格、毕业证书"和"攻读期间存在依法不应当授予学位的其他严重违法行为";其次,《学位法》明确了学位撤销的法律保留原则,规定学位授予单位作出撤销学位的决定必须有直接的法律依据,校内法仅可复述而不得增设学位撤销事由;最后,《学位法》明确了学位撤销应当秉持正当程序原则,要求学位授予单位在作出撤销学位决定前向学位获得者说明理由并听取陈述、申辩。

总体而言,《学位法》通过强化学位质量评估、明确高校和师生义务、完善学位撤销制度,以及推进学位管理信息化建设,为保障学位质量提供了更坚实的制度性支持。但其还存在一定的缺陷:在治理手段方面,《学位法》主要从负向激励的视角进行规则设计,未创设与学位质量相挂钩的正向激励机制,致使其在提升学位授予单位的主体性方面存在功能上的不足;在治理主体方面,《学位法》未就社会力量的参与作出立法确认和规范,制约着舆论监督、社会问责、第三方质量评估等机制的适用。因此,政府在落实《学位法》的过程中,需要有针对性地从这两个方面对《学位法》进行补强,推动学位工作的"柔性治理"和"合作治理"。一方面,学位管理机构可以探索通过授权专业目录自主设置、财政资金的倾斜给付等方式,表彰奖励质量评估结果为优秀的学位授予单位,以此激发学位授予单位加强学位质量全过程管理的积极性;另一方面,学位管理机构应当形塑"政府—高校—社会"间权责对等、高效协同的学位质量保障共同体,支持社会组织、公众等主体以多种形式参与学位管理和学位授予,借由社会力量提升学位质量的保障水平。

七、学位争议处理

完善学位争议处理制度是学位法治建设的重要内容①,也是推进"保护权益"与"监督权力"的关键举措。从早年的"田永诉北京科技大学案""刘燕文诉北京大学案""陈颖诉中山大学案"到新近的"于艳茹诉北京大学案""柴丽杰诉上海大学案""西北政法大学申博案",学位争议的数量持续增长、类型不断丰富、案情日益复杂。在此背景下,如何划定学位争议类型、设置争议解决机制以及调适争议处理规则,实现对学位授予权和学位获得权的充分救济,是学位制度建设的重点和难点。

关于学位争议的处理,《学位条例》和《学位条例暂行实施办法》存在立法空白,仅在组织法上明确了学位评定委员会具有研究和处理学位授予争议的权限。在此情形下,出于化解矛盾纠纷的实际需要,政府和法院以法律解释的形式,有选择性地将学位争议纳入《普通高等学校学生管理规定》《行政复议法》《行政诉讼法》等规范的调整范畴,在事实层面构建了处理学位争议的申诉、行政复议和行政诉讼机制。然而,相关机制在处理学位争议方面存在诸多的限制和不足,且人们对相关机制是否适用也存在争议。就申诉机制而言,法律对校内申诉和行政申诉皆缺乏系统性规定,导致学位授予单位、学位管理机构在处理学位争议申诉时因缺乏标准的指引而各行其是;就行政复议和行政诉讼而言,哪些学位争议属于受案范围、学位争议的审查标准是什么,政府和法院内部有着不同的理解,致使"同案不同判"现象屡见不鲜。这些问题给学位授予权和学位获得权的保护带来了消极影响。

---

① 参见宋艳慧、周兰领:《我国学位争议处理制度的完善》,载《学位与研究生教育》2014年第6期。

有权利必有救济，无救济即无权利。为保护相对人的合法权益，妥善处理学位工作中的矛盾纠纷，《学位法》通过第十五条第二款、第四十条和第四十一条健全了学位争议处理机制。在解决高等教育机构与学位管理机构之间的学位管理争议方面，《学位法》明确申请学位授予资格的高等教育机构对公示的决议有异议的，可以向负责学位授予资格审批的单位提出复核。在解决学位申请人、学位获得者与学位授予单位之间的学位授予争议方面，《学位法》设置的争议处理规则具有以下特点：一是区分过程性的"学术评价纠纷"和终局性的"学位获取纠纷"，前者是指与相关学术组织或者人员在专家评阅、答辩、成果认定等过程中作出的学术评价结论相关的争议，后者是指与不受理学位申请、不授予学位或者撤销学位相关的争议；二是要求建立学位争议处理的校内"申请—复核"机制，并明确学位授予单位应当制定关于学术复核的具体实施办法；三是赋予学位申请人、学位获得者针对"学位获取纠纷"的救济选择权，其既可以"向学位授予单位申请复核"，也可以"请求有关机关依照法律规定处理"。

令人遗憾的是，《学位法》所设置的学位争议处理规则仍略显保守和粗糙。从学位管理争议看，《学位法》通过封闭式规则将学位授权审核争议的解决渠道限定为行政复核，这使政府和法院可以基于"特别法优于一般法"的法律适用规则，排斥学位授权审核争议适用行政复议和行政诉讼。从学位授予争议看，《学位法》关于"可以请求有关机关依照法律规定处理"的表述，既无法为学位申请人、学位获得者寻求非复核纠纷解决机制提供明确的指引，也没有解决相关争议是否可以被纳入行政复议和行政诉讼受案范围的实践分歧。因此，国家机关后续应通过修正立法性文件或是出台司法解释，明确调解、复议和诉讼等纠纷解决机制在学位争议中的具体适用，落实"健全依法维权和化解纠纷机制"的法治国家建设要求。

第十五章 《中华人民共和国学位法》的特色亮点

《学位法》是对《学位条例》的继承与发展。《学位条例》作为中华人民共和国第一部教育法规范,对建立国家学位制度、促进高等教育事业发展和推动社会主义现代化建设作出了重要贡献。《学位条例》实施四十多年来,在制度执行中被坚持、被修正和被超越,形成了以其为中心并包含行政法规、部门规章、行政规范性文件等多层级规范的学位制度体系。《学位法》正是以更高效力位阶的法规范,对《学位条例》被坚持、被修正、被超越部分进行的继承与发展。通过比较两者间的差异,《学位法》的特色亮点主要集中在以下七个方面。

一、明确学位制度定位

《学位法》在全面总结《学位条例》实施以来学位工作改革发展经验的基础上,系统构建了具有中国特色的基础性学位法律制度。结合总则条文,《学位法》具有以下中国特色:在立法宗旨方面,强调公益与私益双重保护原则,明确学位管理与授予既要服务国家大局,又要尊重和保障学位申请人、学位获得者以及学位授予单位的合法权益,做到"两手都要抓,两手都要硬";在基本原则方面,强调学位工作的政治性和规范性,不仅要求学位工作应当始终坚持正确的政治方向,做到为党育人和为国育才,还要求学位工作应当坚持公平、公正和公开原则,坚持学术自由与学术规范相统一;在规范地位方面,"根据宪法,制定本法"的规范表达表明《学位法》是与《教育法》相平行的教育基本法,而非隶属于《教育法》的教育特别法,突出了《学位法》的重要性。

二、增设专业学位类型

为避免混淆专业学位与学术学位,贯彻"坚持两类学位同等重要"和"分类规划两类学位发展"的要求,《学位法》将专业学位法定化。其中的亮点主要是:第一,明确专业学位是平行于学术学位的独立学位类型。《学位法》第二条规定我国实行"三级两类"的学位体系,学位被分为学士、硕士、博士三级和学术学位、专业学位两大类。此外,《学位法》第二条在规定学位类型时采取了开放式表述,为实践探索设立其他学位类型留下制度空间。第二,明确学位授予单位授予专业学位的基础性标准。《学位法》根据不同类型学位教育的培养要求,对专业学位与学术学位的授予条件作了差异化设置,推动人才分类培养与评价。其中,学术学位突出学术研究能力,专业学位突出专业实践能力。学位类型的优化调整,为推动学术创新型人才和实践创新型人才分类培养、健全中国特色学位与研究生教育体系、加快教育强国和人才强国建设提供了更有力的制度支撑。

三、完善学位工作体制

为建立权责明确、行为规范、监督有效、保障有力的学位工作体制,适应高等教育改革的发展方向和实践要求,《学位法》以专章形式明确了承担学位管理工作的组织及其权限。其中的亮点主要表现在:第一,明确"国家学位管理机构—地方学位管理机构—学位授予单位"三级学位工作体制,巩固学位制度改革成果;第二,明确国务院学位委员会职责,即领导学位工作,并细化规定其内设专家组负责学位评审评估、质量监督、研究咨询等工作;第三,明确教育行政部门职责,即负责学位管理工作,解决了《学位条例》中教育行政部门缺位的问题;第四,明确省级学位委员会地位,即由省级人民政府领导并接受国务院学位委员会指导;第五,列举学位评定委员会职责,以及明确学位评定委员会的人员组成、机构设置以及议事规则。

四、规范学位授权审核

为解决学位授权审核定性不清、规则不明等问题,《学位法》对学位授权审核制度作了以下调整和突破:第一,将行为定性为关涉准入资格的行政许可,同《行政许可法》相衔接;第二,明确申请学位授予资格的基础条件,并授权国务院学位委员会和省级学位委员会对法定条件作出具体规定;第三,阐明高等教育机构办学资格与学位授予资格之间的关系,即取得办学资格是取得授予资格的前提;第四,规定按层级分类审批学位授予资格,并明确审批不同层级学位授予资格的工作流程;第五,明确学位授予资格审批的期限和正当程序,要求向社会公示并对异议进行复核;第六,增设学位授权自主审核的规定,明确经国务院学位委员会批准的学位授予单位可以自主开展增设硕士、博士学位授予点审核,扩大了学位授予单位的办学自主权。

五、细化学位授予规则

为推进学位授予法治化,保障学位申请人的合法权益和学位授予单位的学术自由权,《学位法》细化并完善了学位授予的条件和程序。这主要表现在:第一,设置底线标准,建构涵盖能力、政治、法律和道德四大要素的学位授予国家标准,明确授予学位应保证学位申请人拥护中国共产党的领导、拥护社会主义制度、遵守宪法和法律、遵守学术道德和学术规范,以及达到相应学术水平或专业水平;第二,强调分级分类,根据学士、硕士、博士三个层级分别明确授予条件,并按照学术学位、专业学位两种类型分别规定学位授予条件;第三,鼓励特色发展,明确学位授予单位可以在法定学位授予条件基础之上,制定更严格、有特色、具体化的学位授予自主标准,以满足不同类型、层次、办学水平和特点的学位授予单位的发展需要;第四,推进权益保护,增设次级学位授予规则,明确博士学位答辩委员会经学位申请人同意,可以对符合条件的学位申请人作出建议授予硕士学位的决议;第五,健全程序机制,区分了学士学位和硕士、博士学位的学位授予程序,明确硕士、博士学位授予程序包括"申请受理—专家评阅—学位答辩—学位评议"四个步骤,同时对学位授予单位公布授予学位的人员名单、颁发学位证书、保存有关档案资料、报送学位授予信息等作出了规定;第六,规定名誉博士,明确了授予名誉博士学位的条件、主体和程序。

六、强化学位质量保障

不断提高质量是高等教育的生命线。为保障学位质量和维护学位授予秩序,《学位法》构建了高校自制和政府规制相结合的学位质量保障制度,强化对学位授予的事中、事后监管。其核心要点与特殊亮点体现在:第一,强调高校自我规制,突出学位授予单位为保障学位质量的第一责任人,要求学位授予单位建立学位质量保障制度,加强对招生、培养、学位授予等全过程的质量管理;第二,强调外部政府规制,要求学位管理机构定期组织开展学位授予质量评估,并对经评估确认不合格的学位授予单位给予责令限期整改、撤销学位授予资格或自主审核资格的处罚,以强有力的事后监督与问责倒逼学位授予单位确保学位授予不变质;第三,强化导师队伍建设,要求学位授予单位建立健全导师遴选、考核、监督和动态调整机制,并明确研究生导师的职责与义务;第四,扩大办学自主权,赋予学位授予单位撤销学位授予点的请求权,允许通过有限资源的优化配置而提升其他学位授予点的质量;第五,明确法律责任,以法律保留形式列明不授予或者撤销学位的情形,并明确学位授予单位在作出相关决定前应履行告知、说明理由、听取陈述和申辩等程序。

七、健全纠纷解决机制

为充分保护学位申请人和学位获得者的合法权益,实质性化解学位申请人、学位获得者与学位授予单位之间的学位争议,《学位法》健全了学位争议纠纷解决机制。其亮点主要有:第一,确立学术复核机制,明确学位申请人对在专家评阅、答辩、成果认定等过程中相关学术组织或者人员作出的学术评价结论有异议的,可以向学位授予单位申请学术复核;第二,细化学位复核机制,明确学位申请人、学位获得者对学位授予单位不受理学位申请、不授予学位、撤销学位等行为享有救济选择权,其既可以向学位授予单位申请复核,也可以请求有关机关依照法律规定处理;第三,强调复核制度建设,要求学位授予单位依法制定学位争议复核办法,确保制度公平公正并向师生公开。

附 录

附录一 《中华人民共和国学位法》*

第一章 总　则

第一条

为了规范学位授予工作，保护学位申请人的合法权益，保障学位质量，培养担当民族复兴大任的时代新人，建设教育强国、科技强国、人才强国，服务全面建设社会主义现代化国家，根据宪法，制定本法。

第二条

国家实行学位制度。学位分为学士、硕士、博士，包括学术学位、专业学位等类型，按照学科门类、专业学位类别等授予。

第三条

学位工作坚持中国共产党的领导，全面贯彻国家的教育方针，践行社会主义核心价值观，落实立德树人根本任务，遵循教育规律，坚持公平、公正、公开，坚持学术自由与学术规范相统一，促进创新发展，提高人才自主培养质量。

第四条

拥护中国共产党的领导、拥护社会主义制度的中国公民，在高等学校、科学研究机构学习或者通过国家规定的其他方式接受教育，达到相应学业要求、学术水平或者专业水平的，可以依照本法规定申请相应学位。

---

* 2024年4月26日第十四届全国人民代表大会常务委员会第九次会议通过。

第五条

经审批取得相应学科、专业学位授予资格的高等学校、科学研究机构为学位授予单位,其授予学位的学科、专业为学位授予点。学位授予单位可以依照本法规定授予相应学位。

第二章 学位工作体制

第六条

国务院设立学位委员会,领导全国学位工作。

国务院学位委员会设主任委员一人,副主任委员和委员若干人。主任委员、副主任委员和委员由国务院任免,每届任期五年。

国务院学位委员会设立专家组,负责学位评审评估、质量监督、研究咨询等工作。

第七条

国务院学位委员会在国务院教育行政部门设立办事机构,承担国务院学位委员会日常工作。

国务院教育行政部门负责全国学位管理有关工作。

第八条

省、自治区、直辖市人民政府设立省级学位委员会,在国务院学位委员会的指导下,领导本行政区域学位工作。

省、自治区、直辖市人民政府教育行政部门负责本行政区域学位管理有关工作。

第九条

学位授予单位设立学位评定委员会,履行下列职责:

(一)审议本单位学位授予的实施办法和具体标准;

(二)审议学位授予点的增设、撤销等事项;

(三)作出授予、不授予、撤销相应学位的决议;

(四)研究处理学位授予争议;

（五）受理与学位相关的投诉或者举报；

（六）审议其他与学位相关的事项。

学位评定委员会可以设立若干分委员会协助开展工作，并可以委托分委员会履行相应职责。

第十条

学位评定委员会由学位授予单位具有高级专业技术职务的负责人、教学科研人员组成，其组成人员应当为不少于九人的单数。学位评定委员会主席由学位授予单位主要行政负责人担任。

学位评定委员会作出决议，应当以会议的方式进行。审议本法第九条第一款第一项至第四项所列事项或者其他重大事项的，会议应当有全体组成人员的三分之二以上出席。决议事项以投票方式表决，由全体组成人员的过半数通过。

第十一条

学位评定委员会及分委员会的组成人员、任期、职责分工、工作程序等由学位授予单位确定并公布。

第三章　学位授予资格

第十二条

高等学校、科学研究机构申请学位授予资格，应当具备下列条件：

（一）坚持社会主义办学方向，落实立德树人根本任务；

（二）符合国家和地方经济社会发展需要、高等教育发展规划；

（三）具有与所申请学位授予资格相适应的师资队伍、设施设备等教学科研资源及办学水平；

（四）法律、行政法规规定的其他条件。

国务院学位委员会、省级学位委员会可以根据前款规定，对申请相应学位授予资格的条件作出具体规定。

第十三条

依法实施本科教育且具备本法第十二条规定条件的高等学校，可以申请学士学位授予资格。依法实施本科教育、研究生教育且具备本法第十二条规定条件的高等学校、科学研究机构，可以申请硕士、博士学位授予资格。

第十四条

学士学位授予资格，由省级学位委员会审批，报国务院学位委员会备案。

硕士学位授予资格，由省级学位委员会组织审核，报国务院学位委员会审批。

博士学位授予资格，由国务院教育行政部门组织审核，报国务院学位委员会审批。

审核学位授予资格，应当组织专家评审。

第十五条

申请学位授予资格，应当在国务院学位委员会、省级学位委员会规定的期限内提出。

负责学位授予资格审批的单位应当自受理申请之日起九十日内作出决议，并向社会公示。公示期不少于十个工作日。公示期内有异议的，应当组织复核。

第十六条

符合条件的学位授予单位，经国务院学位委员会批准，可以自主开展增设硕士、博士学位授予点审核。自主增设的学位授予点，应当报国务院学位委员会审批。具体条件和办法由国务院学位委员会制定。

第十七条

国家立足经济社会发展对各类人才的需求，优化学科结构和学位授予点布局，加强基础学科、新兴学科、交叉学科建设。

国务院学位委员会可以根据国家重大需求和经济发展、科技创新、文化传承、维护人民群众生命健康的需要，对相关学位授予点的设置、布局和学位授予另行规定条件和程序。

第四章　学位授予条件

第十八条

学位申请人应当拥护中国共产党的领导,拥护社会主义制度,遵守宪法和法律,遵守学术道德和学术规范。

学位申请人在高等学校、科学研究机构学习或者通过国家规定的其他方式接受教育,达到相应学业要求、学术水平或者专业水平的,由学位授予单位分别依照本法第十九条至第二十一条规定的条件授予相应学位。

第十九条

接受本科教育,通过规定的课程考核或者修满相应学分,通过毕业论文或者毕业设计等毕业环节审查,表明学位申请人达到下列水平的,授予学士学位:

(一)在本学科或者专业领域较好地掌握基础理论、专门知识和基本技能;

(二)具有从事学术研究或者承担专业实践工作的初步能力。

第二十条

接受硕士研究生教育,通过规定的课程考核或者修满相应学分,完成学术研究训练或者专业实践训练,通过学位论文答辩或者规定的实践成果答辩,表明学位申请人达到下列水平的,授予硕士学位:

(一)在本学科或者专业领域掌握坚实的基础理论和系统的专门知识;

(二)学术学位申请人应当具有从事学术研究工作的能力,专业学位申请人应当具有承担专业实践工作的能力。

第二十一条

接受博士研究生教育,通过规定的课程考核或者修满相应学分,完成学术研究训练或者专业实践训练,通过学位论文答辩或者规定的实践成果答辩,表明学位申请人达到下列水平的,授予博士学位：

（一）在本学科或者专业领域掌握坚实全面的基础理论和系统深入的专门知识；

（二）学术学位申请人应当具有独立从事学术研究工作的能力,专业学位申请人应当具有独立承担专业实践工作的能力；

（三）学术学位申请人应当在学术研究领域做出创新性成果,专业学位申请人应当在专业实践领域做出创新性成果。

第二十二条

学位授予单位应当根据本法第十八条至第二十一条规定的条件,结合本单位学术评价标准,坚持科学的评价导向,在充分听取相关方面意见的基础上,制定各学科、专业的学位授予具体标准并予以公布。

第五章　学位授予程序

第二十三条

符合本法规定的受教育者,可以按照学位授予单位的要求提交申请材料,申请相应学位。非学位授予单位的应届毕业生,由毕业单位推荐,可以向相关学位授予单位申请学位。

学位授予单位应当自申请日期截止之日起六十日内审查决定是否受理申请,并通知申请人。

第二十四条

申请学士学位的,由学位评定委员会组织审查,作出是否授予学士学位的决议。

第二十五条

申请硕士、博士学位的,学位授予单位应当在组织答辩前,将学位申请人的学位论文或者实践成果送专家评阅。

经专家评阅,符合学位授予单位规定的,进入答辩程序。

第二十六条

学位授予单位应当按照学科、专业组织硕士、博士学位答辩委员会。硕士学位答辩委员会组成人员应当不少于三人。博士学位答辩委员会组成人员应当不少于五人,其中学位授予单位以外的专家应当不少于二人。

学位论文或者实践成果应当在答辩前送答辩委员会组成人员审阅,答辩委员会组成人员应当独立负责地履行职责。

答辩委员会应当按照规定的程序组织答辩,就学位申请人是否通过答辩形成决议并当场宣布。答辩以投票方式表决,由全体组成人员的三分之二以上通过。除内容涉及国家秘密的外,答辩应当公开举行。

第二十七条

学位论文答辩或者实践成果答辩未通过的,经答辩委员会同意,可以在规定期限内修改,重新申请答辩。

博士学位答辩委员会认为学位申请人虽未达到博士学位的水平,但已达到硕士学位的水平,且学位申请人尚未获得过本单位该学科、专业硕士学位的,经学位申请人同意,可以作出建议授予硕士学位的决议,报送学位评定委员会审定。

第二十八条

学位评定委员会应当根据答辩委员会的决议,在对学位申请进行审核的基础上,作出是否授予硕士、博士学位的决议。

第二十九条

学位授予单位应当根据学位评定委员会授予学士、硕士、博士学位的决议,公布授予学位的人员名单,颁发学位证书,并向省级学位委员会报送学位授予信息。省级学位委员会将本行政区域的学位授予信息报国务院学位委员会备案。

第三十条

学位授予单位应当保存学位申请人的申请材料和学位论文、实践成果等档案资料;博士学位论文应当同时交存国家图书馆和有关专业图书馆。

涉密学位论文、实践成果及学位授予过程应当依照保密法律、行政法规和国家有关保密规定,加强保密管理。

第六章 学位质量保障

第三十一条

学位授予单位应当建立本单位学位质量保障制度,加强招生、培养、学位授予等全过程质量管理,及时公开相关信息,接受社会监督,保证授予学位的质量。

第三十二条

学位授予单位应当为研究生配备品行良好、具有较高学术水平或者较强实践能力的教师、科研人员或者专业人员担任指导教师,建立遴选、考核、监督和动态调整机制。

研究生指导教师应当为人师表,履行立德树人职责,关心爱护学生,指导学生开展相关学术研究和专业实践、遵守学术道德和学术规范、提高学术水平或者专业水平。

第三十三条

博士学位授予单位应当立足培养高层次创新人才,加强博士学位授予点建设,加大对博士研究生的培养、管理和支持力度,提高授予博士学位的质量。

博士研究生指导教师应当认真履行博士研究生培养职责,在培养关键环节严格把关,全过程加强指导,提高培养质量。

博士研究生应当努力钻研和实践,认真准备学位论文或者实践成果,确保符合学术规范和创新要求。

第三十四条

国务院教育行政部门和省级学位委员会应当在各自职责范围内

定期组织专家对已经批准的学位授予单位及学位授予点进行质量评估。对经质量评估确认不能保证所授学位质量的,责令限期整改;情节严重的,由原审批单位撤销相应学位授予资格。

自主开展增设硕士、博士学位授予点审核的学位授予单位,研究生培养质量达不到规定标准或者学位质量管理存在严重问题的,国务院学位委员会应当撤销其自主审核资格。

第三十五条

学位授予单位可以根据本单位学科、专业需要,向原审批单位申请撤销相应学位授予点。

第三十六条

国务院教育行政部门应当加强信息化建设,完善学位信息管理系统,依法向社会提供信息服务。

第三十七条

学位申请人、学位获得者在攻读该学位过程中有下列情形之一的,经学位评定委员会决议,学位授予单位不授予学位或者撤销学位：

（一）学位论文或者实践成果被认定为存在代写、剽窃、伪造等学术不端行为；

（二）盗用、冒用他人身份,顶替他人取得的入学资格,或者以其他非法手段取得入学资格、毕业证书；

（三）攻读期间存在依法不应当授予学位的其他严重违法行为。

第三十八条

违反本法规定授予学位、颁发学位证书的,由教育行政部门宣布证书无效,并依照《中华人民共和国教育法》的有关规定处理。

第三十九条

学位授予单位拟作出不授予学位或者撤销学位决定的,应当告知学位申请人或者学位获得者拟作出决定的内容及事实、理由、依据,听取其陈述和申辩。

第四十条

学位申请人对专家评阅、答辩、成果认定等过程中相关学术组织或者人员作出的学术评价结论有异议的,可以向学位授予单位申请学术复核。学位授予单位应当自受理学术复核申请之日起三十日内重新组织专家进行复核并作出复核决定,复核决定为最终决定。学术复核的办法由学位授予单位制定。

第四十一条

学位申请人或者学位获得者对不受理其学位申请、不授予其学位或者撤销其学位等行为不服的,可以向学位授予单位申请复核,或者请求有关机关依照法律规定处理。

学位申请人或者学位获得者申请复核的,学位授予单位应当自受理复核申请之日起三十日内进行复核并作出复核决定。

第七章 附 则

第四十二条

军队设立学位委员会。军队学位委员会依据本法负责管理军队院校和科学研究机构的学位工作。

第四十三条

对在学术或者专门领域、在推进科学教育和文化交流合作方面做出突出贡献,或者对世界和平与人类发展有重大贡献的个人,可以授予名誉博士学位。

取得博士学位授予资格的学位授予单位,经学位评定委员会审议通过,报国务院学位委员会批准后,可以向符合前款规定条件的个人授予名誉博士学位。

名誉博士学位授予、撤销的具体办法由国务院学位委员会制定。

第四十四条

学位授予单位对申请学位的境外个人,依照本法规定的学业要求、学术水平或者专业水平等条件和相关程序授予相应学位。

学位授予单位在境外授予学位的,适用本法有关规定。

境外教育机构在境内授予学位的,应当遵守中国有关法律法规的规定。

对境外教育机构颁发的学位证书的承认,应当严格按照国家有关规定办理。

第四十五条

本法自 2025 年 1 月 1 日起施行。《中华人民共和国学位条例》同时废止。

附录二 《中华人民共和国学位法（专家建议稿）》说明

在全面总结我国学位制度实施四十多年来的经验以及反思《学位条例》的基础上，中山大学课题组起草了《中华人民共和国学位法（专家建议稿）》（以下简称"建议稿"）。现就建议稿的起草工作情况作出简要说明。

一、立法基础

为了充分掌握国内外学位立法的最新研究成果，深入了解西方教育强国学位立法的最新动态，更好地了解和剖析我国学位制度所面临的问题与困境，课题组进行了大量的文献梳理和分析工作，为建议稿的起草做了较为充足的前期准备工作。

第一，学术文献的收集整理。课题组收集了与学位立法、学位制度等主题有关的最新中英文文献，并按照专题进行归类和分析，充分了解了目前学位立法及学位制度研究的最新学术动态。

第二，国内教育法律汇编。课题组对我国现行有效的教育法规范进行整理汇编，按照不同规范类型和不同主题类型进行整理、分类，全面掌握我国现行教育法体系架构及法规范内容。

第三，国外立法的收集和翻译。课题组对英美法系国家和大陆法系国家的教育立法进行了收集和整理，对其中涉及学位制度的规范进行了翻译与分析，为充分借鉴教育发达国家的先进立法经验提供了文本依据。

第四，判例的收集和分析。课题组通过国内主要报纸、有公信力的政治经济类时事杂志、全国性新闻网站、最高人民法院以及各省高级人民法院的案例汇编和公报,全面收集了各地涉及高校学位授予工作的诉讼案例及其判决书,深入剖析学位纠纷争议所反映的典型问题。

二、立法思路

学位立法的思路体现在法规范的结构设计方面。制度安排应当包含学位管理和学位授予两大基本内容,既调整政府与学位授予单位之间的法律关系,又调整学位授予单位与学位申请人之间的法律关系。换言之,学位法应当既是一部学位管理法,也是一部权利保障法。学位立法的目的在于规范学位管理与授予行为,保障学位申请人的合法权益,促进学位质量的提升。为实现立法目的,除去"总则""法律责任"和"附则"三章,建议稿在结构上还分设"学位的管理""学位的授予"和"学位争议处理"三章。

关于学位的管理。"学位的管理"一章是政府规制学位工作的集中体现,应当包括规制主体、规制对象和规制手段三方面内容。从规制的主体看,应当通过学位立法明确学位管理的主体及其职责,理顺学位管理体制;从规制的对象看,学位授予单位作为被管理的对象,应当明确学位授予单位的行政相对人地位及其学位授予权限;从规制的手段看,政府对学位工作的规制主要体现为事前的行政许可和事后的质量评估。具体而言,政府通过事前的行政许可,对学位授予资格实行准入控制;通过事后的质量评估,定期评价学位授予单位的学位质量。在结构方面,"学位的管理"一章分别规定了"学位管理工作体制""学位授予资格许可"和"学位质量评估"三个小节。

关于学位的授予。学位法既要规范公权力的运作,又要保障学位授予单位和学位申请人的合法权益。一方面,学位法应当坚持有限行政和学术自由的理念,明确政府干预学术的界限与程度。另一方面,学位法应当通过程序性规范约束学术权力,避免学位授予单位"乱作为"。因此,在"学位的授予"一章,建议稿明确:一是国家应当设定各级各类学位授予基础性标准,并允许学位授予单位在国家标准之上制定更严格、有特色的自主标准;二是明确学位授予的申请、受理、审查、决定、评议、授予各环节的实体性与程序性规则,全方位规范学位授予活动。

关于学位争议处理。近年来,受教育者与高等教育机构、高等教育机构与教育行政部门之间的争议日益增多,并引起了教育界、法学界的热烈讨论。为更好地保障学位授予单位、学位申请人、学位获得者的合法权益,学位立法应当回应与学位管理、学位授予相关的争议,明确争议行为的性质和相应的救济途径。为此,"学位争议处理"一章在区分"高等教育机构与教育行政部门""受教育者与高等教育机构"两组不同法律关系的基础上,设置"学位管理争议的处理"和"学位授予争议的处理"两小节,明确争议事项和复核、申诉、复议、诉讼等不同纠纷解决机制的适用。

三、立法特色

建议稿在借鉴和批判国内外立法经验,以及总结和反思学位制度改革实践的基础上,丰富了学位制度的基本内容,增强了内容的合规范性与可操作性。建议稿分六章,共计六十一条。建议稿的特色主要体现在以下几方面:

第一,界定学位概念。围绕"学术""教育""管理"三要素,将学位界定为"由学位授予单位依法授予,表明学位获得者学术水平或者专业技能水平的学术称号"。

第二,阐明学位性质。在坚持"国家学位"不动摇的基础上融入"大学学位"特色内容,保证学位管理与授予既符合国家利益和社会公共利益,又体现学术自由。

第三,扩大学位授予权。明确学位授予单位可以在国家制定的基础性标准之上,自主制定学位授予标准,实施学位管理和授予。

第四,区分行为性质。沿着"学位管理"和"学位授予"两条主线,分别规范学位管理行为与学位授予行为,平衡政府与学位授予单位、学位授予单位与受教育者两对法律关系。

第五,理顺学位工作体制。明确国务院教育行政部门和省级教育行政部门的地位、权限、关系、机构设置与具体职能。

第六,优化学位管理机制。设计"事前"和"事后"两种规制机制:一是通过行政许可严格把控学位授予资格获取的准入门槛;二是通过质量评估考核学位授予单位的教育教学与学位授予质量。

第七,细化学位授予标准。明确副学士学位、学士学位、硕士学位、博士学位和名誉博士学位的授予标准。

第八,设置正当法律程序。对学位的申请、受理、审查、评议、授予、撤销等环节进行了全方位的规定,明确并细化了同行专家评阅、学位答辩、学位评定等活动应遵循的程序性要求。

第九,完善学位争议处理机制。区分学位管理争议与学位授予争议,并明确了复核、申诉、复议、诉讼等不同纠纷解决机制的适用情形。

第十,预留制度改革空间。坚持稳定性与灵活性相结合原则,概括性规定境外学位和联合办学学位事宜,明确相关办法由国家学位管理机构另行制定。

附录三 《中华人民共和国学位法（专家建议稿）》条文稿

第一章 总 则

第一条【目的依据】

为规范学位管理与授予，保障学位申请人的合法权益，促进学位质量的提升，适应国家发展对人才的需求，建设教育强国、科技强国、人才强国，服务全面建设社会主义现代化国家，依据《中华人民共和国教育法》，制定本法。

第二条【适用范围】

在中华人民共和国境内从事学位管理和授予活动，适用本法。

第三条【概念界定】

学位是指由学位授予单位依法授予，表明学位获得者学术水平或者专业技能水平的学术称号。

第四条【基本原则】

学位管理和授予应当坚持中国共产党的领导，全面贯彻国家的教育方针，践行社会主义核心价值观，落实立德树人根本任务，遵循教育规律，坚持公平、公正和公开，坚持学术自由与学术规范相统一。

第五条【学位性质】

国家实行学位制度，制定学位授予基础性标准。

学位授予单位可以在国家学位授予基础性标准之上，制定以科学评价为导向的学位授予学术性标准。

第六条【层次类型】

学位分为副学士、学士、硕士、博士四级,包括学术学位、专业学位等类型。学位按照学科门类、专业学位类别等授予。

第二章 学位的管理

第一节 学位管理工作体制

第七条【国家学位管理机构】

国务院教育行政部门主管全国学位工作。

国务院教育行政部门设立国家学位管理机构,承担学位管理日常工作。

第八条【国家学位管理机构职权】

国家学位管理机构行使下列职权:

(一)制定学位重大制度和政策;

(二)制定学位授予的学科专业目录、取得学位授予权的基本条件;

(三)审批学位授予单位及硕士、博士学位授予点的增设和撤销;

(四)组织实施学位授予单位、学位授予点的审核与质量评估;

(五)有关学位管理的其他事务。

第九条【地方学位管理机构】

省、自治区、直辖市人民政府教育行政部门在国家学位管理机构指导下,设立地方学位管理机构,负责本行政区域学位工作。

第十条【地方学位管理机构职权】

地方学位管理机构在本行政区域行使下列职权:

(一)制定与学位管理相关的规章制度;

(二)统筹调整学位授权点;

(三)审批、撤销副学士、学士学位授予点;

（四）组织实施硕士学位授予单位质量评估；

（五）组织实施教育督查和专项检查；

（六）处理学位管理和授予争议；

（七）有关学位管理的其他事务。

第二节　学位授予资格许可

第十一条【资格申请】

依法实施高等教育且符合规定条件的高等学校、科学研究机构，可以申请相应的学位授予资格。

高等学校、科学研究机构申请副学士、学士和硕士学位授予资格的，应当向地方学位管理机构提出；申请博士学位授予资格的，应当向国家学位管理机构提出。

高等学校、科学研究机构申请学位授予资格，应当在学位管理机构规定的期限内提出，并提供审查所需的材料。

第十二条【申请条件】

高等学校、科学研究机构申请学位授予资格，应当符合下列条件：

（一）坚持社会主义办学方向，落实立德树人根本任务；

（二）符合国家和地方经济社会发展需要、高等教育发展规划和社会公共利益；

（三）具有与所申请学位授予资格相适应的师资队伍、设施设备等教学科研资源及办学水平；

（四）具有健全的考核管理制度；

（五）法律、行政法规规定的其他条件。

学位管理机构应当根据前款规定，对申请相应学位授予资格的条件作出具体规定。

第十三条【专家评审】

学位管理机构应当按学科组建由较高学术造诣的教授组成的评审专家库。各学科的评审专家由学位管理机构聘任，人数应不少于二十名,可以增补和改选。

学位管理机构应当根据高等学校、科学研究机构申请学位授予资格所涉及的学科,从对应学科的评审专家库中随机抽选九名专家组成专家评审组。专家评审组负责评议申请单位的申报材料,并在审阅材料、听取答辩、充分评议基础上进行无记名投票表决和提出评审意见。在专家评审组评议前,学位管理机构可以根据需要对申请单位的申报材料进行同行专家通讯评议。

专家评审可以采取现场答辩、实地考察、审阅材料、会议评审等方式。评议内容应当包括办学思想、规章制度、物质条件、人才队伍、科学研究水平、学科建设与教学质量等。

第十四条【信息公开】

学位管理机构应当将下列信息在公共平台公示,公示期不少于十五日:

(一)评审专家库名单以及专家评审小组成员;

(二)专家评审的方式、标准和结论;

(三)申请单位的申请材料;

(四)审核办法和审核结果;

(五)依法应当向社会公开的其他信息。

第十五条【许可决定】

学位管理机构应当在受理申请之日起九十日内,根据专家评审组的意见,作出审批决定并书面通知申请单位。

审批决定应当向社会公示,公示期不少于十五日。公示期内有异议的,学位管理机构应当组织复核。

第十六条【学位授权自主审核】

经国家学位管理机构批准实施学位授权自主审核的高等学校、科学研究机构,可以自主开展增设硕士、博士学位授予点审核。自主增设的学位授予点,应当报国家学位管理机构备案。具体条件和办法由国家学位管理机构制定。

第十七条【学位授予权】

经审批获得相应学科、专业学位授予资格的高等学校、科学研究机构为学位授予单位,享有学位授予权。

学位授予单位授予学位的学科、专业为学位授予点。

第十八条【申请撤销】

学位授予单位可以根据本单位学科、专业需要,向原审批单位申请撤销学位授予点。具体办法由国家学位管理机构制定。

第三节 学位质量评估

第十九条【评估制度】

国家学位管理机构应当建立学位质量评估制度。

鼓励和支持社会力量参与学位质量评估。

第二十条【评估实施】

学位管理机构应当定期组织专家对已经批准的学位授予单位及学位授予点进行质量评估。评估的内容应当包括教学质量、科研质量和学位管理质量。评估具体办法由学位管理机构制定。

第二十一条【评估结果】

学位质量评估结果分为优秀、良好、合格、不合格四个等级,具体判断标准由学位管理机构制定。

学位管理机构对经质量评估确定不能保证所授学位质量的,责令限期整改;情节严重的,撤销相应学位授予资格。

自主开展增设硕士、博士学位授予点审核的学位授予单位,研究生培养质量达不到规定标准或者学位质量管理存在严重问题的,国家学位管理机构应当撤销其自主审核资格。

第二十二条【高校自评】

学位授予单位应当建立学位质量保障制度,加强招生、培养、学位授予等全过程的质量管理,并按年度向社会发布本单位的学位质量评估报告,接受社会监督,保证授予学位的质量。

第三章 学位的授予

第一节 学位授予标准

第二十三条【副学士、学士学位】

接受专科教育和本科教育,通过规定的课程考核或者修满相应学分,通过毕业论文或者毕业设计等毕业环节审查,表明学位申请人达到下列水平的,分别授予副学士学位、学士学位:

(一)在本学科或者专业领域较好地掌握基础理论、专门知识和基本技能;

(二)具有从事学术研究或者承担专业实践工作的初步能力。

第二十四条【硕士学位】

接受硕士研究生教育,通过规定的课程考核或者修满相应学分,完成学术研究训练或者专业实践训练,通过学位论文答辩或者规定的实践成果答辩,表明学位申请人达到下列水平的,授予硕士学位:

(一)在本学科或者专业领域掌握坚实的基础理论和系统的专门知识;

(二)学术学位申请人应当具有从事学术研究工作的能力,专业学位申请人应当具有承担专业实践工作的能力。

第二十五条【博士学位】

接受博士研究生教育,通过规定的课程考核或者修满相应学分,完成学术研究训练或者专业实践训练,通过学位论文答辩或者规定的实践成果答辩,表明学位申请人达到下列水平的,授予博士学位:

(一)在本学科或者专业领域掌握坚实全面的基础理论和系统深入的专门知识;

(二)学术学位申请人应当具有独立从事学术研究工作的能力,专

业学位申请人应当具有独立承担专业实践工作的能力;

(三)学术学位申请人应当在学术研究领域做出创新性成果,专业学位申请人应当在专业实践领域做出创新性成果。

第二十六条【名誉博士】

经国家学位管理机构批准,学位授予单位可以对符合下列条件的个人授予名誉博士学位:

(一)学术造诣高深,取得重大成就,获得国际学术界公认的奖励;

(二)在维护世界和平与安全,扩大我国国际影响力、支持我国国家利益等方面作出特殊贡献;

(三)在促进我国与他国的友好往来和全面合作,繁荣我国经济,发展我国教育、科学、文化和卫生等事业方面作出重大贡献。

名誉博士学位授予、撤销的具体办法由国家学位管理机构制定。

第二十七条【学位授予自主标准】

学位授予单位应当根据本法第二十三条至第二十五条规定的条件,结合社会需要以及本单位的办学条件和学术要求,制定各学科、专业的学位授予具体标准并予以公布。

学位授予单位制定学位授予标准应当坚持科学和民主原则,充分听取教师以及学生的意见,并向社会公开。

第二节 申请和受理

第二十八条【学位申请人】

遵守宪法和法律,在高等学校、科学研究机构学习或者通过国家规定的其他方式接受教育的个人,达到相应学业要求、学术水平或者专业水平的,可以按照本法规定向学位授予单位申请相应学位。

向学位授予单位申请学位授予的个人,为学位申请人。

第二十九条【申请提出】

学位申请人应当在学位授予单位规定的期限内向其提出学位授予申请,并提交学位授予单位要求的申请材料。

第三十条【申请受理】

学位授予单位应当在申请日期截止之日起三十个工作日内，完成对学位申请人提交材料的审查，作出是否受理的决定。

学位授予单位作出不受理决定的，应当书面通知学位申请人，说明理由并听取学位申请人的陈述、申辩。

学位授予单位作出受理决定后，应当公示学位申请人名单。公示期不少于十五日。公示期内有异议的，应当组织复核。

第三节 审查与决定

第三十一条【申请审查】

学位授予单位应当在作出受理决定之日起三十日内，审查学位申请人的修读学分、课程考核、学位论文或者实践成果等相关材料，作出是否授予学位申请人相应学位的决定。

第三十二条【审查流程】

申请副学士、学士学位的，由学位评定委员会组织审查，作出是否授予副学士、学士学位的决议。

申请硕士、博士学位的，学位授予单位应当在组织答辩前，将学位申请人的学位论文或者实践成果送同行专家评阅。经同行专家评阅，符合学位授予单位规定的，组织学位答辩。经答辩同意授予学位的，由学位评定委员会在审核学位申请的基础上，作出是否授予硕士、博士学位的决议。

第三十三条【专家评阅】

学位授予单位应当聘请同行专家，评阅硕士、博士学位申请人的学位论文或者实践成果。

评阅人应当客观、公正评价学位申请人的学位论文或者实践成果，详细撰写评语，阐明评阅结果及其理由。

第三十四条【学位答辩】

学位授予单位应当按照学科、专业组织硕士、博士学位答辩委员会。硕士学位答辩委员会组成人员应当不少于三人,主席由副教授以上或相当职称的专家担任。博士学位答辩委员会组成人员应当不少于五人,其中本单位外的同行专家应当不少于二人,主席由教授或相当职称的专家担任。

答辩委员会应当按照规定的程序组织答辩,以投票方式就学位申请人是否通过答辩进行表决,形成决议并当场宣布。答辩委员会组成人员应当认真、独立地履行职责,并对答辩决议负责。

除内容涉及国家秘密的外,答辩应当公开举行。答辩过程中形成的笔录应当向学位申请人公开。

第三十五条【重新答辩】

学位论文或者实践成果答辩未通过的,经答辩委员会同意,可以在规定期限内修改,重新申请答辩。重新答辩的具体办法由学位授予单位制定。

重新答辩时,答辩委员会组成人员应当有半数以上原答辩委员会组成人员。

第三十六条【次级学位】

答辩委员会认为学位申请人虽未达到所申请学位的相应水平,但已达到所申请学位的次级学位的相应水平,且学位申请人尚未获得过本单位该学科、专业次级学位的,经学位申请人同意,可以作出建议授予次级学位的决议,报送学位评定委员会审定。

符合规定条件的学位申请人可以向学位授予单位申请授予次级学位。

第三十七条【中止审查】

学位申请人有下列情况而无法参与学位答辩的,经书面申请,学位授予单位可以中止学位授予审查:

(一)妊娠、分娩;

(二)身患重病;

(三)遭遇严重意外;

（四）从事重要公共事务、参与重大公益活动或学术研究活动；

（五）其他无法参与学位答辩的情形。

影响参与学位答辩的事由消失后，经学位申请人申请，学位授予单位应当恢复学位授予审查。

第四节 评议和授予

第三十八条【学位评定委员会职责】

学位授予单位设立学位评定委员会，依法履行下列职责：

（一）审议本单位学位授予的实施办法和具体标准；

（二）审议学位授予点的增设、撤销等事项；

（三）作出授予、不授予、撤销学位的决定；

（四）处理学位授予争议以及与学位相关的投诉举报；

（五）评估和监督本单位的学位授予质量；

（六）其他与学位管理与授予相关的事项。

第三十九条【学位评定委员会组成】

学位评定委员会应当由学位授予单位具有高级专业技术职务的负责人、教学科研人员组成，成员数量应当为九人以上的单数，每届成员任期二至四年。学位评定委员会主席由学位授予单位主要行政负责人担任。

学位评定委员会可以按学科、专业设置若干分委员会。分委员会负责协助学位评定委员会开展工作，并接受委托履行相应职责。

学位评定委员会及分委员会的组成人员、任期、职责分工、工作程序等由学位授予单位确定并公布。

第四十条【学位评定委员会会议】

学位评定委员会审议第三十八条第一项至第四项所列事项或者其他重大事项的，应当通过会议进行，并有全体组成人员的三分之二以上出席。

审议事项以无记名投票方式进行表决，由全体组成人员过半数通过。不同意的,应当说明理由并记录在案。

第四十一条【学位的授予】

学位评定委员会应当在学位授予申请日期截止之日起六十个工作日内作出授予学位或者不授予学位的决定。作出授予学位决定的,应当向社会公示授予学位的人员名单。

学位申请人自学位评定委员会作出授予其学位决定之日起获得相应的学位,成为学位获得者。学位授予单位应当向学位获得者颁发相应的学位证书。

学位授予单位应当将授予学位的人员名单及相关信息,报送地方学位管理机构。地方学位管理机构应当将本行政区域的学位授予信息报国家学位管理机构备案。

第四十二条【不授予和撤销学位】

学位申请人、学位获得者在攻读该学位的过程中有下列情形之一的,经学位评定委员会决议,学位授予单位应当不授予或者撤销其学位:

(一)学位论文或者实践成果被认定为存在代写、剽窃、伪造等学术不端行为;

(二)盗用、冒用他人身份,顶替他人取得的入学资格,或者以其他非法手段取得入学资格、毕业证书;

(三)攻读期间存在依法不应当授予学位的其他严重违法行为。

学位授予单位拟作出不授予或者撤销学位决定的,应当告知学位申请人或者学位获得者拟作出决定的事实依据和法律依据,听取其陈述和申辩。

第四十三条【论文的保存】

学位授予单位应当保存学位申请人的申请材料和学位论文、实践成果等档案资料,并加强涉密管理。

博士学位论文应当同时交存国家图书馆和有关专业图书馆。

第四十四条【学位证书的使用】

任何组织和个人不得违法颁发和使用学位证书。

违法颁发学位证书的,由教育行政部门宣布证书无效,并依照《中华人民共和国教育法》的有关规定处理。

第四章 学位争议处理

第一节 学位管理争议的处理

第四十五条【学位授予单位的复核申请】

学位授予单位对学位管理机构作出的学位质量评估结论不服的,可以自评估结论公布之日起十五日内,以书面形式向学位管理机构申请复核。学位管理机构应当自收到复核申请之日起三十日内作出复核决定并送达复核申请人。

第四十六条【学位授予单位的复议申请】

学位授予单位对学位管理机构下列行政决定不服的,可以依法申请行政复议：

(一)不批准或者撤销学位授予资格；

(二)认定学位授予单位的决定无效；

(三)对学位授予单位实施行政处罚；

(四)侵害学位授予单位合法权益的其他行政决定。

第四十七条【学位申请人的参与】

学位授予单位与学位管理机构之间的争议涉及学位申请人利益的,应当告知学位申请人并听取其陈述、申辩。

学位申请人依法可以作为第三人申请参与学位授予单位与学位管理机构之间的复议和诉讼。

第二节 学位授予争议的处理

第四十八条【校内申诉】

有下列情形之一的,学位申请人可以向学位授予单位提出申诉：

(一)对不受理学位授予申请决定不服的;

(二)对不授予或撤销学位决定不服的;

(三)对学位答辩委员会的组成、程序、决议有异议的。

学位授予单位应当在收到申诉申请之日起三十日内,作出处理决定并送达申诉人。

第四十九条【行政复议】

学位申请人对学位授予单位的复核决定不服的,可以依法提起行政复议。

第五十条【行政诉讼】

学位申请人对行政复议决定不服的,可以依法向人民法院提起行政诉讼。

第五章 法律责任

第五十一条【违法审批责任】

学位管理机构违反本法规定批准或者撤销学位授予资格,不依照本法规定的条件或程序办理有关学位的行政复议事项,或者工作人员徇私舞弊,有渎职、失职行为的,对直接负责的主管人员和其他直接责任人员依法给予行政处分;构成犯罪的,依法追究刑事责任。

第五十二条【不履行信息公开义务责任】

学位管理机构不依法履行信息公开义务的,由监察机关、上一级行政机关责令改正;情节严重的,对行政机关直接负责的主管人员和其他直接责任人员依法给予处分;构成犯罪的,依法追究刑事责任。

第五十三条【赔偿责任】

学位管理机构及其工作人员的学位管理行为违法,并给学位申请人造成损失的,应当依法承担赔偿责任。

第五十四条【学位授予决定无效责任】

学位授予单位违反本法规定,有下列情形之一的,其授予学位的决定或者不授予学位的决定无效,由学位管理机构责令其改正:

(一)超越所获批准的学位授予范围,授予学位;

(二)未依照本法规定的条件和程序授予学位或者不授予学位;

(三)未依照本法规定的条件和程序撤销学位;

(四)其他违反本法规定的行为。

学位管理机构可以根据情节轻重,对学位授予单位分别给予通报、停止授予学位、撤销学位授予资格等处理;对直接责任人员,由所在单位或者其上级主管部门依法给予行政处分。

第五十五条【评估不合格责任】

学位授予单位制度不健全、管理混乱,连续两次经高等教育评估中心评估不合格或者其学位申请者的学位论文出现多起或者连续出现购买、代写或者抄袭、剽窃等作假情形的,由学位管理机构停止或者撤销其授予学位的资格;并由有关主管部门按照国家有关规定对负有直接管理责任的学位授予单位负责人进行问责。

第五十六条【擅自颁发学位责任】

未经批准擅自颁发学位,扰乱学位管理秩序的,由学位管理机构责令改正并依法给予行政处罚,构成犯罪的,依法追究刑事责任。

第五十七条【学位授予舞弊责任】

对已经授予的学位,如发现有舞弊作伪等违反本法规定的情形,由学位授予单位学位评定委员会撤销学位,并由学位授予单位或者其上级主管部门根据调查认定结果,对相关学生、教师和其他负有直接责任的管理人员给予处分或者其他处理。

第五十八条【不当使用学位证书责任】

对非法制作、伪造、变造或者贩卖学位证书的,依据刑法有关规定追究刑事责任。

第六章 附 则

第五十九条【境外学位的认证】

国家实行境外学位认证制度。认证境外学位的具体办法由国家学位管理机构制定。

第六十条【联合办学的学位】

学位授予单位与境外高等教育机构联合办学,其学位设置、申请、授予和管理等活动,按照国家有关规定办理。

第六十一条【生效时间】

本法自　年　月　日起施行。

附录四 《中华人民共和国学位法（专家建议稿）》注释稿

第一章 总 则

第一条【目的依据】

为规范学位管理与授予，保障学位申请人的合法权益，促进学位质量的提升，适应国家发展对人才的需求，建设教育强国、科技强国、人才强国，服务全面建设社会主义现代化国家，依据《中华人民共和国教育法》，制定本法。

说明

厘清政府规制与学术自由、学术自由与学术规范、行政权力与学术权力、公权力与私权利的关系，是学位制度改革的关键。因此，本条将立法目的归纳为"规范管理""保障权益"和"促进学位质量"三个方面，要求政府依法行政以维护学位秩序和学术自由，尊重和保障学位申请人的合法权益，促进学位质量不断提升。在立法依据方面，《教育法》第二十三条明确国家实行学位制度。因此，在教育基本法已为学位制度建设提供直接法律依据的情形下，为避免产生"向宪法逃逸"的负外部性，本条明确了学位法的制定依据为《教育法》。这也理顺了教育法和学位法之间的逻辑关系，即学位法是教育法的特别法。

依据

《中华人民共和国学位条例》

第一条 为了促进我国科学专门人才的成长，促进各门学科学术水平的提高和教育、科学事业的发展，以适应社会主义现代化建设的需要，特制定本条例。

《关于在职人员申请硕士、博士学位的试行办法》

第一条　为了促进我国高级专门人才的成长,进一步提高教育和科技队伍的素质,促进教育和科学事业的发展,以适应社会主义现代化建设的需要,根据《中华人民共和国学位条例》及其暂行实施办法,特制订本试行办法。

第二条【适用范围】

在中华人民共和国境内从事学位管理和授予活动,适用本法。

说明

本条从地域和内容两个维度限定了学位法的适用范围。地域方面,明确规范仅适用于中华人民共和国境内;内容方面,明确规范的调整对象为学位管理和授予活动。同时,由于未对主体作出限制性说明,学位法适用于在中华人民共和国境内从事学位管理和授予活动的任何主体,这既包括境内组织和个人,也包括境外组织和个人。

依据

《中华人民共和国教育法》

第二条　在中华人民共和国境内的各级各类教育,适用本法。

第三条【概念界定】

学位是指由学位授予单位依法授予,表明学位获得者学术水平或者专业技能水平的学术称号。

说明

本条明确了学位概念的"学术""教育""管理"三要素。"学术"要素体现在学位是表明学位获得者具有特定学术水平或专业技能水平的凭证;"教育"要素体现在学位的授予是具有学位授予资格的高等学校和科学研究机构组织实施教育教学活动的结果;"管理"要素体现在学位的授予应当依法实施并接受规制。

依据

本条参考了学界观点以及其他国家和地区的立法经验。

第四条【基本原则】

学位管理和授予应当坚持中国共产党的领导,全面贯彻国家的教育方针,践行社会主义核心价值观,落实立德树人根本任务,遵循教育规律,坚持公平、公正和公开,坚持学术自由与学术规范相统一。

说明

学位管理和授予直接影响公民的基本权利,因此其实施应当遵循公平、公正、公开原则,保护受教育者的信赖利益和维护学位工作的公信力。同时,为平衡学术自由与国家干预,明确学位管理和授予应坚持学术自由与学术规范相统一原则,反对绝对的自由和绝对的控制,以避免学位工作出现异化。

依据

《中华人民共和国教育法》

第三条 国家坚持中国共产党的领导,坚持以马克思列宁主义、毛泽东思想、邓小平理论、"三个代表"重要思想、科学发展观、习近平新时代中国特色社会主义思想为指导,遵循宪法确定的基本原则,发展社会主义的教育事业。

第五条 教育必须为社会主义现代化建设服务、为人民服务,必须与生产劳动和社会实践相结合,培养德智体美劳全面发展的社会主义建设者和接班人。

第十一条第二款 国家采取措施促进教育公平,推动教育均衡发展。

《中华人民共和国高等教育法》

第四条 高等教育必须贯彻国家的教育方针,为社会主义现代化建设服务、为人民服务,与生产劳动和社会实践相结合,使受教育者成为德、智、体、美等方面全面发展的社会主义建设者和接班人。

第五条【学位性质】

国家实行学位制度,制定学位授予基础性标准。

学位授予单位可以在国家学位授予基础性标准之上,制定以科学评价为导向的学位授予学术性标准。

说明

本条明确我国实行"国家学位"制度。一方面，坚持学位制度的国家统筹与管理，通过制定学位授予的基础性标准，明确学位授予的底线；另一方面，尊重和保障学位授予单位的学术自由权，允许其在不违背国家标准的基础上，制定符合自身特色的学位授予标准，自主开展学位授予和管理活动。

依据

《中华人民共和国教育法》

第二十三条 国家实行学位制度。

学位授予单位依法对达到一定学术水平或者专业技术水平的人员授予相应的学位，颁发学位证书。

《中华人民共和国学位条例暂行实施办法》

第二十五条 学位授予单位可根据本暂行实施办法，制定本单位授予学位的工作细则。

第六条【层次类型】

学位分为副学士、学士、硕士、博士四级，包括学术学位、专业学位等类型。学位按照学科门类、专业学位类别等授予。

说明

本条明确了学位的层次、类型以及授予规则。在学位层次方面，设副学士、学士、硕士和博士四级，明确高职学生可以申请副学士学位，实现高等职业教育制度与学位制度的衔接。在学位类型方面，根据教育分化趋势与市场社会需要，明确各级学位包括学术学位和专业学位两种类型，并以"等"字表述为新类型学位的探索创设提供法律依据。在授予规则方面，明确学位应当按照学科门类、专业学位类别进行授予。

依据

《中华人民共和国学位条例》

第三条 学位分学士、硕士、博士三级。

《关于深入推进学术学位与专业学位研究生教育分类发展的意见》

始终坚持学术学位与专业学位研究生教育两种类型同等地

位……学术学位与专业学位研究生教育都是国家培养高层次创新型人才的重要途径,都应把研究生的坚实基础理论、系统专门知识、创新精神和创新能力作为重点。学术学位依托一级学科培养并按门类授予学位,重在面向知识创新发展需要,培养具备较高学术素养、较强原创精神、扎实科研能力的学术创新型人才。专业学位按专业学位类别培养并授予学位,重在面向行业产业发展需要,培养具备扎实系统专业基础、较强实践能力、较高职业素养的实践创新型人才。培养单位应提高认识,在招生、培养、就业等方面对两类学位予以同等重视,保证两类学位研究生的培养质量。

第二章 学位的管理

第一节 学位管理工作体制

第七条【国家学位管理机构】

国务院教育行政部门主管全国学位工作。

国务院教育行政部门设立国家学位管理机构,承担学位管理日常工作。

说明

本条明确学位工作的主管机构为国务院教育行政部门及其设立的国家学位管理机构。考虑到精简机构和简化法律关系的需要,不宜采取国务院学位委员会和国务院教育行政部门二元并存的学位管理体制,应明确学位工作由国务院教育行政部门单独负责。同时,为便利学位管理工作的展开,授权国务院教育行政部门设立国家学位管理机构,专门负责学位管理日常工作。

依据

《中华人民共和国教育法》

第十五条 国务院教育行政部门主管全国教育工作,统筹规划、协调管理全国的教育事业。

县级以上地方各级人民政府教育行政部门主管本行政区域内的教育工作。

县级以上各级人民政府其他有关部门在各自的职责范围内,负责有关的教育工作。

《中华人民共和国高等教育法》

第十四条 国务院教育行政部门主管全国高等教育工作,管理由国务院确定的主要为全国培养人才的高等学校。国务院其他有关部门在国务院规定的职责范围内,负责有关的高等教育工作。

《中华人民共和国学位条例》

第八条 学士学位,由国务院授权的高等学校授予;硕士学位、博士学位,由国务院授权的高等学校和科学研究机构授予。

授予学位的高等学校和科学研究机构(以下简称学位授予单位)及其可以授予学位的学科名单,由国务院学位委员会提出,经国务院批准公布。

第八条【国家学位管理机构职权】

国家学位管理机构行使下列职权:

(一)制定学位重大制度和政策;

(二)制定学位授予的学科专业目录、取得学位授予权的基本条件;

(三)审批学位授予单位及硕士、博士学位授予点的增设和撤销;

(四)组织实施学位授予单位、学位授予点的审核与质量评估;

(五)有关学位管理的其他事务。

说明

本条采用开放式列举的方式,明确了国家学位管理机构的职权。国家学位管理机构的职权主要包括制定学位重大制度和政策,制定学位授予的学科专业目录,制定取得学位授予权的基本条件,审批学位授予单位及硕士、博士学位授予点的增设和撤销,以及组织实施学位授予单位、学位授予点的审核与质量评估。"兜底"款项的设定,旨在为国家学位管理机构必要的职权扩张行为提供法律依据。

依据

《中华人民共和国学位条例》

第八条 学士学位,由国务院授权的高等学校授予;硕士学位、博士学位,由国务院授权的高等学校和科学研究机构授予。

授予学位的高等学校和科学研究机构(以下简称学位授予单位)及其可以授予学位的学科名单,由国务院学位委员会提出,经国务院批准公布。

《学位授权点合格评估办法》

第六条 博士学位授权点周期性合格评估由国务院学位委员会办公室组织实施,硕士学位授权点周期性合格评估由省级学位委员会组织实施。军队所属学位授予单位学位授权点周期性合格评估,由军队学位委员会组织实施。学位授权点周期性合格评估基本条件为启动当期评估时正在执行的学位授权点申请基本条件。

《国务院学位委员会议事规则》

第二条 国务院学位委员会的工作任务是:制定和修改学位条例实施办法报国务院批准后组织实施并制定有关规章制度;组织并指导国务院学位委员会学科评议组的工作;组织制定授予博士、硕士学位的学科、专业目录;组织审定授予博士、硕士学位的单位及其学科、专业;指导和检查博士、硕士学位的授予工作;负责名誉博士学位的审批工作;负责学位工作的国际交流和合作;推动学位工作的改革,提出修改学位条例的建议。

第九条【地方学位管理机构】

省、自治区、直辖市人民政府教育行政部门在国家学位管理机构指导下,设立地方学位管理机构,负责本行政区域学位工作。

说明

为充分发挥中央与地方的积极性,理顺纵向国家学位管理体制,本条明确省级教育行政部门应在国家学位管理机构指导下管理本行政区域学位工作,并设立地方学位管理机构。

依据

《中华人民共和国高等教育法》

第十三条　国务院统一领导和管理全国高等教育事业。

省、自治区、直辖市人民政府统筹协调本行政区域内的高等教育事业,管理主要为地方培养人才和国务院授权管理的高等学校。

第十条【地方学位管理机构职权】

地方学位管理机构在本行政区域行使下列职权:

(一)制定与学位管理相关的规章制度;

(二)统筹调整学位授权点;

(三)审批、撤销副学士、学士学位授予点;

(四)组织实施硕士学位授予单位质量评估;

(五)组织实施教育督查和专项检查;

(六)处理学位管理和授予争议;

(七)有关学位管理的其他事务。

说明

本条采用"列举+兜底"的方式,明确了地方学位管理机构的职权。地方学位管理机构的职权主要包括制定与学位管理相关的规章制度,统筹调整学位授权点,审批、撤销副学士、学士学位授予点,组织实施硕士学位授予单位质量评估,组织实施教育督查和专项检查,处理学位管理和授予争议。"兜底"款项的设定,旨在为地方学位管理机构必要的职权扩张行为提供法律依据。

依据

《学位授权点合格评估办法》

第六条　博士学位授权点周期性合格评估由国务院学位委员会办公室组织实施,硕士学位授权点周期性合格评估由省级学位委员会组织实施。军队所属学位授予单位学位授权点周期性合格评估,由军队学位委员会组织实施。学位授权点周期性合格评估基本条件为启动当期评估时正在执行的学位授权点申请基本条件。

《学士学位授权与授予管理办法》

第七条　省级学位委员会应制定学士学位授权审核办法,完善审批程序。审核工作应加强与院校设置、专业设置等工作的衔接。

第十九条　省级学位委员会负责本地区、本系统学士学位管理、监督和信息工作,科学规划,优化布局,引导、指导、督导学位授予单位服务需求、提高质量、特色发展,定期向国务院学位委员会报送学位授予信息。

《本科毕业论文(设计)抽检办法(试行)》

第十二条第一款第(三)项　对连续3年抽检存在问题较多的本科专业,经整改仍无法达到要求者,视为不能保证培养质量,省级教育行政部门应依据有关规定责令其暂停招生,或由省级学位委员会撤销其学士学位授权点。

《关于进一步严格规范学位与研究生教育质量管理的若干意见》

(二十四)学位授予单位要切实执行《普通高等学校学生管理规定》《高等学校预防与处理学术不端行为办法》的相关要求,完善导师和研究生申辩申诉处理机制与规则,畅通救济渠道,维护正当权益。当事人对处理或处分决定不服的,可以向学位授予单位提起申诉。当事人对经申诉复查后所作决定仍持异议的,可以向省级学位委员会申请复核。

(二十六)国务院学位委员会、教育部加强运用学位授权点合格评估、质量专项检查抽查等监管手段,省级学位委员会和教育行政部门加大督查检查力度,加强招生、培养、学位授予等管理环节督查,强化问责。

《博士、硕士学位授权学科和专业学位授权类别动态调整办法》

第十一条　省级学位委员会统筹调整学位授权点,包括:

1.制定学科发展规划,指导本地区(系统)学位授权点动态调整。制定支持政策,引导学位授予单位根据区域(行业)经济社会发展需要撤销和增列学位授权点。对学位授予单位拟增列与经济社会发展需求不相适应或学生就业困难的学位授权点,省级学位委员会可不同意其增列。

2. 省级学位委员会可在本地区(系统)范围内统筹组织增列学位授权点,增列学位授权点的数额来源如下:

(1)由学位授予单位主动撤销并主动纳入省级统筹的学位授权点;

(2)在周期性合格评估中处理意见为限期整改,经复评未达到合格,被作出撤销处理的学位授权点;

(3)在周期性合格评估中抽评结果为不合格,被作出撤销处理的学位授权点;

(4)在周期性合格评估中未确认参评被作出撤销处理的学位授权点,以及在周期性合格评估中确认参评但未开展自我评估,被作出撤销处理的学位授权点。

第二节 学位授予资格许可

第十一条【资格申请】

依法实施高等教育且符合规定条件的高等学校、科学研究机构,可以申请相应的学位授予资格。

高等学校、科学研究机构申请副学士、学士和硕士学位授予资格的,应当向地方学位管理机构提出;申请博士学位授予资格的,应当向国家学位管理机构提出。

高等学校、科学研究机构申请学位授予资格,应当在学位管理机构规定的期限内提出,并提供审查所需的材料。

说明

具有学位授予资格是高等教育机构行使学位授予权的前提。本条明确了学位授予资格的取得需要经过申请,其具有两大核心要义:一是明确了高等教育办学资格和学位授予资格的区分原则,即学位授予权的取得需要经独立的审批程序。二是明确按需求和层级申请原则,即依法实施本科教育的高等教育机构可以申请学士学位授予资格、依法实施研究生教育的高等教育机构可以申请硕士与博士学位授予资格。此外,从法律性质看,学位授予资格审批属于行政许可。因此,本条根据《行政许可法》的规定,明确申请人应当依法提供审查学位授予资格申请条件所需的材料。

依据

《中华人民共和国教育法》

第二十三条　国家实行学位制度。

学位授予单位依法对达到一定学术水平或者专业技术水平的人员授予相应的学位,颁发学位证书。

第二十八条　学校及其他教育机构的设立、变更和终止,应当按照国家有关规定办理审核、批准、注册或者备案手续。

《中华人民共和国行政许可法》

第二十九条第一款　公民、法人或者其他组织从事特定活动,依法需要取得行政许可的,应当向行政机关提出申请。申请书需要采用格式文本的,行政机关应当向申请人提供行政许可申请书格式文本。申请书格式文本中不得包含与申请行政许可事项没有直接关系的内容。

第十二条【申请条件】

高等学校、科学研究机构申请学位授予资格,应当符合下列条件：

(一)坚持社会主义办学方向,落实立德树人根本任务;

(二)符合国家和地方经济社会发展需要、高等教育发展规划和社会公共利益;

(三)具有与所申请学位授予资格相适应的师资队伍、设施设备等教学科研资源及办学水平;

(四)具有健全的考核管理制度;

(五)法律、行政法规规定的其他条件。

学位管理机构应当根据前款规定,对申请相应学位授予资格的条件作出具体规定。

说明

本条以"列举+兜底"方式明确申请学位授予资格应具备的条件,这些条件包括政治标准、法律标准及能力标准。由于列举的条件多为不确定的法律概念,为规范学位授予资格审批行为,国家和地方学位管理机构应当根据本条规定,对不同层级、类别的学位授予资格申请条件作出细化规定。

依据

《学士学位授权与授予管理办法》

第六条 省(区、市)学位委员会、军队学位委员会(以下简称为"省级学位委员会")应制定学士学位授权审核标准。审核标准应明确办学方向、师资队伍、基本条件、课程设置、教学方式、管理制度等要求,不低于本科院校设置标准和本科专业设置标准。

第七条 省级学位委员会应制定学士学位授权审核办法,完善审批程序。审核工作应加强与院校设置、专业设置等工作的衔接。

《博士硕士学位授权审核办法》(2017年版)

第三条 学位授权审核要全面贯彻国家教育方针,围绕国家区域发展战略和经济社会发展,以服务需求、提高质量、推动研究生教育内涵发展为目的,依法依规进行。

第四条 学位授权审核应当保证学位授予质量、服务社会发展需求、支撑研究生教育发展、激发培养单位活力,构建责权分明、统筹规划、分层实施、公正规范的制度体系。

第十三条【专家评审】

学位管理机构应当按学科组建由较高学术造诣的教授组成的评审专家库。各学科的评审专家由学位管理机构聘任,人数应不少于二十名,可以增补和改选。

学位管理机构应当根据高等学校、科学研究机构申请学位授予资格所涉及的学科,从对应学科的评审专家库中随机抽选九名专家组成专家评审组。专家评审组负责评议申请单位的申报材料,并在审阅材料、听取答辩、充分评议基础上进行无记名投票表决和提出评审意见。在专家评审组评议前,学位管理机构可以根据需要对申请单位的申报材料进行同行专家通讯评议。

专家评审可以采取现场答辩、实地考察、审阅材料、会议评审等方式。评议内容应当包括办学思想、规章制度、物质条件、人才队伍、科学研究水平、学科建设与教学质量等。

说明

为保障学位授予资格申请审查的科学合理,避免"外行领导内行",本条明确了专家参与原则和确立了专家评审制度。首先,明确应当按学科类型构建评审专家库,并明确专家库组成人员的资格条件与人数要求;其次,明确应根据申请单位申报材料所涉及的学科,从对应专家库中随机抽选专家组成评审组,负责申报材料评议;最后,明确专家评审的内容、形式及程序。

依据

《中华人民共和国高等教育法》

第二十九条第二款 审批设立高等学校,应当委托由专家组成的评议机构评议。

《政府采购评审专家管理办法》

第四条 财政部负责制定全国统一的评审专家专业分类标准和评审专家库建设标准,建设管理国家评审专家库。

省级人民政府财政部门负责建设本地区评审专家库并实行动态管理,与国家评审专家库互联互通、资源共享。

各级人民政府财政部门依法履行对评审专家的监督管理职责。

第五条 省级以上人民政府财政部门通过公开征集、单位推荐和自我推荐相结合的方式选聘评审专家。

第十二条 采购人或者采购代理机构应当从省级以上人民政府财政部门设立的评审专家库中随机抽取评审专家。

评审专家库中相关专家数量不能保证随机抽取需要的,采购人或者采购代理机构可以推荐符合条件的人员,经审核选聘入库后再随机抽取使用。

《博士硕士学位授权审核办法》(2017年版)

第十五条 新增博士硕士学位授予单位授权审核的基本程序是:

(一)符合新增博士硕士学位授予单位申请基本条件的普通高等学校向本地区省级学位委员会提出申请,报送材料。

(二)省级学位委员会对申请学校的资格和材料进行核查,将申请材料在本省(区、市)教育主管部门官方网站上向社会公开,并按有关规定对异议进行处理。

(三)省级学位委员会组织专家对符合申请条件的学校进行评议,并在此基础上召开省级学位委员会会议,研究提出拟新增博士硕士学位授予单位的推荐名单,在经不少于5个工作日公示后,报国务院学位委员会。

(四)国务院学位委员会组织专家对省级学位委员会推荐的拟新增博士学位授予单位、按照本办法第七条第二款推荐的拟新增博士硕士学位授予单位进行评议,专家应在博士学位授权高校校领导、国务院学位委员会学科评议组(以下简称"学科评议组")召集人、全国专业学位研究生教育指导委员会(以下简称"专业学位教指委")主任委员与副主任委员及秘书长范围内选聘。获得2/3(含)以上专家同意的确定为拟新增博士硕士学位授予单位。

经省级学位委员会推荐的符合硕士学位授予单位申请条件的学校,若无重大异议,可直接确定为拟新增硕士学位授予单位。

(五)国务院学位委员会将拟新增博士硕士学位授予单位名单向社会进行为期10个工作日的公示,并按有关规定对异议进行处理。

(六)国务院学位委员会审议批准新增博士硕士学位授予单位。

第十九条 新增博士硕士学位点的基本程序是:

(一)学位授予单位按照申报指南和学位点申请基本条件,确定申报的一级学科和专业学位类别,向本地区省级学位委员会提出申请,报送材料,并说明已有学位点的队伍与资源配置情况。

(二)省级学位委员会对学位授予单位的申请资格和申请材料进行核查,将申请材料在本省(区、市)教育主管部门的官方网站上向社会公开,并按有关规定对异议进行处理。

(三)省级学位委员会根据学位点的类型,组织专家对符合申请基本条件的博士硕士学位点进行评议,专家组人员中应包括相应学科评议组成员或专业学位教指委委员。

(四)省级学位委员会在专家组评议基础上召开省级学位委员会

会议,提出拟新增博士硕士学位点的推荐名单,在经不少于 5 个工作日公示后,报国务院学位委员会。

(五)国务院学位委员会委托学科评议组或专业学位教指委,对省级学位委员会推荐的拟新增博士学位点进行评议,获得 2/3(含)以上专家同意的确定为拟新增博士学位点。

(六)国务院学位委员会将拟新增博士硕士学位点名单向社会进行为期 10 个工作日的公示,并按有关规定对异议进行处理。

(七)国务院学位委员会审议批准新增博士硕士学位点。

第二十三条 自主审核单位须严格按照本单位自主审核实施办法和审核标准开展审核工作。对拟新增的学位点,应组织不少于 7 人的国内外同行专家进行论证。所有拟新增的学位点均须提交校学位评定委员会审议表决,获得全体委员 2/3(含)以上同意的视为通过。

自主审核单位可每年开展新增学位点审核,并于当年 10 月 31 日前,将本单位拟新增学位点报国务院学位委员会批准。

《关于改进学士学位授予单位审核工作的通知》

三、学士学位授予单位审核办法

1、国务院有关部委,各省、自治区、直辖市的教育主管部门负责学士学位授予单位的初审工作。初审工作采取同行专家评议和教育主管部门审核相结合的方式进行。

(1)各教育主管部门根据申请学校的情况,组织专家评议组到申请学校实地考察评审。专家评议组由教育主管部门就近聘请已有学士学位授予权学校和申请学校的与申请专业分成小组,每个专业小组 5—7 人,其中 60% 以上应具有副教授以上职务(或相当职务),外单位人员不得少于 2/3 并一般应具有副教授以上职务(或相当职务)。

《关于委托省(自治区、直辖市)学位委员会中国人民解放军学位委员会进行博士学位授权一级学科点初审和硕士学位授权一级学科点审核工作的通知》

四、省(自治区、直辖市)和军队学位委员会初审和审核

……

（三）各省（自治区、直辖市）和军队学位委员会组织专家组，对申请增列的授权点进行评议。在提交评审专家组评议前，可根据需要对申报授权点进行同行专家通讯评议。

对于申报的所有一级学科博士点和评审专家组认为有必要的一级学科硕士点，要逐一安排申报单位以答辩形式向评审专家组报告其申报授权点的有关情况并回答相关问题。根据需要，也可对相关申报授权点实地考察。

（四）评审专家组在审阅材料、听取答辩和充分评议的基础上，对各申报授权点进行无记名投票表决。获评审专家组投票表决成员三分之二或以上同意，且否决票不足三分之一者，方可作为专家组审核通过。

第十四条【信息公开】

学位管理机构应当将下列信息在公共平台公示，公示期不少于十五日：

（一）评审专家库名单以及专家评审小组成员；

（二）专家评审的方式、标准和结论；

（三）申请单位的申请材料；

（四）审核办法和审核结果；

（五）依法应当向社会公开的其他信息。

说明

为避免暗箱操作，维护学位授予资格审查的公信力和权威性，本条明确学位管理机构应当向社会公示评审专家库名单以及专家评审小组成员，专家评审的方式、标准和结论，申请单位的申请材料，审核办法和审核结果等情况，接受社会监督与同行质询。同时，明确公示期不得少于15日，以保证利害关系人有足够的时间了解情况、核查信息与提出建议。

依据

《中华人民共和国政府信息公开条例》

第十九条 对涉及公众利益调整、需要公众广泛知晓或者需要公众参与决策的政府信息，行政机关应当主动公开。

《学士学位授权与授予管理办法》

第二十一条　省级学位委员会应主动公开本地区、本系统学士学位相关信息,每年定期公开发布学士学位授予单位和授权专业名单。

《博士硕士学位授权审核办法》(2017年版)

第十五条　新增博士硕士学位授予单位授权审核的基本程序是:

(一)符合新增博士硕士学位授予单位申请基本条件的普通高等学校向本地区省级学位委员会提出申请,报送材料。

(二)省级学位委员会对申请学校的资格和材料进行核查,将申请材料在本省(区、市)教育主管部门官方网站上向社会公开,并按有关规定对异议进行处理。

(三)省级学位委员会组织专家对符合申请条件的学校进行评议,并在此基础上召开省级学位委员会会议,研究提出拟新增博士硕士学位授予单位的推荐名单,在经不少于5个工作日公示后,报国务院学位委员会。

(四)国务院学位委员会组织专家对省级学位委员会推荐的拟新增博士学位授予单位、按照本办法第七条第二款推荐的拟新增博士硕士学位授予单位进行评议,专家应在博士学位授权高校校领导、国务院学位委员会学科评议组(以下简称"学科评议组")召集人、全国专业学位研究生教育指导委员会(以下简称"专业学位教指委")主任委员与副主任委员及秘书长范围内选聘。获得2/3(含)以上专家同意的确定为拟新增博士硕士学位授予单位。

经省级学位委员会推荐的符合硕士学位授予单位申请条件的学校,若无重大异议,可直接确定为拟新增硕士学位授予单位。

(五)国务院学位委员会将拟新增博士硕士学位授予单位名单向社会进行为期10个工作日的公示,并按有关规定对异议进行处理。

(六)国务院学位委员会审议批准新增博士硕士学位授予单位。

第十九条　新增博士硕士学位点的基本程序是:

(一)学位授予单位按照申报指南和学位点申请基本条件,确定申报的一级学科和专业学位类别,向本地区省级学位委员会提出申请,报送材料,并说明已有学位点的队伍与资源配置情况。

(二)省级学位委员会对学位授予单位的申请资格和申请材料进行核查,将申请材料在本省(区、市)教育主管部门的官方网站上向社会公开,并按有关规定对异议进行处理。

(三)省级学位委员会根据学位点的类型,组织专家对符合申请基本条件的博士硕士学位点进行评议,专家组人员中应包括相应学科评议组成员或专业学位教指委委员。

(四)省级学位委员会在专家组评议基础上召开省级学位委员会会议,提出拟新增博士硕士学位点的推荐名单,在经不少于5个工作日公示后,报国务院学位委员会。

(五)国务院学位委员会委托学科评议组或专业学位教指委,对省级学位委员会推荐的拟新增博士学位点进行评议,获得2/3(含)以上专家同意的确定为拟新增博士学位点。

(六)国务院学位委员会将拟新增博士硕士学位点名单向社会进行为期10个工作日的公示,并按有关规定对异议进行处理。

(七)国务院学位委员会审议批准新增博士硕士学位点。

第二十二条 自主审核单位应制订本单位学位授权审核实施办法、学科建设与发展规划和新增博士硕士学位点审核标准,报国务院学位委员会备案,并向社会公开。自主审核单位新增博士硕士学位点审核标准应高于国家相应学科或专业学位类别的申请基本条件。

第十五条【许可决定】

学位管理机构应当在受理申请之日起九十日内,根据专家评审组的意见,作出审批决定并书面通知申请单位。

审批决定应当向社会公示,公示期不少于十五日。公示期内有异议的,学位管理机构应当组织复核。

说明

本条规定了关于学位授予资格的许可决定,其内容包括:一是明确作出审批决定的期限和计算起点,即在受理申请之日起90日内;二是明确审批决定应当依据专家评审组意见作出,坚持科学决策;

三是保障申请单位的知情权,规定审批决定应当以书面形式通知申请单位;四是保障公民知情权,规定审批决定应当向社会公示,并对异议的处理作了说明。

依据

《中华人民共和国教育法》

第二十二条第二款　经国家批准设立或者认可的学校及其他教育机构按照国家有关规定,颁发学历证书或者其他学业证书。

《中华人民共和国高等教育法》

第二十九条第一款　设立实施本科及以上教育的高等学校,由国务院教育行政部门审批;设立实施专科教育的高等学校,由省、自治区、直辖市人民政府审批,报国务院教育行政部门备案;设立其他高等教育机构,由省、自治区、直辖市人民政府教育行政部门审批。审批设立高等学校和其他高等教育机构应当遵守国家有关规定。

《中华人民共和国行政许可法》

第五条　设定和实施行政许可,应当遵循公开、公平、公正、非歧视的原则。

有关行政许可的规定应当公布;未经公布的,不得作为实施行政许可的依据。行政许可的实施和结果,除涉及国家秘密、商业秘密或者个人隐私的外,应当公开。未经申请人同意,行政机关及其工作人员、参与专家评审等的人员不得披露申请人提交的商业秘密、未披露信息或者保密商务信息,法律另有规定或者涉及国家安全、重大社会公共利益的除外;行政机关依法公开申请人前述信息的,允许申请人在合理期限内提出异议。

符合法定条件、标准的,申请人有依法取得行政许可的平等权利,行政机关不得歧视任何人。

第十六条【学位授权自主审核】

经国家学位管理机构批准实施学位授权自主审核的高等学校、科学研究机构,可以自主开展增设硕士、博士学位授予点审核。自主增设的学位授予点,应当报国家学位管理机构备案。具体条件和办法由国家学位管理机构制定。

说明

为深化学位授权审核改革,推进高等教育"放管服"改革,本条明确经国家学位管理机构批准的高等教育机构可以自主开展学位授权审核,自主增设学位授予点。同时,为规范学位授权审核行为,明确高等教育机构应将自主增设的学位授予点报国家学位管理机构备案,接受国家监督。

依据

《关于高等学校开展学位授权自主审核工作的意见》

一、高等学校开展学位授权自主审核工作是贯彻落实党的十九大关于"加快一流大学和一流学科建设,实现高等教育内涵式发展"的重要举措,是学位授权审核改革的重要内容,在激发办学活力、提高学科水平、发展交叉学科、形成特色优势、加快创新人才培养、开展高水平研究生教育、提升服务需求能力等方面都具有重要意义。

《学士学位授权与授予管理办法》

第十条 省级学位委员会可组织具有博士学位授予权的高等学校,开展本科专业的学士学位授权自主审核工作,审核结果由省级学位委员会批准。

《博士硕士学位授权审核办法》(2017年版)

第五条 新增学位授权审核分为新增博士硕士学位授予单位审核、学位授予单位新增博士硕士一级学科与专业学位类别(以下简称"新增博士硕士学位点")审核、自主审核单位新增学位点审核。其中,自主审核单位新增学位点审核是指根据国务院学位委员会的授权,具备条件的学位授予单位可以自主按需开展新增博士硕士学位点、新兴交叉学位点评审,评审通过的学位点报国务院学位委员会批准。

第二十条 国务院学位委员会根据研究生教育发展,逐步有序推进学位授予单位自主审核博士硕士学位点改革,鼓励学位授予单位内涵发展、形成特色优势、主动服务需求、开展高水平研究生教育。自主审核单位原则上应是我国研究生培养和科学研究的重要基地,学科整体水平高,具有较强的综合办学实力,在国内外享有较高的学术声誉和社会声誉。

第十七条【学位授予权】

经审批获得相应学科、专业学位授予资格的高等学校、科学研究机构为学位授予单位,享有学位授予权。

学位授予单位授予学位的学科、专业为学位授予点。

说明

本条明确高等教育机构经审批获得学位授予资格的,享有学位授予权,成为学位授予单位。同时对学位授予点作出了界定,即学位授予单位授予学位的学科、专业。

依据

《中华人民共和国学位条例》

第八条 学士学位,由国务院授权的高等学校授予;硕士学位、博士学位,由国务院授权的高等学校和科学研究机构授予。

授予学位的高等学校和科学研究机构(以下简称学位授予单位)及其可以授予学位的学科名单,由国务院学位委员会提出,经国务院批准公布。

第十八条【申请撤销】

学位授予单位可以根据本单位学科、专业需要,向原审批单位申请撤销学位授予点。具体办法由国家学位管理机构制定。

说明

基于现实需要和实际情况,本条明确学位授予单位可以向原审批单位申请撤销学位授予点。

依据

《学士学位授权与授予管理办法》

第九条 学士学位授予单位撤销的授权专业应报省级学位委员会备案。已获得学士学位授权的专业停止招生五年以上的,视为自动放弃授权,恢复招生的须按照新增本科专业重新申请学士学位授权。

《博士硕士学位授权审核办法》(2017年版)

第六条　学位授权点动态调整是指学位授予单位根据需求,自主撤销已有博士硕士学位点,新增不超过撤销数量的其他博士硕士学位点的学位授权点调整行为。具体实施办法按有关规定进行。

第三节　学位质量评估

第十九条【评估制度】

国家学位管理机构应当建立学位质量评估制度。

鼓励和支持社会力量参与学位质量评估。

说明

国家对学位的规制体现在两个层面:一是事前规制,即通过设定准入门槛,保证学位授予单位具有学位授予资格;二是事后规制,即通过建立评估制度,考查学位授予单位的教育教学与学位管理质量。为构建完整的学位规制体系,本条明确国家应建立学位质量评估制度。同时,为促进多元共治和社会参与,明确鼓励和支持社会力量参与学位质量评估。

依据

《中华人民共和国教育法》

第二十五条　国家实行教育督导制度和学校及其他教育机构教育评估制度。

第四十七条第二款　企业事业组织、社会团体及其他社会组织和个人,可以通过适当形式,支持学校的建设,参与学校管理。

《中华人民共和国学位条例》

第十八条　国务院对于已经批准授予学位的单位,在确认其不能保证所授学位的学术水平时,可以停止或撤销其授予学位的资格。

《学士学位授权与授予管理办法》

第二十二条　国务院学位委员会将学士学位质量监督纳入到学位质量保障体系。省级学位委员会应建立学士学位授权与授予质量评估制度和抽检制度,原则上在学士学位授予单位完成首次学位授予后对其进行质量评估,并定期对学士学位授予单位和授权专业进行质量抽检,加强对双学士学位、辅修学士学位、联合学士学位的质量监管;建立完善高等学历继续教育学士学位授予质量监督机制;对存在质量问题的学士学位授予单位或授权专业,可采取工作约谈、停止招生、撤销授权等措施。

《博士硕士学位授权审核办法》(2017年版)

第二十七条 学位授予单位存在下列情况之一的,应暂停新增学位点。

(一)生师比高于国家规定标准或高于本地区普通本科高校平均水平;

(二)学校经费总收入的生均数低于本地区普通本科高校平均水平;

(三)研究生奖助体系不健全,奖助经费落实不到位;

(四)研究生教育管理混乱,发生了严重的教育教学管理事件;

(五)在学位点合格评估、专项评估、学位论文抽检等质量监督工作中,存在较大问题;

(六)学术规范教育缺失,科研诚信建设机制不到位,学术不端行为查处不力。

第二十九条 新增学位授权点获得国务院学位委员会批准3年后,应按照《学位授权点合格评估办法》接受专项评估。

分设领域的专业学位类别,招收培养研究生的领域由学位授予单位自主确定,报国务院学位委员会办公室和省级学位委员会备案。此类专业学位点须按招生领域参加合格评估和专项评估,有任一领域评估不合格,则视为该专业学位类别评估不合格。

《学位授权点合格评估办法》

第二条 本办法中的学位授权点是指经国务院学位委员会审核批准的可以授予博士、硕士学位的学科和专业学位类别。

第三条 学位授权点合格评估遵循科学、客观、公正的原则,坚持底线思维,以研究生培养和学位授予质量为重点,学科条件保障与人才培养质量提升相统一。

第二十条【评估实施】

学位管理机构应当定期组织专家对已经批准的学位授予单位及学位授予点进行质量评估。评估的内容应当包括教学质量、科研质量和学位管理质量。评估具体办法由学位管理机构制定。

说明

为保障学位质量评估切实有效,本条明确:第一,定期组织学位质量评估,实现有序监管;第二,学位质量评估的内容包括教学、科研、学位管理三个方面,实现全方位质量控制;第三,由学位管理机构制定评估具体办法,实现规范的可操作化。

依据

《中华人民共和国教育法》

第二十五条　国家实行教育督导制度和学校及其他教育机构教育评估制度。

《中华人民共和国高等教育法》

第四十四条　高等学校应当建立本学校办学水平、教育质量的评价制度,及时公开相关信息,接受社会监督。

教育行政部门负责组织专家或者委托第三方专业机构对高等学校的办学水平、效益和教育质量进行评估。评估结果应当向社会公开。

《学士学位授权与授予管理办法》

第二十二条　国务院学位委员会将学士学位质量监督纳入到学位质量保障体系。省级学位委员会应建立学士学位授权与授予质量评估制度和抽检制度,原则上在学士学位授予单位完成首次学位授予后对其进行质量评估,并定期对学士学位授予单位和授权专业进行质量抽检,加强对双学士学位、辅修学士学位、联合学士学位的质量监管;建立完善高等学历继续教育学士学位授予质量监督机制;对存在质量问题的学士学位授予单位或授权专业,可采取工作约谈、停止招生、撤销授权等措施。

《博士硕士学位授权审核办法》(2017年版)

第二十九条　新增学位授权点获得国务院学位委员会批准3年后,应按照《学位授权点合格评估办法》接受专项评估。

分设领域的专业学位类别,招收培养研究生的领域由学位授予单位自主确定,报国务院学位委员会办公室和省级学位委员会备案。此类专业学位点须按招生领域参加合格评估和专项评估,有任一领域评估不合格,则视为该专业学位类别评估不合格。

《学位授权点合格评估办法》

第四条　学位授权点合格评估是我国学位授权审核制度和研究生培养管理制度的重要组成部分,分为专项合格评估和周期性合格评估。

(一)新增学位授权点获得学位授权满3年后,均应当接受专项合格评估。

(二)周期性合格评估每6年进行一轮次,每轮次评估启动时,获得学位授权满6年的学位授权点和专项合格评估结果达到合格的学位授权点,均应当接受周期性合格评估。

第五条　周期性合格评估分为学位授予单位自我评估和教育行政部门抽评两个阶段,以学位授予单位自我评估为主。学位授予单位应在每轮次评估第1年底前确认参评学位授权点,确认名单报省级教育行政部门备案,并于第5年底前完成自我评估;学位授权点未确认参评或未开展自我评估的情形将作为确定周期性合格评估结果的重要依据。教育行政部门在每轮次评估第6年开展抽评。

第十四条　专项合格评估由国务院学位委员会办公室统一组织,委托学科评议组和专业学位教指委实施。

(一)专项合格评估标准和要求不低于被评学位授权点增列时所遵循的学位授权点申请基本条件。

(二)评估结果按本办法第十一、十三条之规定进行处理,限期整改的学位授权点复评由国务院学位委员会办公室组织。

(三)未接受过合格评估(含专项合格评估和周期性合格评估)的学位授权点,正在接受专项合格评估的学位授权点,以及接受专项合格评估但评估结果未达到合格的学位授权点,不得申请撤销学位授权。

第二十一条【评估结果】

学位质量评估结果分为优秀、良好、合格、不合格四个等级,具体判断标准由学位管理机构制定。

学位管理机构对经质量评估确定不能保证所授学位质量的,责令限期整改;情节严重的,撤销相应学位授予资格。

自主开展增设硕士、博士学位授予点审核的学位授予单位,研究生培养质量达不到规定标准或者学位质量管理存在严重问题的,国家学位管理机构应当撤销其自主审核资格。

说明

本条明确了学位质量评估的结果和效力。一方面,规定学位质量评估结果分为四个等级,不同等级的判断标准由学位管理机构制定;另一方面,规定对评估不合格的学位授予单位的惩戒方式,明确可撤销学位授予资格,保证"有进有出"。

依据

《国务院学位委员会授权部分学位授予单位审批硕士学位授权学科、专业的试行办法》

六、各学位授予单位自行审批的硕士学位授权学科、专业,报国务院学位委员会备案后,国务院学位委员会如认为有必要,可授权学科评议组或其成员,对审批的硕士学位授权学科、专业的情况进行检查或复议。也可采取其它适当措施进行检查。如发现有不符合条件者,或未按规定程序审批的,将撤销其学位授予权,或停止或撤销学位授予单位自行审批权。

《学位授权点合格评估办法》

第九条 教育行政部门抽评基本程序

……

(六)评议结果。每位抽评专家审议抽评材料,对照本组学位授权点周期性合格评估标准,对学位授权点提出"合格"或"不合格"的评议意见,以及具体问题和改进建议。专家组应汇总每位专家意见,按照专家组的议事规则,形成对每个学位授权点的评议结果。全体专家的1/2以上(不含1/2)评议意见为"不合格"的学位授权点,评议结果为"不合格",其他情形为"合格"。

……

第十一条　国务院学位委员会办公室汇总学位授予单位自我评估结果,以及学科评议组、专业学位教指委、省级学位委员会抽评结果,进行形式审查。

对形式审查发现问题的,请有关学科评议组或专业学位教指委进行核实并补充相关材料;对审查通过的,按以下情形提出处理建议:

(一)对有如下情形之一的学位授权点,提出继续授权建议:

1. 自我评估结果为"合格"且未被抽评的学位授权点;

2. 抽评专家表决意见为"不合格"的比例不足1/3的学位授权点。

(二)对有如下情形之一的学位授权点,提出限期整改建议:

1. 自我评估结果为"不合格"的学位授权点;

2. 抽评专家表决意见为"不合格"的比例在1/3(含1/3)至1/2(含1/2)之间的学位授权点。

(三)对抽评专家表决意见为"不合格"的比例在1/2(不含1/2)以上的学位授权点,提出撤销学位授权建议。

第十三条　评估结果使用

(一)教育行政部门将各学位授予单位学位授权点合格评估结果作为教育行政部门监测"双一流"建设和地方高水平大学及学科建设项目的重要内容,作为研究生招生计划安排、学位授权点增列的重要依据。

(二)学位授予单位可在周期性合格评估自我评估阶段,根据自我评估情况,结合社会对人才的需求和自身发展情况,按学位授权点动态调整的有关办法申请放弃或调整部分学位授权点。学位授予单位不得在抽评阶段申请撤销周期性合格评估范围内的学位授权点。

(三)对于撤销授权的学位授权点,5年内不得申请学位授权,其在学研究生可按原渠道培养并按有关要求授予学位。

(四)限期整改的学位授权点在规定时间内暂停招生,进行整改。

整改完成后,博士学位授权点接受国务院学位委员会办公室组织的复评;硕士学位授权点接受有关省级学位委员会组织的复评。复评合格的,恢复招生;达不到合格的,经国务院学位委员会批准,撤销学位授权。根据抽评结果作限期整改处理的学位授权点,在整改期间不得申请撤销学位授权。

第二十二条【高校自评】

学位授予单位应当建立学位质量保障制度,加强招生、培养、学位授予等全过程的质量管理,并按年度向社会发布本单位的学位质量评估报告,接受社会监督,保证授予学位的质量。

说明

本条明确了学位授予单位应当自行开展学位质量评估,并按年度定期向社会发布评估报告,接受公众监督。

依据

《中华人民共和国教育法》

第三十条 学校及其他教育机构应当履行下列义务:

(一)遵守法律、法规;

(二)贯彻国家的教育方针,执行国家教育教学标准,保证教育教学质量;

(三)维护受教育者、教师及其他职工的合法权益;

(四)以适当方式为受教育者及其监护人了解受教育者的学业成绩及其他有关情况提供便利;

(五)遵照国家有关规定收取费用并公开收费项目;

(六)依法接受监督。

《学位授权点合格评估办法》

第七条 学位授予单位自我评估为诊断式评估,是对本单位学位授权点建设水平与人才培养质量的全面检查。学位授予单位应当全面检查学位授权点办学条件和培养制度建设情况,认真查找影响质量的突出问题,在自我评估期间持续做好改进工作,凝练特色。鼓励有条件的学位授予单位将自我评估与自主开展或参加的相关学科领域具有公信力的国际评估、教育质量认证等相结合。

第八条 学位授予单位自我评估基本程序

(一)根据学位授权点周期性合格评估基本条件、学位授权点自我评估工作指南,结合本单位和学位授权点实际,制定自我评估实施方案。

(二)组织学位授权点进行自我评估,应建立有学校特色的自我合格评估指标体系,对师资队伍、学科方向、人才培养数量质量和特色、科学研究、社会服务、学术交流、条件建设和制度保障等进行评价。把编制本单位《研究生教育发展质量年度报告》和《学位授权点建设年度报告》作为自我评估的重要环节之一,贯穿自我评估全过程。《研究生教育发展质量年度报告》和《学位授权点建设年度报告》经脱密处理后,应在本单位门户网站发布。

(三)根据国务院学位委员会办公室制订的数据标准,定期采集学位授权点基本状态信息,加强对本单位学位授权点质量状态的监测。

(四)组织校内外专家通过查阅材料、现场交流、实地考察等方式,对学位授权点开展评议,提出诊断式意见。专业学位授权点评议专家中,行业专家一般不少于专家人数的三分之一。

(五)根据专家评议意见,提出各学位授权点的自我评估结果,自我评估结果分为"合格"和"不合格"。作出自我评估结果所依据的标准和要求不得低于学位授权点周期性合格评估基本条件。对自我评估"不合格"的学位授权点,一般应在自评阶段结束前完成自主整改,整改后达到合格的按"合格"上报自我评估结果,达不到合格的按"不合格"上报自我评估结果。根据各学位授权点评议结果和整改情况,形成《学位授权点自我评估总结报告》。

(六)每轮周期性合格评估的第3年和第6年的3月底前,应当向国务院学位委员会办公室报送参评学位授权点截至上一年底的基本状态信息。

(七)每轮周期性合格评估第6年3月底前,向指定信息平台上传自我评估结果、自我评估总结报告、专家评议意见和改进建议,以及参评学位授权点连续5年的研究生培养方案。

第三章 学位的授予

第一节 学位授予标准

第二十三条【副学士、学士学位】

接受专科教育和本科教育,通过规定的课程考核或者修满相应学分,通过毕业论文或者毕业设计等毕业环节审查,表明学位申请人达到下列水平的,分别授予副学士学位、学士学位:

(一)在本学科或者专业领域较好地掌握基础理论、专门知识和基本技能;

(二)具有从事学术研究或者承担专业实践工作的初步能力。

说明

本条明确了学位授予单位授予副学士学位、学士学位的基础性标准。标准包括两项:一是在本学科或者专业领域较好地掌握基础理论、专门知识和基本技能;二是具有从事学术研究或承担专业实践工作的初步能力。

依据

《中华人民共和国学位条例》

第四条 高等学校本科毕业生,成绩优良,达到下述学术水平者,授予学士学位:

(一)较好地掌握本门学科的基础理论、专门知识和基本技能;

(二)具有从事科学研究工作或担负专门技术工作的初步能力。

《中华人民共和国学位条例暂行实施办法》

第三条 学士学位由国务院授权的高等学校授予。

高等学校本科学生完成教学计划的各项要求,经审核准予毕业,其课程学习和毕业论文(毕业设计或其他毕业实践环节)的成绩,表明确已较好地掌握本门学科的基础理论、专门知识和基本技能,并具有从事科学研究工作或担负专门技术工作的初步能力的,授予学士学位。

第四条 授予学士学位的高等学校,应当由系逐个审核本科毕业生的成绩和毕业鉴定等材料,对符合本暂行办法第三条及有关规定的,可向学校学位评定委员会提名,列入学士学位获得者的名单。

非授予学士学位的高等学校,对达到学士学术水平的本科毕业生,应当由系向学校提出名单,经学校同意后,由学校就近向本系统、本地区的授予学士学位的高等学校推荐。授予学士学位的高等学校有关的系,对非授予学士学位的高等学校推荐的本科毕业生进行审查考核,认为符合本暂行办法第三条及有关规定的,可向学校学位评定委员会提名,列入学士学位获得者的名单。

第五条 学士学位获得者的名单,经授予学士学位的高等学校学位评定委员会审查通过,由授予学士学位的高等学校授予学士学位。

第二十四条【硕士学位】

接受硕士研究生教育,通过规定的课程考核或者修满相应学分,完成学术研究训练或者专业实践训练,通过学位论文答辩或者规定的实践成果答辩,表明学位申请人达到下列水平的,授予硕士学位:

(一)在本学科或者专业领域掌握坚实的基础理论和系统的专门知识;

(二)学术学位申请人应当具有从事学术研究工作的能力,专业学位申请人应当具有承担专业实践工作的能力。

说明

本条明确了学位授予单位授予硕士学位的基础性标准。标准包括两项:一是在本学科或者专业领域掌握坚实的基础理论和系统的专门知识;二是学术学位申请人应当具有从事学术研究工作的能力,专业学位申请人应当具有承担专业实践工作的能力。

依据

《中华人民共和国学位条例》

第五条 高等学校和科学研究机构的研究生,或具有研究生毕业同等学力的人员,通过硕士学位的课程考试和论文答辩,成绩合格,达到下述学术水平者,授予硕士学位:

（一）在本门学科上掌握坚实的基础理论和系统的专门知识；

（二）具有从事科学研究工作或独立担负专门技术工作的能力。

《中华人民共和国学位条例暂行实施办法》

第七条 硕士学位的考试课程和要求：1.马克思主义理论课。要求掌握马克思主义的基本理论。2.基础理论课和专业课，一般为三至四门。要求掌握坚实的基础理论和系统的专门知识。3.一门外国语。要求比较熟练地阅读本专业的外文资料。

学位授予单位研究生的硕士学位课程考试，可按上述的课程要求，结合培养计划安排进行。

非学位授予单位研究生的硕士学位课程考试，由学位授予单位组织进行。凡经学位授予单位审核，认为其在原单位的课程考试内容和成绩合格的，可以免除部分或全部课程考试。

同等学力人员的硕士学位课程考试，由学位授予单位组织进行。

申请硕士学位人员必须通过规定的课程考试，成绩合格，方可参加论文答辩。规定考试的课程中，如有一门不及格，可在半年内申请补考一次；补考不及格的，不能参加论文答辩。

试行学分制的学位授予单位，应当按上述的课程要求，规定授予硕士学位所应取得的课程学分。申请硕士学位人员必须取得规定的学分后，方可参加论文答辩。

第八条第一款 硕士学位论文对所研究的课题应当有新的见解，表明作者具有从事科学研究工作或独立担负专门技术工作的能力。

第二十五条【博士学位】

接受博士研究生教育，通过规定的课程考核或者修满相应学分，完成学术研究训练或者专业实践训练，通过学位论文答辩或者规定的实践成果答辩，表明学位申请人达到下列水平的，授予博士学位：

（一）在本学科或者专业领域掌握坚实全面的基础理论和系统深入的专门知识；

（二）学术学位申请人应当具有独立从事学术研究工作的能力，专业学位申请人应当具有独立承担专业实践工作的能力；

(三)学术学位申请人应当在学术研究领域做出创新性成果,专业学位申请人应当在专业实践领域做出创新性成果。

说明

本条明确了学位授予单位授予博士学位的基础性标准,并区分了学术型博士和专业型博士的学位授予标准。标准包括三项:一是知识标准,即明确在本学科或者专业领域掌握坚实全面的基础理论和系统深入的专门知识;二是能力标准,即明确学术学位申请人应当具有独立从事学术研究工作的能力,专业学位申请人应当具有独立承担专业实践工作的能力;三是成果标准,即明确学术学位申请人应当在学术研究领域做出创新性成果,专业学位申请人应当在专业实践领域做出创新性成果。

依据

《中华人民共和国学位条例》

第六条　高等学校和科学研究机构的研究生,或具有研究生毕业同等学力的人员,通过博士学位的课程考试和论文答辩,成绩合格,达到下述学术水平者,授予博士学位:

(一)在本门学科上掌握坚实宽广的基础理论和系统深入的专门知识;

(二)具有独立从事科学研究工作的能力;

(三)在科学或专门技术上做出创造性的成果。

《中华人民共和国学位条例暂行实施办法》

第十条　博士学位由国务院授权的高等学校和科学研究机构授予。

申请博士学位人员应当在学位授予单位规定的期限内,向学位授予单位提交申请书和申请博士学位的学术论文等材料。学位授予单位应当在申请日期截止后两个月内进行审查,决定是否同意申请,并将结果通知申请人及其所在单位。

同等学力人员申请时,应当送交两位教授或相当职称的专家的推荐书。学位授予单位对未获得硕士学位的申请人员,可以在接受申请前,采取适当方式,考核其某些硕士学位的基础理论课和专业课。

申请人员不得同时向两个学位授予单位提出申请。

第十一条　博士学位的考试课程和要求:

1. 马克思主义理论课。要求较好地掌握马克思主义的基本理论。

2. 基础理论课和专业课。要求掌握坚实宽广的基础理论和系统深入的专门知识。考试范围由学位授予单位的学位评定委员会审定。基础理论课和专业课的考试,由学位授予单位学位评定委员会指定三位专家组成的考试委员会主持。考试委员会主席必须由教授、副教授或相当职称的专家担任。

3. 两门外国语。第一外国语要求熟练地阅读本专业的外文资料,并具有一定的写作能力;第二外国语要求有阅读本专业外文资料的初步能力。个别学科、专业,经学位授予单位的学位评定委员会审定,可只考第一外国语。

攻读博士学位研究生的课程考试,可按上述的课程要求,结合培养计划安排进行。

第十二条　申请博士学位人员必须通过博士学位的课程考试,成绩合格,方可参加博士学位论文答辩。

申请博士学位人员在科学或专门技术上有重要著作、发明、发现或发展的,应当向学位授予单位提交有关的出版著作、发明的鉴定或证明书等材料,经两位教授或相当职称的专家推荐,学位授予单位按本暂行办法第十一条审查同意,可以免除部分或全部课程考试。

第十三条　博士学位论文应当表明作者具有独立从事科学研究工作的能力,并在科学或专门技术上做出创造性的成果。博士学位论文或摘要,应当在答辩前三个月印送有关单位,并经同行评议。

学位授予单位应当聘请两位与论文有关学科的专家评阅论文,其中一位应当是外单位的专家。评阅人应当对论文写出详细的学术评语,供论文答辩委员会参考。

第二十六条【名誉博士】

经国家学位管理机构批准,学位授予单位可以对符合下列条件的个人授予名誉博士学位：

（一）学术造诣高深，取得重大成就，获得国际学术界公认的奖励；

（二）在维护世界和平与安全，扩大我国国际影响力、支持我国国家利益等方面作出特殊贡献；

（三）在促进我国与他国的友好往来和全面合作，繁荣我国经济，发展我国教育、科学、文化和卫生等事业方面作出重大贡献。

名誉博士学位授予、撤销的具体办法由国家学位管理机构制定。

说明

本条规定了名誉博士的授予条件和授予程序。符合授予名誉博士条件的个人主要有三类：学术造诣高深，取得重大成就，获得国际学术界公认的奖励；在维护世界和平与安全，扩大我国国际影响力、支持我国国家利益等方面作出特殊贡献；在促进我国与他国的友好往来和全面合作，繁荣我国经济，发展我国教育、科学、文化和卫生等事业方面作出重大贡献。程序方面，明确名誉博士学位由学位授予单位授予，但需要经国家学位管理机构批准。

依据

《中华人民共和国学位条例》

第十四条　对于国内外卓越的学者或著名的社会活动家，经学位授予单位提名，国务院学位委员会批准，可以授予名誉博士学位。

《中华人民共和国学位条例暂行实施办法》

第十六条　名誉博士学位由国务院授权授予博士学位的单位授予。

第十七条　授予名誉博士学位须经学位授予单位的学位评定委员会讨论通过，由学位授予单位报国务院学位委员会批准后授予。

第二十七条【学位授予自主标准】

学位授予单位应当根据本法第二十三条至第二十五条规定的条件，结合社会需要以及本单位的办学条件和学术要求，制定各学科、专业的学位授予具体标准并予以公布。

学位授予单位制定学位授予标准应当坚持科学和民主原则，充分听取教师以及学生的意见,并向社会公开。

说明

为充分保障高等教育机构享有《教育法》《高等教育法》所赋予的办学自主权和学术自由权,本条明确学位授予单位可以自主设定体现本单位特色的学位授予具体标准。学位授予单位制定学位授予自主标准,应当满足以下要求:一是坚持底线思维,不得低于国家设定的学位授予标准或与其相抵触;二是体现学位授予单位特色,综合考量社会需要、办学条件以及学术要求;三是推进裁量限缩,按照学科、专业类别制定具体的学位授予标准,反对学位授予单位制定概括性、抽象性的学位授予标准;四是保证程序正当,制定学位授予标准时应当听取教师及学生意见,并将结果向社会公开。

依据

《中华人民共和国学位条例暂行实施办法》

第二十五条 学位授予单位可根据本暂行实施办法,制定本单位授予学位的工作细则。

第二节 申请和受理

第二十八条【学位申请人】

遵守宪法和法律,在高等学校、科学研究机构学习或者通过国家规定的其他方式接受教育的个人,达到相应学业要求、学术水平或者专业水平的,可以按照本法规定向学位授予单位申请相应学位。

向学位授予单位申请学位授予的个人,为学位申请人。

说明

本条对学位申请人作出了界定,并明确申请学位需满足的条件。第一,采取"个人"表述,将本国公民、外国人、无国籍人都纳入学位申请人范围,体现学位教育的国际化。第二,取得学位申请人资格要达到相应法律标准和能力标准,法律标准旨在判断学位申请人是否存在严重侵犯我国宪法和法律的行为,能力标准旨在判断学位申请人是否具有申请学位的学术水平和专业技能。

依据

《中华人民共和国教育法》

第二十三条　国家实行学位制度。

学位授予单位依法对达到一定学术水平或者专业技术水平的人员授予相应的学位,颁发学位证书。

《中华人民共和国高等教育法》

第二十二条　国家实行学位制度。学位分为学士、硕士和博士。

公民通过接受高等教育或者自学,其学业水平达到国家规定的学位标准,可以向学位授予单位申请授予相应的学位。

第六十七条　中国境外个人符合国家规定的条件并办理有关手续后,可以进入中国境内高等学校学习、研究、进行学术交流或者任教,其合法权益受国家保护。

《中华人民共和国学位条例》

第二条　凡是拥护中国共产党的领导、拥护社会主义制度,具有一定学术水平的公民,都可以按照本条例的规定申请相应的学位。

第十五条　在我国学习的外国留学生和从事研究工作的外国学者,可以向学位授予单位申请学位。对于具有本条例规定的学术水平者,授予相应的学位。

《中华人民共和国学位条例暂行实施办法》

第二十一条　在我国学习的外国留学生申请学士学位,参照本暂行办法第三条及有关规定办理。

在我国学习的外国留学生和从事研究或教学工作的外国学者申请硕士学位或博士学位,参照本暂行办法的有关规定办理。

第二十九条【申请提出】

学位申请人应当在学位授予单位规定的期限内向其提出学位授予申请,并提交学位授予单位要求的申请材料。

说明

本条规定了学位授予申请的提出,明确了以下内容:第一,学位授予是依申请的行为,由学位申请人向学位授予单位提出;第二,学位授予是正式行为,学位申请人应当依照学位授予单位的规定,在特定期限内提交申请材料。

依据

《中华人民共和国学位条例暂行实施办法》

第六条第二款　申请硕士学位人员应当在学位授予单位规定的期限内,向学位授予单位提交申请书和申请硕士学位的学术论文等材料。学位授予单位应当在申请日期截止后两个月内进行审查,决定是否同意申请,并将结果通知申请人及其所在单位。

第十条第二款　申请博士学位人员应当在学位授予单位规定的期限内,向学位授予单位提交申请书和申请博士学位的学术论文等材料。学位授予单位应当在申请日期截止后两个月内进行审查,决定是否同意申请,并将结果通知申请人及其所在单位。

第三十条【申请受理】

学位授予单位应当在申请日期截止之日起三十个工作日内,完成对学位申请人提交材料的审查,作出是否受理的决定。

学位授予单位作出不受理决定的,应当书面通知学位申请人,说明理由并听取学位申请人的陈述、申辩。

学位授予单位作出受理决定后,应当公示学位申请人名单。公示期不少于十五日。公示期内有异议的,应当组织复核。

说明

本条是关于学位申请受理的程序性规定。为保障程序正当,本条对学位申请的受理时间、受理决定及其形式、不利决定的告知说理义务、受理名单公示及期限等作了规定。

依据

《中华人民共和国学位条例暂行实施办法》

第六条第二款　申请硕士学位人员应当在学位授予单位规定的期限内,向学位授予单位提交申请书和申请硕士学位的学术论文等材料。学位授予单位应当在申请日期截止后两个月内进行审查,决定是否同意申请,并将结果通知申请人及其所在单位。

第三节 审查与决定

第三十一条【申请审查】

学位授予单位应当在作出受理决定之日起三十日内,审查学位申请人的修读学分、课程考核、学位论文或者实践成果等相关材料,作出是否授予学位申请人相应学位的决定。

说明

本条是关于审查学位授予申请的一般规定,明确了以下内容:一是审查期限,审查期限为作出受理决定之日起 30 日内;二是审查内容,审查内容包括学位申请人的修读学分、课程考核、学位论文或者实践成果等;三是审查决定,要求在规定期限内作出是否授予学位的决定。

依据

《中华人民共和国学位条例暂行实施办法》

第七条第五款　申请硕士学位人员必须通过规定的课程考试,成绩合格,方可参加论文答辩。规定考试的课程中,如有一门不及格,可在半年内申请补考一次;补考不及格的,不能参加论文答辩。

第十二条第一款　申请博士学位人员必须通过博士学位的课程考试,成绩合格,方可参加博士学位论文答辩。

第三十二条【审查流程】

申请副学士、学士学位的,由学位评定委员会组织审查,作出是否授予副学士、学士学位的决议。

申请硕士、博士学位的,学位授予单位应当在组织答辩前,将学位申请人的学位论文或者实践成果送同行专家评阅。经同行专家评阅,符合学位授予单位规定的,组织学位答辩。经答辩同意授予学位的,由学位评定委员会在审核学位申请的基础上,作出是否授予硕士、博士学位的决议。

说明

本条是关于学位审查流程的一般规定。对副学士、学士学位的申请审查,明确由学位评定委员会组织审查并作出决议。对硕士、博士学位的申请审查,明确三个步骤:一是组织同行专家评阅学位论文或者实践成果;二是组织学位论文或者实践成果答辩;三是由学位评定委员会根据同行专家意见和答辩委员会意见,作出是否授予硕士、博士学位的决议。

依据

《中华人民共和国学位条例暂行实施办法》

第五条　学士学位获得者的名单,经授予学士学位的高等学校学位评定委员会审查通过,由授予学士学位的高等学校授予学士学位。

第六条第二款　申请硕士学位人员应当在学位授予单位规定的期限内,向学位授予单位提交申请书和申请硕士学位的学术论文等材料。学位授予单位应当在申请日期截止后两个月内进行审查,决定是否同意申请,并将结果通知申请人及其所在单位。

第十条第二款　申请博士学位人员应当在学位授予单位规定的期限内,向学位授予单位提交申请书和申请博士学位的学术论文等材料。学位授予单位应当在申请日期截止后两个月内进行审查,决定是否同意申请,并将结果通知申请人及其所在单位。

第三十三条【专家评阅】

学位授予单位应当聘请同行专家,评阅硕士、博士学位申请人的学位论文或者实践成果。

评阅人应当客观、公正评价学位申请人的学位论文或者实践成果,详细撰写评语,阐明评阅结果及其理由。

说明

本条是关于同行专家评阅的规定,明确了以下内容:一是由学位授予单位以聘任制形式邀请同行专家进行评阅;二是评阅对象为硕士、博士学位申请人提交的学位论文或者实践成果;三是规范评阅行为,要求评阅人进行客观公正的评阅,并以负责任的态度撰写评语。

依据

《中华人民共和国学位条例暂行实施办法》

第八条第二款　学位授予单位应当聘请一至二位与论文有关学

科的专家评阅论文。评阅人应当对论文写出详细的学术评语,供论文答辩委员会参考。

第十三条 博士学位论文应当表明作者具有独立从事科学研究工作的能力,并在科学或专门技术上做出创造性的成果。博士学位论文或摘要,应当在答辩前三个月印送有关单位,并经同行评议。

学位授予单位应当聘请两位与论文有关学科的专家评阅论文,其中一位应当是外单位的专家。评阅人应当对论文写出详细的学术评语,供论文答辩委员会参考。

第三十四条【学位答辩】

学位授予单位应当按照学科、专业组织硕士、博士学位答辩委员会。硕士学位答辩委员会组成人员应当不少于三人,主席由副教授以上或相当职称的专家担任。博士学位答辩委员会组成人员应当不少于五人,其中本单位外的同行专家应当不少于二人,主席由教授或相当职称的专家担任。

答辩委员会应当按照规定的程序组织答辩,以投票方式就学位申请人是否通过答辩进行表决,形成决议并当场宣布。答辩委员会组成人员应当认真、独立地履行职责,并对答辩决议负责。

除内容涉及国家秘密的外,答辩应当公开举行。答辩过程中形成的笔录应当向学位申请人公开。

说明

本条是关于学位答辩的规定,主要内容包括:一是明确答辩委员会分学科、分专业、分层级组建;二是明确硕士、博士学位答辩委员会组成人员的最低数量要求和主席的职称要求;三是明确答辩委员会组成人员应当认真、独立地履行职责,并对答辩决议承担责任;四是明确学位答辩的正当程序。

依据

《中华人民共和国学位条例》

第九条 学位授予单位,应当设立学位评定委员会,并组织有关学科的学位论文答辩委员会。

学位论文答辩委员会必须有外单位的有关专家参加,其组成人员由学位授予单位遴选决定。学位评定委员会组成人员名单由学位授予单位确定,报国务院有关部门和国务院学位委员会备案。

《中华人民共和国学位条例暂行实施办法》

第八条 硕士学位论文对所研究的课题应当有新的见解,表明作者具有从事科学研究工作或独立担负专门技术工作的能力。

学位授予单位应当聘请一至二位与论文有关学科的专家评阅论文。评阅人应当对论文写出详细的学术评语,供论文答辩委员会参考。

硕士学位论文答辩委员会由三至五人组成。成员中一般应当有外单位的专家。论文答辩委员会主席由副教授、教授或相当职称的专家担任。

论文答辩委员会根据答辩的情况,就是否授予硕士学位作出决议。决议采取不记名投票方式,经全体成员三分之二以上同意,方得通过。决议经论文答辩委员会主席签字后,报送学位评定委员会。会议应当有记录。

硕士学位论文答辩不合格的,经论文答辩委员会同意,可在一年内修改论文,重新答辩一次。

第十四条 博士学位论文答辩委员会由五至七人组成。成员的半数以上应当是教授或相当职称的专家。成员中必须包括二至三位外单位的专家。论文答辩委员会主席一般应当由教授或相当职称的专家担任。

论文答辩委员会根据答辩的情况,就是否授予博士学位作出决议。决议采取不记名投票方式,经全体成员三分之二以上同意,方得通过。决议经论文答辩委员会主席签字后,报送学位评定委员会。会议应当有记录。

博士学位的论文答辩一般应当公开举行;已经通过的博士学位论文或摘要应当公开发表(保密专业除外)。

博士学位论文答辩不合格的,经论文答辩委员会同意,可在两年内修改论文,重新答辩一次。

第三十五条【重新答辩】

学位论文或者实践成果答辩未通过的,经答辩委员会同意,可以在规定期限内修改,重新申请答辩。重新答辩的具体办法由学位授予单位制定。

重新答辩时,答辩委员会组成人员应当有半数以上原答辩委员会组成人员。

说明

本条是关于重新答辩的规定,主要有两点特色:一方面,为保障学位申请人的学位获得权,规定未通过答辩的学位申请人可以根据规定重新进行答辩;另一方面,为保障学位授予单位的办学自主权,规定重新答辩的具体办法由学位授予单位制定。

依据

《中华人民共和国学位条例暂行实施办法》

第八条第五款 硕士学位论文答辩不合格的,经论文答辩委员会同意,可在一年内修改论文,重新答辩一次。

第十四条第四款 博士学位论文答辩不合格的,经论文答辩委员会同意,可在两年内修改论文,重新答辩一次。

第三十六条【次级学位】

答辩委员会认为学位申请人虽未达到所申请学位的相应水平,但已达到所申请学位的次级学位的相应水平,且学位申请人尚未获得过本单位该学科、专业次级学位的,经学位申请人同意,可以作出建议授予次级学位的决议,报送学位评定委员会审定。

符合规定条件的学位申请人可以向学位授予单位申请授予次级学位。

说明

为保障学位申请人的合法权益,本条明确对未达到相应水平的学位申请人,若其已达到所申请学位的次级学位的相应水平,学位授予单位可以授予其次级学位。因涉及对学位申请人重大利益的调整,本条还明确授予次级学位必须获得学位申请人的同意,并赋予学位申请人请求权。

依据

《中华人民共和国学位条例暂行实施办法》

第十五条　博士学位论文答辩委员会认为申请人的论文虽未达到博士学位的学术水平,但已达到硕士学位的学术水平,而且申请人又尚未获得过该学科硕士学位的,可作出授予硕士学位的决议,报送学位评定委员会。

第三十七条【中止审查】

学位申请人有下列情况而无法参与学位答辩的,经书面申请,学位授予单位可以中止学位授予审查:

(一)妊娠、分娩;

(二)身患重病;

(三)遭遇严重意外;

(四)从事重要公共事务、参与重大公益活动或学术研究活动;

(五)其他无法参与学位答辩的情形。

影响参与学位答辩的事由消失后,经学位申请人申请,学位授予单位应当恢复学位授予审查。

说明

本条是关于中止学位授予审查的规定。中止审查涉及的特殊情形主要包括两类:一是学位申请人遇到生活中的困难,如学位申请人妊娠、分娩,身患重病或遭遇严重意外等情形;二是学位申请人遇到工作中的困难,如从事重要公共事务、参与重大活动或学术研究活动等情形。若出现上述特殊情形,依当事人申请,学位授予单位可以中止学位授予审查。

依据

本条立法参考国内主要高校学位授予工作细则和学籍管理的有关规定。

第四节　评议和授予

第三十八条【学位评定委员会职责】

学位授予单位设立学位评定委员会,依法履行下列职责:

（一）审议本单位学位授予的实施办法和具体标准；

（二）审议学位授予点的增设、撤销等事项；

（三）作出授予、不授予、撤销学位的决定；

（四）处理学位授予争议以及与学位相关的投诉举报；

（五）评估和监督本单位的学位授予质量；

（六）其他与学位管理与授予相关的事项。

说明

本条在参考现行立法的基础上，重新梳理和归纳了学位评定委员会的主要职责，包括审议本单位学位授予的实施办法和具体标准，审议学位授予点的增设、撤销等事项，作出授予、不授予、撤销学位的决定，处理学位授予争议以及与学位相关的投诉举报，评估和监督本单位的学位授予质量等。

依据

《中华人民共和国学位条例》

第九条 学位授予单位，应当设立学位评定委员会，并组织有关学科的学位论文答辩委员会。

学位论文答辩委员会必须有外单位的有关专家参加，其组成人员由学位授予单位遴选决定。学位评定委员会组成人员名单由学位授予单位确定，报国务院有关部门和国务院学位委员会备案。

《中华人民共和国学位条例暂行实施办法》

第十八条 学位授予单位的学位评定委员会根据国务院批准的授予学位的权限，分别履行以下职责：

（一）审查通过接受申请硕士学位和博士学位的人员名单；

（二）确定硕士学位的考试科目、门数和博士学位基础理论课和专业课的考试范围，审批主考人和论文答辩委员会成员名单；

（三）通过学士学位获得者的名单；

（四）作出授予硕士学位的决定；

（五）审批申请博士学位人员免除部分或全部课程考试的名单；

（六）作出授予博士学位的决定；

（七）通过授予名誉博士学位的人员名单；

（八）作出撤销违反规定而授予学位的决定；

（九）研究和处理授予学位的争议和其他事项。

第三十九条【学位评定委员会组成】

学位评定委员会应当由学位授予单位具有高级专业技术职务的负责人、教学科研人员组成，成员数量应当为九人以上的单数，每届成员任期二至四年。学位评定委员会主席由学位授予单位主要行政负责人担任。

学位评定委员会可以按学科、专业设置若干分委员会。分委员会负责协助学位评定委员会开展工作，并接受委托履行相应职责。

学位评定委员会及分委员会的组成人员、任期、职责分工、工作程序等由学位授予单位确定并公布。

说明

本条是关于学位评定委员会组成的规定。第一款规定了学位评定委员会组成人员的人数要求、职称要求、任期要求。第二款则规定了学位评定委员会分委员会的设立及其职责。第三款规定了学位评定委员会及分委员会的组成人员、任期等由学位授予单位确定并公布。

依据

《中华人民共和国学位条例》

第九条 学位授予单位，应当设立学位评定委员会，并组织有关学科的学位论文答辩委员会。

学位论文答辩委员会必须有外单位的有关专家参加，其组成人员由学位授予单位遴选决定。学位评定委员会组成人员名单由学位授予单位确定，报国务院有关部门和国务院学位委员会备案。

《中华人民共和国学位条例暂行实施办法》

第十九条 学位授予单位的学位评定委员会由九至二十五人组成，任期二至三年。成员应当包括学位授予单位主要负责人和教学、研究人员。

授予学士学位的高等学校,参加学位评定委员会的教学人员应当从本校讲师以上教师中遴选。授予学士学位、硕士学位和博士学位的单位,参加学位评定委员会的教学、研究人员,主要应当从本单位副教授、教授或相当职称的专家中遴选。授予博士学位的单位,学位评定委员会中至少应当有半数以上的教授或相当职称的专家。

学位评定委员会主席由学位授予单位具有教授、副教授或相当职称的主要负责人(高等学校校长,主管教学、科学研究和研究生工作的副校长,或科学研究机构相当职称的人员)担任。

学位评定委员会可以按学位的学科门类,设置若干分委员会,各由七至十五人组成,任期二至三年。分委员会主席必须由学位评定委员会委员担任。分委员会协助学位评定委员会工作。

学位评定委员会成员名单,应当由各学位授予单位报主管部门批准,主管部门转报国务院学位委员会备案。

学位评定委员会可根据需要,配备必要的专职或兼职的工作人员,处理日常工作。

第四十条【学位评定委员会会议】

学位评定委员会审议第三十八条第一项至第四项所列事项或者其他重大事项的,应当通过会议进行,并有全体组成人员的三分之二以上出席。

审议事项以无记名投票方式进行表决,由全体组成人员过半数通过。不同意的,应当说明理由并记录在案。

说明

本条是关于学位评定委员会会议的有关规定。第一,明确学位评定委员会对于重大事项,应当通过会议形式进行审议,并就参与审议的人员数量作了要求。第二,明确学位评定委员会审议的工作流程。

依据

《中华人民共和国学位条例》

第十条第二款　学位评定委员会负责审查通过学士学位获得者

的名单;负责对学位论文答辩委员会报请授予硕士学位或博士学位的决议,作出是否批准的决定。决定以不记名投票方式,经全体成员过半数通过。决定授予硕士学位或博士学位的名单,报国务院学位委员会备案。

第四十一条【学位的授予】

学位评定委员会应当在学位授予申请日期截止之日起六十个工作日内作出授予学位或者不授予学位的决定。作出授予学位决定的,应当向社会公示授予学位的人员名单。

学位申请人自学位评定委员会作出授予其学位决定之日起获得相应的学位,成为学位获得者。学位授予单位应当向学位获得者颁发相应的学位证书。

学位授予单位应当将授予学位的人员名单及相关信息,报送地方学位管理机构。地方学位管理机构应当将本行政区域的学位授予信息报国家学位管理机构备案。

说明

本条是关于学位授予的规定,主要内容包括:第一,明确学位授予单位作出授予或不授予学位决定的期限,同时区分作出授予或不授予学位决定后的程序要求,以正当程序的导入规范学位授予行为;第二,明确学位获得的时间点,并规定学位授予单位具有向学位获得者颁发学位证书的义务;第三,明确学位授予信息的报送和备案程序,加强对学位授予单位的学位授予活动的政府规制。

依据

《中华人民共和国学位条例》

第十条第二款 学位评定委员会负责审查通过学士学位获得者的名单;负责对学位论文答辩委员会报请授予硕士学位或博士学位的决议,作出是否批准的决定。决定以不记名投票方式,经全体成员过半数通过。决定授予硕士学位或博士学位的名单,报国务院学位委员会备案。

第十一条 学位授予单位,在学位评定委员会作出授予学位的决议后,发给学位获得者相应的学位证书。

第四十二条【不授予和撤销学位】

学位申请人、学位获得者在攻读该学位的过程中有下列情形之一的,经学位评定委员会决议,学位授予单位应当不授予或者撤销其学位:

(一)学位论文或者实践成果被认定为存在代写、剽窃、伪造等学术不端行为;

(二)盗用、冒用他人身份,顶替他人取得的入学资格,或者以其他非法手段取得入学资格、毕业证书;

(三)攻读期间存在依法不应当授予学位的其他严重违法行为。

学位授予单位拟作出不授予或者撤销学位决定的,应当告知学位申请人或者学位获得者拟作出决定的事实依据和法律依据,听取其陈述和申辩。

说明

为打击与学位相关联的学术不端行为和严重违法行为,本条明确了不授予和撤销学位的情形。一方面,坚持底线思维,对"学位论文或者实践成果被认定为存在代写、剽窃、伪造等学术不端行为"和"盗用、冒用他人身份,顶替他人取得的入学资格,或者以其他非法手段取得入学资格、毕业证书"的行为予以严格惩戒,通过反向激励督促受教育者严守学术纪律和道德纪律。另一方面,保障行为人的合法权益,规定说明理由、听取陈述和申辩等正当程序,以防学位授予单位错判、误判。

依据

《中华人民共和国学位条例》

第十七条 学位授予单位对于已经授予的学位,如发现有舞弊作伪等严重违反本条例规定的情况,经学位评定委员会复议,可以撤销。

《高等学校预防与处理学术不端行为办法》

第二十七条 经调查,确认被举报人在科学研究及相关活动中有下列行为之一的,应当认定为构成学术不端行为:

(一)剽窃、抄袭、侵占他人学术成果;

(二)篡改他人研究成果;

(三)伪造科研数据、资料、文献、注释,或者捏造事实、编造虚假研究成果;

(四)未参加研究或创作而在研究成果、学术论文上署名,未经他人许可而不当使用他人署名,虚构合作者共同署名,或者多人共同完成研究而在成果中未注明他人工作、贡献;

(五)在申报课题、成果、奖励和职务评审评定、申请学位等过程中提供虚假学术信息;

(六)买卖论文、由他人代写或者为他人代写论文;

(七)其他根据高等学校或者有关学术组织、相关科研管理机构制定的规则,属于学术不端的行为。

第二十八条 有学术不端行为且有下列情形之一的,应当认定为情节严重:

(一)造成恶劣影响的;

(二)存在利益输送或者利益交换的;

(三)对举报人进行打击报复的;

(四)有组织实施学术不端行为的;

(五)多次实施学术不端行为的;

(六)其他造成严重后果或者恶劣影响的。

第二十九条第五款 学术不端行为与获得学位有直接关联的,由学位授予单位作暂缓授予学位、不授予学位或者依法撤销学位等处理。

第四十三条【论文的保存】

学位授予单位应当保存学位申请人的申请材料和学位论文、实践成果等档案资料,并加强涉密管理。

博士学位论文应当同时交存国家图书馆和有关专业图书馆。

说明

本条明确了学位论文及实践成果的保存要求:一是要求学位授予单位依法保存相关材料,并加强涉密管理;二是要求将博士学位论文交存国家图书馆和有关专业图书馆。

依据

《中华人民共和国学位条例暂行实施办法》

第二十三条　已经通过的硕士学位和博士学位的论文,应当交存学位授予单位图书馆一份;已经通过的博士学位论文,还应当交存北京图书馆和有关的专业图书馆各一份。

第四十四条【学位证书的使用】

任何组织和个人不得违法颁发和使用学位证书。

违法颁发学位证书的,由教育行政部门宣布证书无效,并依照《中华人民共和国教育法》的有关规定处理。

说明

本条是关于学位证书使用的规定。一方面,要求不得违法颁发和使用学位证书;另一方面,明确了对违法颁发学位证书的处理方式。

依据

《学位证书和学位授予信息管理办法》

第一条　为规范学位证书制发,加强学位授予信息管理,根据《中华人民共和国高等教育法》和《中华人民共和国学位条例》及其暂行实施办法,制定本办法。

第二条　学位证书是学位获得者达到相应学术水平的证明,由授予学位的高等学校和科学研究机构(简称"学位授予单位")制作并颁发给学位获得者。本办法所指学位证书为博士学位证书、硕士学位证书和学士学位证书。

第四章　学位争议处理

第一节　学位管理争议的处理

第四十五条【学位授予单位的复核申请】

学位授予单位对学位管理机构作出的学位质量评估结论不服

的,可以自评估结论公布之日起十五日内,以书面形式向学位管理机构申请复核。学位管理机构应当自收到复核申请之日起三十日内作出复核决定并送达复核申请人。

说明

本条是关于学位授予单位复核申请的规定。

依据

《中华人民共和国公职人员政务处分法》

第五十五条第一款 公职人员对监察机关作出的涉及本人的政务处分决定不服的,可以依法向作出决定的监察机关申请复审;公职人员对复审决定仍不服的,可以向上一级监察机关申请复核。

第四十六条【学位授予单位的复议申请】

学位授予单位对学位管理机构下列行政决定不服的,可以依法申请行政复议:

(一)不批准或者撤销学位授予资格;

(二)认定学位授予单位的决定无效;

(三)对学位授予单位实施行政处罚;

(四)侵害学位授予单位合法权益的其他行政决定。

说明

本条是关于准用《行政复议法》的规定。本条采取非封闭式列举的方式明确了可以提起行政复议的学位管理纠纷类型,以帮助学位授予单位和复议机关明确行政复议受案范围,减少争议。

依据

《中华人民共和国行政复议法》

第二条 公民、法人或者其他组织认为行政机关的行政行为侵犯其合法权益,向行政复议机关提出行政复议申请,行政复议机关办理行政复议案件,适用本法。

前款所称行政行为,包括法律、法规、规章授权的组织的行政行为。

第十一条 有下列情形之一的,公民、法人或者其他组织可以依照本法申请行政复议:

（一）对行政机关作出的行政处罚决定不服；

（二）对行政机关作出的行政强制措施、行政强制执行决定不服；

（三）申请行政许可，行政机关拒绝或者在法定期限内不予答复，或者对行政机关作出的有关行政许可的其他决定不服；

（四）对行政机关作出的确认自然资源的所有权或者使用权的决定不服；

（五）对行政机关作出的征收征用决定及其补偿决定不服；

（六）对行政机关作出的赔偿决定或者不予赔偿决定不服；

（七）对行政机关作出的不予受理工伤认定申请的决定或者工伤认定结论不服；

（八）认为行政机关侵犯其经营自主权或者农村土地承包经营权、农村土地经营权；

（九）认为行政机关滥用行政权力排除或者限制竞争；

（十）认为行政机关违法集资、摊派费用或者违法要求履行其他义务；

（十一）申请行政机关履行保护人身权利、财产权利、受教育权利等合法权益的法定职责，行政机关拒绝履行、未依法履行或者不予答复；

（十二）申请行政机关依法给付抚恤金、社会保险待遇或者最低生活保障等社会保障，行政机关没有依法给付；

（十三）认为行政机关不依法订立、不依法履行、未按照约定履行或者违法变更、解除政府特许经营协议、土地房屋征收补偿协议等行政协议；

（十四）认为行政机关在政府信息公开工作中侵犯其合法权益；

（十五）认为行政机关的其他行政行为侵犯其合法权益。

第四十七条【学位申请人的参与】

学位授予单位与学位管理机构之间的争议涉及学位申请人利益的，应当告知学位申请人并听取其陈述、申辩。

学位申请人依法可以作为第三人申请参与学位授予单位与学位管理机构之间的复议和诉讼。

说明

本条是关于学位申请人参与争议处理的规定。在很多情况下,学位授予单位对教育行政部门提起的诉讼、复议相当于学位申请人的"公益诉讼"和"公益复议"。为切实保障学位申请人的合法权益,本条明确当学位授予单位与学位管理机构之间的争议涉及学位申请人的利益时,应当听取学位申请人的陈述和申辩。

依据

《中华人民共和国行政诉讼法》

第二十九条第一款 公民、法人或者其他组织同被诉行政行为有利害关系但没有提起诉讼,或者同案件处理结果有利害关系的,可以作为第三人申请参加诉讼,或者由人民法院通知参加诉讼。

《中华人民共和国行政复议法》

第十六条第一款 申请人以外的同被申请行政复议的行政行为或者行政复议案件处理结果有利害关系的公民、法人或者其他组织,可以作为第三人申请参加行政复议,或者由行政复议机构通知其作为第三人参加行政复议。

第二节 学位授予争议的处理

第四十八条【校内申诉】

有下列情形之一的,学位申请人可以向学位授予单位提出申诉:

(一)对不受理学位授予申请决定不服的;

(二)对不授予或撤销学位决定不服的;

(三)对学位答辩委员会的组成、程序、决议有异议的。

学位授予单位应当在收到申诉申请之日起三十日内,作出处理决定并送达申诉人。

说明

本条是关于对不受理学位授予申请等的复核规定。针对实践中学位授予单位不受理学位授予申请等情况,明确了复核这一内部救济形式。

依据

《中华人民共和国教育法》

第四十三条 受教育者享有下列权利:

(一)参加教育教学计划安排的各种活动,使用教育教学设施、设备、图书资料;

(二)按照国家有关规定获得奖学金、贷学金、助学金;

(三)在学业成绩和品行上获得公正评价,完成规定的学业后获得相应的学业证书、学位证书;

(四)对学校给予的处分不服向有关部门提出申诉,对学校、教师侵犯其人身权、财产权等合法权益,提出申诉或者依法提起诉讼;

(五)法律、法规规定的其他权利。

第四十九条【行政复议】

学位申请人对学位授予单位的复核决定不服的,可以依法提起行政复议。

说明

本条明确学位申请人对学位授予单位的复核决定不服的,可以依法提起行政复议。

依据

《中华人民共和国行政复议法》

第二条 公民、法人或者其他组织认为行政机关的行政行为侵犯其合法权益,向行政复议机关提出行政复议申请,行政复议机关办理行政复议案件,适用本法。

前款所称行政行为,包括法律、法规、规章授权的组织的行政行为。

第十一条 有下列情形之一的,公民、法人或者其他组织可以依照本法申请行政复议:

(一)对行政机关作出的行政处罚决定不服;

(二)对行政机关作出的行政强制措施、行政强制执行决定不服;

(三)申请行政许可,行政机关拒绝或者在法定期限内不予答复,或者对行政机关作出的有关行政许可的其他决定不服;

（四）对行政机关作出的确认自然资源的所有权或者使用权的决定不服；

（五）对行政机关作出的征收征用决定及其补偿决定不服；

（六）对行政机关作出的赔偿决定或者不予赔偿决定不服；

（七）对行政机关作出的不予受理工伤认定申请的决定或者工伤认定结论不服；

（八）认为行政机关侵犯其经营自主权或者农村土地承包经营权、农村土地经营权；

（九）认为行政机关滥用行政权力排除或者限制竞争；

（十）认为行政机关违法集资、摊派费用或者违法要求履行其他义务；

（十一）申请行政机关履行保护人身权利、财产权利、受教育权利等合法权益的法定职责，行政机关拒绝履行、未依法履行或者不予答复；

（十二）申请行政机关依法给付抚恤金、社会保险待遇或者最低生活保障等社会保障，行政机关没有依法给付；

（十三）认为行政机关不依法订立、不依法履行、未按照约定履行或者违法变更、解除政府特许经营协议、土地房屋征收补偿协议等行政协议；

（十四）认为行政机关在政府信息公开工作中侵犯其合法权益；

（十五）认为行政机关的其他行政行为侵犯其合法权益。

第五十条【行政诉讼】

学位申请人对行政复议决定不服的，可以依法向人民法院提起行政诉讼。

说明

本条参考《行政复议法》的相关规定，明确学位申请人对复议机关决定不服的，可以依法提起行政诉讼。

依据

《中华人民共和国行政复议法》

第十条 公民、法人或者其他组织对行政复议决定不服的，可以依照《中华人民共和国行政诉讼法》的规定向人民法院提起行政诉讼,但是法律规定行政复议决定为最终裁决的除外。

第五章 法律责任

第五十一条【违法审批责任】

学位管理机构违反本法规定批准或者撤销学位授予资格,不依照本法规定的条件或程序办理有关学位的行政复议事项,或者工作人员徇私舞弊,有渎职、失职行为的,对直接负责的主管人员和其他直接责任人员依法给予行政处分;构成犯罪的,依法追究刑事责任。

说明

本条规定了学位管理机构违法审批的责任。违法包括三种情况:第一,违法批准或撤销学位授予资格;第二,行政复议过程中违法;第三,工作人员存在徇私舞弊或渎职、失职行为。

依据

《中华人民共和国行政复议法》

第八十一条 行政复议机关工作人员在行政复议活动中,徇私舞弊或者有其他渎职、失职行为的,依法给予警告、记过、记大过的处分;情节严重的,依法给予降级、撤职、开除的处分;构成犯罪的,依法追究刑事责任。

第五十二条【不履行信息公开义务责任】

学位管理机构不依法履行信息公开义务的,由监察机关、上一级行政机关责令改正;情节严重的,对行政机关直接负责的主管人员和其他直接责任人员依法给予处分;构成犯罪的,依法追究刑事责任。

说明

本条是学位管理机构不依法履行信息公开义务而应承担法律责任的规定。为使学位管理机构切实履行信息公开义务,应当对其法律责任作出明确的规定。其中,监察机关、上一级行政机关都可以行使"责令改正"的权力。

依据

《中华人民共和国政府信息公开条例》

第五十三条　行政机关违反本条例的规定,有下列情形之一的,由上一级行政机关责令改正;情节严重的,对负有责任的领导人员和直接责任人员依法给予处分;构成犯罪的,依法追究刑事责任:

(一)不依法履行政府信息公开职能;

(二)不及时更新公开的政府信息内容、政府信息公开指南和政府信息公开目录;

(三)违反本条例规定的其他情形。

第五十三条【赔偿责任】

学位管理机构及其工作人员的学位管理行为违法,并给学位申请人造成损失的,应当依法承担赔偿责任。

说明

本条规定了学位管理机构及其工作人员的基本赔偿责任,特别明确赔偿责任的承担应当以学位管理行为违法为前提。

依据

《中华人民共和国国家赔偿法》

第二条　国家机关和国家机关工作人员行使职权,有本法规定的侵犯公民、法人和其他组织合法权益的情形,造成损害的,受害人有依照本法取得国家赔偿的权利。

本法规定的赔偿义务机关,应当依照本法及时履行赔偿义务。

第五十四条【学位授予决定无效责任】

学位授予单位违反本法规定,有下列情形之一的,其授予学位的决定或者不授予学位的决定无效,由学位管理机构责令其改正:

(一)超越所获批准的学位授予范围,授予学位;

(二)未依照本法规定的条件和程序授予学位或者不授予学位;

(三)未依照本法规定的条件和程序撤销学位;

(四)其他违反本法规定的行为。

学位管理机构可以根据情节轻重,对学位授予单位分别给予通报、停止授予学位、撤销学位授予资格等处理;对直接责任人员,由所在单位或者其上级主管部门依法给予行政处分。

说明

本条规定了学位授予决定无效的情形和相关的法律责任。明确撤销学位的理由必须是法定理由。

依据

《中华人民共和国行政复议法》

第六十四条　行政行为有下列情形之一的,行政复议机关决定撤销或者部分撤销该行政行为,并可以责令被申请人在一定期限内重新作出行政行为:

(一)主要事实不清、证据不足;

(二)违反法定程序;

(三)适用的依据不合法;

(四)超越职权或者滥用职权。

行政复议机关责令被申请人重新作出行政行为的,被申请人不得以同一事实和理由作出与被申请行政复议的行政行为相同或者基本相同的行政行为,但是行政复议机关以违反法定程序为由决定撤销或者部分撤销的除外。

《关于做好博士研究生学位授予工作的通知》

主管部门对所属单位的学位评定委员会批准授予博士学位的质量有检查、监督的权力和责任。凡发现有不符合学位条例有关规定和本文各项要求的,主管部门应督促有关单位的学位评定委员会及时纠正。

第五十五条【评估不合格责任】

学位授予单位制度不健全、管理混乱,连续两次经高等教育评估中心评估不合格或者其学位申请者的学位论文出现多起或者连续出现购买、代写或者抄袭、剽窃等作假情形的,由学位管理机构停止或者撤销其授予学位的资格;并由有关主管部门按照国家有关规定对负有直接管理责任的学位授予单位负责人进行问责。

说明

本条明确了学位授予单位承担法律责任的两种情况：一是连续两次经高等教育评估中心评估不合格（注意是连续两次）；二是学位申请者的学位论文出现多起或者连续出现购买、代写或者抄袭、剽窃等作假情形的。学位授予单位承担的责任包括两类：第一，由学位管理机构停止或者撤销其授予学位的资格；第二，由有关主管部门按照国家有关规定对负有直接管理责任的学位授予单位负责人进行问责。

依据

《关于对学位论文作假行为的暂行处理办法（征求意见稿）》

第十一条　学位授予单位制度不健全、管理混乱，其学位申请者的学位论文出现多起或者连续出现购买、他人代写或者抄袭、剽窃等作假情形的，由国务院或者省级学位委员会停止或者撤销其授予学位的资格；由国务院或者省级教育行政部门核减其招生名额；并由有关主管部门按照国家有关规定对负有直接管理责任的学位授予单位负责人进行问责。

第五十六条【擅自颁发学位责任】

未经批准擅自颁发学位，扰乱学位管理秩序的，由学位管理机构责令改正并依法给予行政处罚，构成犯罪的，依法追究刑事责任。

说明

本条是关于学位授予单位擅自颁发学位的责任规定。其中，"未经批准擅自颁发学位，扰乱学位管理秩序"是指未经批准擅自颁发学位而导致学位管理秩序被扰乱。扰乱学位管理秩序是未经批准擅自颁发学位的必然结果，而非"未经批准擅自颁发学位"且"扰乱学位管理秩序"之意。

依据

《中华人民共和国行政处罚法》

第八条　公民、法人或者其他组织因违法行为受到行政处罚，其违法行为对他人造成损害的，应当依法承担民事责任。

违法行为构成犯罪,应当依法追究刑事责任的,不得以行政处罚代替刑事处罚。

第五十七条【学位授予舞弊责任】

对已经授予的学位,如发现有舞弊作伪等违反本法规定的情形,由学位授予单位学位评定委员会撤销学位,并由学位授予单位或者其上级主管部门根据调查认定结果,对相关学生、教师和其他负有直接责任的管理人员给予处分或者其他处理。

说明

本条规定了学位授予舞弊的个人责任。承担个人责任的主体分为三类:学生(学位申请人)、教师和其他负有直接责任的管理人员。

依据

《关于对学位论文作假行为的暂行处理办法(征求意见稿)》

第六条 学位申请者的学位论文出现购买、他人代写、或者抄袭、剽窃等作假情形的,取消其学位申请资格;已经获得学位的,依法撤销其学位。取消学位申请资格或者撤销学位的,从处理决定之日起3年内,各学位授予单位不得再接受其学位申请。

前款规定的学位申请者为在读学生的,由学位授予单位视情节轻重给予记过以上处分;为在职人员的,由学位授予单位通报其所在单位。

第五十八条【不当使用学位证书责任】

对非法制作、伪造、变造或者贩卖学位证书的,依据刑法有关规定追究刑事责任。

说明

本条是关于不当使用学位证书法律责任的规定。针对部分人违法办学,冒用学位授予单位的标志或伪造、变造、不当使用学位证书的情况,学位立法必须明确其法律责任。

依据

本条参考我国澳门特别行政区《澳门大学章程》的规定。该章程指出,如果行为人利用澳门大学的校标误导公众,使公众相信当事人在澳门大学攻读学位或已获得澳门大学的学位,违法者须负纪律或行政责任,但不影响可能须负的民事或刑事责任。

第六章 附 则

第五十九条【境外学位的认证】

国家实行境外学位认证制度。认证境外学位的具体办法由国家学位管理机构制定。

说明

本条规定了境外学位认证制度,以满足学位国际化需要。

依据

《中华人民共和国教育法》

第六十八条 中国境内公民出国留学、研究、进行学术交流或者任教,依照国家有关规定办理。

《国(境)外学历学位认证评估程序和标准(试行)》

第一条 为提高国(境)外学历学位认证(简称"学历认证")的专业化水平,保证学历认证的科学性、准确性、连续性和权威性,依据有关的中华人民共和国("中国")法律、法规和中国国务院教育行政部门的有关规定和政策,特制定本评估程序和标准(简称"本标准")。

第六十条【联合办学的学位】

学位授予单位与境外高等教育机构联合办学,其学位设置、申请、授予和管理等活动,按照国家有关规定办理。

说明

本条是关于联合办学学位法律适用的规定。

依据

《中华人民共和国教育法》

第七十条 中国对境外教育机构颁发的学位证书、学历证书及其他学业证书的承认,依照中华人民共和国缔结或者加入的国际条约办理,或者按照国家有关规定办理。

《中华人民共和国高等教育法》

第三十六条　高等学校按照国家有关规定,自主开展与境外高等学校之间的科学技术文化交流与合作。

第六十一条【生效时间】

本法自　　年　月　日起施行。

说明

本条规定了法律的生效日期。法律从公布到实施应当有一段时间,让执法、司法、守法者熟悉法条内容,以保证学位制度的良好运作。

附录五 关于《中华人民共和国学位法（V2005-6-7版）》的综述报告

《中华人民共和国学位法（V2005-6-7版）》的综述报告是关于《学位法》草案再修改（V2005-6-7版）的报告。2005年6月7日，学位办根据教育部原部长周济关于对原《学位法》草案中有关思想政治以及道德要求的问题的指示精神，与法制办进行了研究，同时还征求了相关法律专家的意见，提出了关于该方面要求的内容。修改后的《学位法》草案重点对原草案第三条进行了调整，并补充了相关的内容。修改后的《中华人民共和国学位法（V2005-6-7版）》及综述报告如下所示：

总　则

一、文献综述

焦点问题一：学位法的立法目的

1. 袁永红、代玉美、刘元芳的《〈学位法〉的立法分析》

（1）学位立法的主要目的是将学位法规系统化、保证学位授予的质量、规范学位授予程序、促进学位立法的国际交流等。

（2）关于《学位法》的定位，《学位法》必须遵循法制统一原则，与《宪法》《教育法》《高等教育法》《教师法》等的规定相协调。[①]

[①] 参见袁永红、代玉美、刘元芳：《〈学位法〉的立法分析》，载《学位与研究生教育》2004年第2期。

2. 赵长林的《中国学位制度实施三十年：回顾与总结》

（1）从学位制度改革和创新的角度看，我国法律层面的学位制度主要是《学位条例》，其他主要以部门规章、文件的形式颁布实施，规章具有很大的易变性，从每年公布的文号可以看出，行政主管部门的政策要求具有细致性和变动性的特点，为高校在学科学位点建设和人才培养中形成自身特色留有的自主空间不大，而且学位点和人才培养特色的形成需要持续的历史积淀。

（2）作为地方高校举办者和管理主体的地方人民政府，在学位与研究生教育事业发展中的责权利不够明晰、协调。

（3）目前国家在扩大地方人民政府的学位管理权限过程中，配套的制度建设和运行机制建设存在滞后性，在学位点建设中不少地方出现了不和谐因素。

（4）此外，国务院学位委员会、国务院学位委员会办公室、教育部，地方人民政府学位委员会、地方人民政府学位委员会办公室、地方政府教育行政部门之间的关系、职能、权力如何理顺，它们与高校之间的关系及职能如何划分，也需要进行深入的研究。①

3. 忻福良的《教育立法要处理好的几个关系》

我国的学位立法必须处理好国家教育立法与地方教育立法的关系，教育法律与教育政策的关系，教育立法与教育改革的关系以及"以法治教"与教学民主的关系，教育立法的灵活性与稳定性的关系，教育立法与执法、司法、守法的关系，教育立法与教育法学的关系。②

4. 杨颖秀的《学位法需要厘清的几个基本关系》

学位法需要厘清权利与权力的关系、权利与义务的关系、权力与

---

① 参见赵长林：《中国学位制度实施三十年：回顾与总结》，载《研究生教育研究》2012年第1期。

② 参见忻福良：《教育立法要处理好的几个关系》，载《高等教育研究》1991年第4期。

责任的关系、权力与权力的关系、权利与权利的关系。①

5. 李莹、李然的《中国学位制度改革中的利益关系探析》

(1)学位制度所调整的利益关系主体包括学位的授予方、学位的申请方和具有相关利益的第三方。各主体之间的利益关系是影响学位制度改革进程和实际效果的重要因素,而且处理好各主体之间的利益关系,在某种意义上也是学位制度改革所要达成的目标之一。

(2)在我国现行学位制度下,各方利益关系的实际状况与学位制度主体的利益诉求之间存在很大的偏差,这不仅造成了我国学位制度改革的进程缓慢,也制约了学位制度在经济社会发展过程中发挥作用。②

6. 王利芬、骆四铭的《论基于学位本质的学位制度改革》

应当设置副学士学位,对应符合条件的专科毕业生。③

7. 蔡洁的《我国〈学位法〉制定的探讨》

我国现行的学位制度是由1980年颁布的《学位条例》确立的,其对我国教育事业的发展曾功不可没。但是,现行的评审制度未能有效地进行甄别和水平鉴定,科学合理的评审程序和有效的学位争议解决渠道尚未建立。

学位制度的改革已经提上议事日程。该文在分析现行《学位条例》问题的基础上提出制定《学位法》的一些建议:一是应明确高校和国家在学位授予制度方面的关系;二是应明确高校和学生之间的学位授予关系;三是应明确学生权益的救济途径及其衔接。④

---

① 参见杨颖秀:《学位法需要厘清的几个基本关系》,载《研究生教育研究》2011年第1期。
② 参见李莹、李然:《中国学位制度改革中的利益关系探析》,载《中国电力教育》2010年第15期。
③ 参见王利芬、骆四铭:《论基于学位本质的学位制度改革》,载《现代大学教育》2008年第3期。
④ 参见蔡洁:《我国〈学位法〉制定的探讨》,载《高教探索》2009年第5期。

8. 周建平的《我国学位制度改革刍议》

目前存在学位结构单一、划分粗略、与当前高等教育发展现状没有对应起来等问题。当前,学位制度的改革要以培养"四有新人"为目标,大力推进教育创新,尽快颁布实施《学位法》,进一步深化高等教育课程与教学改革。①

9. 宋修文、孙苑、孙海龙的《积极应对现实对学位制度的挑战——对学位立法和学位制度的剖析》

对本硕连读、直博、本硕博连读学生的学位授予提出了建议。②

10. 鲍嵘的《学位授予与社会公正——从〈中华人民共和国学位条例〉的创制说起》

(1)从立法动因来看,《学位条例》与不少教育法规一样是从便利教育行政主体对教育机构、教育活动以及受教育者进行管理的角度而制定的,突出了行政主体的权力,忽视了对其权力的规范(包括决策、程序与合法性审查的规范)。

(2)在实际运行过程中,存在着行政主体的权力实现更为充分、行政相对人的权利保障与救济薄弱、行政主体与行政相对人之间的实体权利义务设置具有不平衡性、研究生教育质量保障主体缺位等问题。

(3)有必要从法律定位、创制观念与可执行性提升等方面加以修订和完善。明晰《学位条例》作为学位教育行政法的定位,加强对学位授予行为与学位授予权许可行为的法律规范,是未来学位教育行政法治工作的重点,是提升社会对学位工作公正度评价的关键。③

---

① 参见周建平:《我国学位制度改革刍议》,载《安徽广播电视大学学报》2007年第1期。
② 参见宋修文、孙苑、孙海龙:《积极应对现实对学位制度的挑战——对学位立法和学位制度的剖析》,载《中国教育法制评论》2006年第1期。
③ 参见鲍嵘:《学位授予与社会公正——从〈中华人民共和国学位条例〉的创制说起》,载《清华大学教育研究》2011年第2期。

11. 张传的《学位立法中应注意的问题》

学位立法的目的应当包括保障学术自由和学术中立。①

12. 唐余明、孙大廷的《〈学位条例〉所存在的问题分析》

该文分条文提出具体建议,对于学位立法具有很高的参考价值。②

13. 朱丽娟的《"学位法"修订的保守立场》

明确相关主体的权力边界,引入程序机制是学位法应关注的核心问题。③

14. 程同顺、高飞的《试论当前中国的学位制度改革》

在介绍中国的学位制度和当前出现的学位纠纷的基础上,分析了当前中国学位纠纷的深层原因在于学位授予单位和学位申请者对于学位功能的认识存在分歧,提出适时出台一部《学位法》是必要的。学位制度改革应该将学位授予标准的具体化、在学籍管理中引入学位制度、明确学位授予条件的逆向规定等作为主要改革思路。④

焦点问题二:学位法的定位(即在教育法律体系中的定位,包括与教育法、高等教育法的关系)

1. 康翠萍的《关于国家学位政策体系及其内容的思考》

国家学位法律体系应当与政策体系相配合,并提出相关的建议。⑤

2. 康翠萍的《论学位的认识维度》

在现实当中,由于人们研究的角度或认识的维度不同,认识事物

---

① 参见张传:《学位立法中应注意的问题》,载《学位与研究生教育》2009 年第 1 期。
② 参见唐余明、孙大廷:《〈学位条例〉所存在的问题分析》,载《复旦教育论坛》2004 年第 3 期。
③ 参见朱丽娟:《"学位法"修订的保守立场》,载《中国高教研究》2011 年第 1 期。
④ 参见程同顺、高飞:《试论当前中国的学位制度改革》,载《江苏高教》2007 年第 4 期。
⑤ 参见康翠萍:《关于国家学位政策体系及其内容的思考》,载《教育研究》2005 年第 12 期。

所得出的结论也就各异,对学位的认识也是如此。该文通过目前人们对学位"是什么"的三种看法的陈述,提出必须从"学术""教育""管理"三者相结合的维度对学位进行把握的观点,并从学位的产生、发展历史、学位与相关因素的因果联系以及学位工作的实践形态等几个方面予以分析、论证。①

焦点问题三:学位授予标准(虽然学位授予标准主要是第三章的内容,但第一章的第三条也涉及学位授予的标准)

1. Dave Marshall 的 Degree Accreditation in Canada

从历史沿革的角度来说,由公众认可的大学颁授学位是加拿大的大学享有持续良好声誉的保证。②

2. 姜涛、张莉的《略论学位法及实施》

对学位的标准及具体要求提出了较为详细的观点。③

焦点问题四:学位的类型与层次

1. 杨少琳的《古老而常新的法国学位制度》

法国大学校(培养国家干部的行政学院)与大学学位文凭的不同等级,使法国的精英教育与大众教育可以得到良好的契合。④

2. 骆四铭的《试论我国学位制度体系的局限》

我国长期重学术学位轻专业(职业)学位,作者认为我国要在重视博士学位的学术性与高级性的基础上,加快专业博士学位的发展。⑤

---

① 参见康翠萍:《论学位的认识维度》,载《教育研究》2002年第2期。
② See Dave Marshall, Degree Accreditation in Canada, The Canadian Journal of Higher Education, Vol.34:2, p. 69-96 (2004).
③ 参见姜涛、张莉:《略论学位法及实施》,载《黑龙江高教研究》1984年第2期。
④ 参见杨少琳:《古老而常新的法国学位制度》,重庆大学出版社2010年版,第111页。
⑤ 参见骆四铭:《试论我国学位制度体系的局限》,载《民办教育研究》2005年第5期。

3. 骆四铭的《我国学位结构失衡浅析》

(1) 针对我国高等教育发展和学位授予的实际情况,可以增设学位等级,设置基础学位,促进高职高专教育的健康发展。积极发展专业学位教育,一方面向博士层次延伸;另一方面调整专业学位的学科结构,充分认识教育的基础性和先导性,重点支持教育专业学位的发展。

(2) 发挥政府宏观调控作用,调整学位点的布局,增加中西部地区高等教育机构学位点的数量,增强其吸引力。

(3) 加强高等教育宏观决策的科学性,保持教育政策的延续性,使高等教育各个层次协调发展,确保各等级学位的授予数量成比例增长。①

4. 沙尔娜的《美国专业学位的发展及启示》

(1) 美国教育体系高度重视专业学位的地位。

(2) 高校与企业联合培养专业学位的申请人,培养目的与社会实际相结合。

(3) 美国有人认为可免去对专业学位申请人学位论文的要求。②

5. 王健的《法律硕士教育制度的改革与发展——一个政策分析》:

(1) 法律硕士缺乏高位阶立法的保障,定位介于学术学位与职业学位之间(定位仍不够清晰)。

(2) 招生规模、招生地域分布未控制好,课程设置缺乏精细规划。

(3) 学位立法应当树立全面的质量观,维护法律硕士获得合理、充分教育的权益。③

---

① 参见骆四铭:《我国学位结构失衡浅析》,载《现代大学教育》2005 年第 1 期。
② 参见沙尔娜:《美国专业学位的发展及启示》,载《出国与就业》2011 年第 24 期。
③ 参见王健:《法律硕士教育制度的改革与发展——一个政策分析》,载《政法论坛》2009 年第 3 期。

二、具体条文观点和完善建议

第一条

为健全学位法律制度,保障学位申请人的合法权益,保障学位授予的质量,适应国家发展对人才的需求,促进科学、学术的发展,依据《中华人民共和国教育法》有关规定,制定本法。

1. 观点

(1)《学位法》是教育法体系中的一部分,其制定依据除《教育法》外,还包括《宪法》《高等教育法》《教师法》等,至少不限于《教育法》。《学位法》必须遵循法制统一原则[①],不宜与现有的法规相冲突。

(2)《学位法》的立法目的应当包括与国际制度接轨。[②]

2. 建议

建议修改为"为规范学位管理与授予,保障学位申请人的合法权益,促进学位质量的提升,适应国家对人才的需求,建设教育强国、科技强国、人才强国,服务全面建设社会主义现代化国家,依据《中华人民共和国教育法》,制定本法"。[③]

第二条

国家实行学位制度。

中华人民共和国境内的组织和个人,从事学位设置、申请、授予和管理等与本法相关的活动,适用本法。

1. 观点

适应由国家学位过渡到大学学位的需要。

---

① 参见袁永红、代玉美、刘元芳:《〈学位法〉的立法分析》,载《学位与研究生教育》2004 年第 2 期。

② 参见袁永红、代玉美、刘元芳:《〈学位法〉的立法分析》,载《学位与研究生教育》2004 年第 2 期。

③ "与国际制度接轨"似乎太过强调法律移植,不适合作为立法目的。

2. 建议

明确学位由具有资质的高校、研究机构或其他单位自主授予,国家对学位授予进行引导。

第三条

本法所称的学位,是标志被授予者遵守法律、法规,遵守学生行为规范和所在学校或其它教育机构的各项管理制度,具有良好的思想品德,遵守学术的基本规范及道德要求,所受教育程度和学术水平或者专业技术水平达到相应标准的称号。

1. 案例

2010年,兰州理工大学应届毕业生李某在违纪的情况下,为申请学位编造见义勇为事件并因此受到处分。

2. 观点

从立法目的而言,学位的概念应当反映各项要求的主次之分。除遵守法律、法规这一对公民的基本要求外,学术基本规范及道德要求、学术水平对于学位授予来说是最重要的要求。关于"良好的思想品德",之前亦有"见义勇为应否成为授予学位的条件"的争议。有观点认为,良好的思想品德对于学位授予本身来说只是辅助参考因素,最重要的还是学术道德和学术水平。

3. 建议

建议修改为"学位是指由学位授予单位依法授予,表明学位获得者学术水平或者专业技能水平的学术称号"。

第四条

中华人民共和国学位分学士、硕士、博士三级,设学术学位、职业学位两种类型。

国家设"名誉博士学位",授予国内外卓越的学者、科学家或著名的政治家、社会活动家。

1. 焦点

学位的类型。原联合国教科文组织副总干事让·托马斯认为,高等教育应当兼顾精英选拔、培养与教育大众化的需要,像法国国家行政学院(又称"大学校")与普通大学的"双轨制"教育一样,根据实际需要颁授不同类型的学位。①

2. 观点

第四条第一款规定了学位的级别和类型。按其意思,似乎三级学位都应包含学术学位、职业学位两种类型。可是,作为基础学位,学士学位似乎不应设学术学位、职业学位两种类型。博士学位似也应以学术学位为主,但考虑到未来的需要,也许会发展出职业型的博士学位。

3. 建议

建议将第一款修改为"中华人民共和国学位分学士、硕士、博士三级。硕士学位与博士学位设学术学位、职业学位两种类型。对于符合条件的专科毕业生,可以授予副学士学位"。

第五条
学位由本法规定的学位授予单位授予。

1. 观点

我国的学位授予权限不明晰。本条如果能强调学位授予单位经学位法授权,效果可能会更好。

2. 建议

建议修改为"学位由依照本法授权的学位授予单位授予"。

第六条
学位授予依照本法确定的学位标准、条件和程序,遵循公开、公正

---

① 参见洪丕熙编著:《巴黎理工学校》,湖南教育出版社1986年版,第142页。

和公平的原则。

1. 观点

从法的价值追求来看,公平、公正和公开存在递进关系。

2. 建议

建议修改为"学位授予依照本法确定的学位标准、条件和程序,遵循公平、公正和公开的原则"。

学位标准

一、文献综述

焦点问题:学位的标准

1. 范守信、杨咏的《高校学士学位授予标准问题初探》

介绍了学士学位制度及高校学士学位授予标准,分析了目前我国学士学位授予标准及管理中存在的问题,提出了制定高校学士学位授予标准的对策与建议。[①]

2. 尉健慧的《西方国家学士学位标准及其启示》

(1)我国的学士学位授予标准不统一,在一定程度上造成学士学位质量的下降。

(2)美国工程学位的授予标准、英国荣誉学士的授予标准,都在当地建立起了相对统一的学士学位标准,对于我国具有一定的参考意义。[②]

3. 毕家驹的《国家学位标准要与时俱进》

(1)中国学位标准的特色是提出了对毕业生的基本政治要求,但

---

① 参见范守信、杨咏:《高校学士学位授予标准问题初探》,载《学位与研究生教育》2009年第6期。

② 参见尉健慧:《西方国家学士学位标准及其启示》,载《中国高教研究》2009年第5期。

学位标准过于简练。

(2)"坚实""独立""创造性"等用语的含义有待进一步界定。①

4．毕家驹的《欧洲高等教育区的学位标准和质量保证准则》

(1)现行《学位条例》对于学位标准的陈述过于简单,缺乏时代气息,对于国际上所关心的各方面的教育质量未作交代,也看不出我国的学位标准与其他国家和地区的学位标准的差异性和相容性。

(2)在学位标准以外附加补充规定的做法也是不足取的,既缺乏严肃性,又不符合公开透明的原则。

(3)学位标准应由上位法规定,学位标准应该是向国内外发布的,应把该说清楚的标准全部表达清楚,不宜再附加补充规定。②

5．雷西合的《学士学位授予标准初探》

应当在宏观上控制学士学位的授予率。学士学位授予标准要适度,约束性与激励性相结合。③

6．宋琦琳的《学位制度改革初探》

学位立法应当在学位标准中明确有关修业年限、学分标准、考核成绩标准等要求。④

二、具体条文观点和完善建议

第七条

高等学校本科学生或者通过《中华人民共和国高等教育法》规定的其他途径接受本科教育的人员,完成学位授予单位教学计划的各项要求和规定学分,其课程学习和毕业论文或者毕业设计或者其他毕业

---

① 参见毕家驹:《国家学位标准要与时俱进》,载《高教发展与评估》2006年第6期。
② 参见毕家驹:《欧洲高等教育区的学位标准和质量保证准则》,载《高教发展与评估》2006年第5期。
③ 参见雷西合:《学士学位授予标准初探》,载《西安石油学院学报(社会科学版)》2001年第2期。
④ 参见宋琦琳:《学位制度改革初探》,载《浙江教育科学》2008年第3期。

实践环节的成绩表明其已经较好地掌握本门学科的基础理论、专门知识和基本技能,具有从事科学研究工作或者担负专门技术工作的初步能力的,可以获得学士学位。

1. 观点

要求本科生具有"从事科学研究工作"的初步能力似乎不太现实,也没有实践意义。本科生只要掌握基础理论、专门知识和基本技能,并具有担负专门技术工作的初步能力即可。

2. 建议

建议修改为"高等学校本科学生或者通过《中华人民共和国高等教育法》规定的其他途径接受本科教育的人员,完成学位授予单位教学计划的各项要求和规定学分,其课程学习和毕业论文或者毕业设计或者其他毕业实践环节的成绩表明其已经较好地掌握本门学科的基础理论、专门知识和基本技能,具有担负专门技术工作的初步能力的,可以获得学士学位"。

第八条

攻读硕士学位的研究生或者经认定具有申请硕士学位资格的人员,相应课程考试成绩合格,学分达到规定标准,通过硕士学位论文答辩或相关专业或行业的相应考核,达到下述水平,可以获得硕士学位:

(一)掌握本门学科宽广的基础理论和系统的专门知识;

(二)具有从事科学研究工作的能力或从事实际工作的专门技术水平。

第九条

攻读博士学位的研究生或者经认定具有申请博士学位资格的人员,博士必修课程学分达到规定标准,通过博士学位论文答辩,达到下述水平,可以获得博士学位:

(一)掌握本门学科坚实宽广的基础理论和系统深入的专门知识;

(二)具有独立从事科学研究工作的能力;

(三)在学术或者专门技术上有创造性的成果。

观点

"坚实""独立""创造性"等用语的含义有待进一步界定。①

第十条

对于本法第八条、第九条的标准,国务院学位委员会可以组织各学科专家,结合各学科具体实际,以标准为基础,订立学位授予标准的细则与指南。

第十一条

下列国内外卓越人士,经博士学位授予单位提名,国务院学位委员会批准,可以获得相应博士学位授予单位的名誉博士学位:

(一)在学术上造诣高深,曾取得重大成就,获得国际学术界公认的奖励;或者以自己的学术活动或科学技术成就促进我国与他国之间的学术交流与合作的学者;

(二)在维护世界和平与促进人类进步事业,支持我国在国际上的合法权益,扩大我国在国际上的影响方面作出特殊贡献、享有国际声望的政治家;

(三)在促进我国与他国的友好往来和全面合作,繁荣我国经济,发展我国教育、科学、文化和卫生等事业方面作出过重大贡献的社会活动家。

1. 观点

(1)现代的学位标准要重视学术性、时代性和国际性。② 本条第(二)项强调政治家在国际上享有声望和作出贡献才能获得被授予名誉博士学位的资格。那么,如果是对我国国内经济、社会发展作出巨大贡献的人士呢? 名誉博士学位不应忽略这一部分政治家,当然,为了防止泛化,必须要求这一巨大贡献得到国际承认,也就是说把国际

---

① 参见毕家驹:《国家学位标准要与时俱进》,载《高教发展与评估》2006年第6期。
② 参见毕家驹:《国家学位标准要与时俱进》,载《高教发展与评估》2006年第6期。

声望作为一个必要条件。

（2）根据词义,名誉是社会公众的评价,荣誉是社会组织授予的评价。从翻译与国际交流的角度来说,"Honorary Degree of Doctor"译为"荣誉博士"更合适。

2. 建议

建议将第（二）项修改为"在维护世界和平与促进人类进步事业,支持我国在国际上的合法权益,扩大我国在国际上的影响,或在促进我国的经济、社会发展,解决我国重大民生问题方面作出特殊贡献、享有国际声望的政治家"。

学位管理机构

一、文献综述

焦点问题一:学位授予权限

1. 湛中乐、韩春晖的《论大陆公立大学自治权的内在结构——结合北京大学的历史变迁分析》

（1）在法治社会中,司法审查在社会公共事务管理领域中的适用同样具有一种正当性,公立大学的管理也不例外。

（2）教育法治是大学自治权内在结构均衡化的推动力。[①]

2. 郑焱、张昶的《从法律视角重新认识学位与学位授予权》

（1）高等院校与学生之间关于学位的诉争频发,最主要的原因是高等教育相关立法的缺位和高校对学位与学位授予权认识的滞后。

（2）由于高等院校的法律地位具有二重性,高校与学生之间的关系也具有二重性。

---

① 参见湛中乐、韩春晖:《论大陆公立大学自治权的内在结构——结合北京大学的历史变迁分析》,载《中国教育法制评论》2006年第1期。

(3)学位授予行为具有可诉性,高校在制定与学位授予相关的内部规则与实施相关的行为时必须恪守依法行政原则和正当程序原则。①

3. 王学栋、张学亮的《高校学位授予行为的法律性质及其规制》

(1)随着依法治国方略的展开,司法审查已涉及高校领域,学位授予这类关系到学生权益的行为更是引起司法部门和社会的广泛关注。

(2)在这种背景下,从行政法学的视角对学位授予进行审视显得非常必要。就学位授予行为的性质而言,其是行政主体依法行使行政权并产生法律效果的行为,是一种外部具体行政行为。

(3)高校在行使学位授予权时,应遵循行政法的合法性原则、合理性原则以及正当程序原则等基本原则。②

4. 刘丽华的《对我国学位授予权性质的几点认识》

(1)学位授予权是授予学位的一种法定权力,是以学术权力为基础的行政权。

(2)学位授予是学术权力与行政权力相互结合、共同作用的过程。③

5. 莫玉婉的《高校学位授予权和自主管理权的冲突与平衡》

(1)变国家学位制度为大学学位制度。

(2)保证学位质量的根本在高校而不在行政机关,如果不使高校真正获得自主权,成为学位体制中具有积极性和主动性的主体,行政部门再努力也无济于事,同时也使高校的自主权难以落实。

(3)如果建立以大学学位为核心的学位体制,各个高校就可以在《学位条例》规定的最低学位标准的基础上另立标准,以满足不同类型高校发展的需要。尤其是在高等教育多样化的今天,大学学位制度更

---

① 参见郑焱、张昶:《从法律视角重新认识学位与学位授予权》,载《学位与研究生教育》2006年第4期。
② 参见王学栋、张学亮:《高校学位授予行为的法律性质及其规制》,载《黑龙江高教研究》2007年第4期。
③ 参见刘丽华:《对我国学位授予权性质的几点认识》,载《中国高教研究》2005年第11期。

有其存在的必要。①

6. 李素芹的《我国学位工作三级管理体制中的政府权力解读》

(1)必须落实省级学位委员会的学位工作统筹权,对本地区学位信息进行统筹。

(2)省级学位委员会必须建立面向市场的各学位授权点状态数据系统、面向培养单位的政策支持系统和面向研究生的研究生信息服务系统等,以增强省级学位委员会的信息服务功能,从而增强国务院学位委员会的信息服务职能。

(3)通过信息服务职能的提升,能够增强各级学位委员会的管理职能,最终使学位管理权力由目前的"倒三角"型向"纺锤"型转变。②

7. 骆四铭的《学位管理:"认证"还是"授权"——中美学位管理比较分析》

(1)在美国,各大学各专业有权授予它们认为合适的学位,但所授予的学位要想被社会所承认,则需要获得认证。

(2)教育机构要做的就是不断证明自己的教育质量,证明自己达到了授予学位的相应标准,教育机构向包括政府在内的全体顾客负责。

(3)我国相关制度的预设前提是学位授予权在政府,只有政府授予了权力,所授予的学位才能被政府所承认。由教育机构向政府申请学位授予权。

(4)在这种情况下,各教育机构的工作重点不是改善教学条件、提高质量,而是想办法争取权力,并且这种权力一般是一次拥有、享用终身的。

(5)由于权力定位不同,我国学位管理中政府、高校、评估机构和社会四者之间的关系不协调,导致授权审核过程中存在矛盾和冲突。

(6)在美国,由于对学位的本质特征和功能认识到位,其认证制度

---

① 参见莫玉婉:《高校学位授予权和自主管理权的冲突与平衡》,载《民办教育研究》2010年第5期。

② 参见李素芹:《我国学位工作三级管理体制中的政府权力解读》,载《中国高教研究》2010年第12期。

中四者的关系明确,有效地解决了矛盾和冲突,促进了美国高等教育的发展。这给我国的启示为要坚持教育机构与评估机构的自主性,政府不直接介入教育进程,而是通过立法、划拨资金等方式间接控制学位质量,规范对于学位评估机构的管理,坚持评估标准理论性与实践性相结合,使评估工作常态化。①

焦点问题二:地方学位委员会的作用

谢桂华的《对省级地方学位委员会功能作用的系统研究与思考——〈省级地方学位委员会功能作用研究〉评介》

省级地方学位委员会的基本功能作用应当包括四项:一是根据国家与地方经济社会发展要求确定并组织实施地方学位项目发展的战略规划;二是指导并组织开展区域内学位授予单位和授权学科的建设和管理;三是负责博士、硕士和学士三级学位标准的执行、实施与学位质量的管理;四是依法维护学位申请者和学位获得者的权益。这四项功能作用可概括为学位规划管理、学位授权管理、学位质量管理和学位权益管理。②

焦点问题三:学位的性质

1. 朱平、赵强的《从国家学位走向大学学位:中国学位制度转型的趋势》

(1) 政府应当引导大学走向自律的道路。

(2) 中国的高校在现实层面上,实际上早已在学位授予上自立标准,以不同方式进行学位授予管理,其颁发的学位所蕴含的实际水准也有着明显的差异,从而成为事实上的大学学位制度。

(3) 囿于《学位条例》的规定,它在形式上还表现为名义上的国家

---

① 参见骆四铭:《学位管理:"认证"还是"授权"——中美学位管理比较分析》,载《黑龙江高教研究》2009 年第 5 期。

② 参见谢桂华:《对省级地方学位委员会功能作用的系统研究与思考——〈省级地方学位委员会功能作用研究〉评介》,载《中国高教研究》2010 年第 9 期。

学位。①

2. 严蔚刚的《牛津大学章程对我国高等教育实行"管办分离"的启示》

(1)英国国家权力与大学学术自由权的分界。牛津大学章程分为"教职员大会章程"和"枢密院会议章程",前者只需由学校教职员大会同意即可生效,后者还需要由枢密院批准方能生效。

(2)"枢密院会议章程"主要对学校核心管理机构、学术人员权益和学校财力保障等问题进行了规定。"教职员大会章程"则包括大学内部学术机构的自主设置、内部各项事务的自主决策、学位行政管理人员的自主聘任、学位文凭证书的自主授予等,充分反映出牛津大学具有广泛的学术自由权。

(3)两类章程的划分,实质上是英国高等教育"管办分离"的缩影,对我国高等教育正在探索的"管办分离"、明晰政府与大学的权力边界、改革高等教育资源配置方式以及规范章程文本表述等,都有重要的借鉴意义。②

3. 王洁华的《美国职业博士学位的特征及其启示》

(1)在大学学位模式的背景下,美国职业博士学位的设立和发展源于美国高等教育为市场需求服务的宗旨,该宗旨是美国高等教育传统中的价值核心,其动力是市场经济条件下市场的信息传递功能、资源配置功能、经济联系功能、利益分配功能和社会服务功能。

(2)美国职业博士学位力求解决学有所为和事有人为的双重市场压力。

(3)美国职业博士学位是对职业型博士培养体系和标准的认可形式,从根本上决定了培养目标、方法和效果的合法性。

---

① 参见朱平、赵强:《从国家学位走向大学学位:中国学位制度转型的趋势》,载《广东工业大学学报(社会科学版)》2012年第2期。
② 参见严蔚刚:《牛津大学章程对我国高等教育实行"管办分离"的启示》,载《中国高教研究》2012年第2期。

（4）它的学位设立服务于人力资源市场调节的供求机制和人力资源市场的运行机制，是对美国高等教育体系与市场运行机制的协调和高等教育体系与美国职业准入机制的协调。

（5）借鉴美国职业博士学位制度，建立中国职业博士的社会运行体系，发展中国职业博士专业教育和专业训练模式，进而满足国内高层次人才学有所为的需要，是我国高等教育学位建设亟待解决的问题。①

4. 孙进的《德国的博洛尼亚改革与高等教育学制与学位结构变迁》

在大学学位模式下，攻读德国博士学位的期限由各个学校的《博士规章》来规定，除了少数结构化的博士项目（3～4年），一般来说都没有固定的学习期限，以完成博士论文和通过答辩为准。②

5. 王庆东的《中国学位授权体系的委托代理问题研究》

通过应用委托代理理论与实证对比分析方法，分析了国内学位体制多重循环委托代理关系的存在性、保障高等学校办学自主权、加强中介组织建设、学位授权定期评估制度四大问题。③

6. 吕莉莎的《从我国现实的学位纠纷看法律对高等学校权力的约束》

（1）由国家学位制度过渡到国家学位制度与大学学位制度结合，有利于理顺学历证书和学位证书的关系。

（2）设定颁发两证为国家权力，同时设定最低实体标准，授权高校可以依法自主设定高标准。④

---

① 参见王洁华：《美国职业博士学位的特征及其启示》，载《郑州大学学报（哲学社会科学版）》2011年第2期。
② 参见孙进：《德国的博洛尼亚改革与高等教育学制与学位结构变迁》，载《复旦教育论坛》2010年第5期。
③ 参见王庆东：《中国学位授权体系的委托代理问题研究》，东北大学2008年博士学位论文。
④ 参见吕莉莎：《从我国现实的学位纠纷看法律对高等学校权力的约束》，载劳凯声主编：《中国教育法制评论》（第4辑），教育科学出版社2006年版，第86页。

7. 朱同琴的《论海峡两岸学位制度的发展趋势》

(1)在海峡两岸,学位制度同属一种文化、一种传统,可谓同源;但由于历史的原因,却走向了不同的道路(国家学位与大学学位)。

(2)如今,在共同的经济与社会背景下,二者皆迈开了改革的步伐,并朝着制度的国际化、模式的多样化、体制的灵活化、层次的扩展化、类型的非传统化方向发展。①

8. 朱同琴、李泽彧的《海峡两岸学位制度比较研究》

结合国家学位与大学学位的分野,从基础教育学制、课程设置、入学条件、培养目标等方面对两岸学位水平进行比较分析。②

9. 唐瑾、叶绍梁的《从学位形态演变看我国学位形态发展新趋势》

(1)国家学位主要有三个优点:有利于国家实行统一的培养标准,保证培养目标的实现;有利于从国家利益出发,直接促使大学培养社会所需的紧缺人才;有利于国家提高行政管理效率,保证学生的成才率。

(2)国家学位也存在缺陷,国家的高度干预,使得大学自身发展容易受到干扰。大学在国家的控制下逐渐倾向实用性和功利性,易失去学术自由,削弱大学的批判功能。③

10. 贺德方的《国家学位论文服务体系研究》

(1)我国应当充分利用国家学位制度的优势,利用国家掌握的信息资源,建立学位服务体系,并建立国家学位服务质量管理体系。

(2)学位论文的收集和服务应以公益为主体投入,学位论文的加工整合应以产业化为主体运营;元数据的服务以公益为主,全文数据

---

① 参见朱同琴:《论海峡两岸学位制度的发展趋势》,载《汕头大学学报》1997年第13卷。
② 参见朱同琴、李泽彧:《海峡两岸学位制度比较研究》,载《有色金属高教研究》1996年第2期。
③ 参见唐瑾、叶绍梁:《从学位形态演变看我国学位形态发展新趋势》,载《学位与研究生教育》2007年第8期。

的服务以经营为主。

（3）对公益部门的行为进行评估与监督，对产业化部门进行鼓励和实施自律规范。①

焦点问题四：学位质量与学位管理

1. 霍明虹的《加强研究生学位质量管理的几点措施》

（1）《中国科学院研究生院学位授予工作细则》对研究生发表的论文数量不再作统一的量化要求。

（2）由各培养单位学位评定委员会根据本单位学科专业的实际情况，在保证研究生培养质量的前提下，制定具体标准，并报研究生院学位评定委员会学科评议组备案。

（3）学位立法应当科学地衡量研究生学位的质量，确定和细化学位质量标准、增强对研究生学位质量的监控和评估。②

2. 薛珊的《学位质量社会评价的调查研究》

引入大量实证调查数据指出学位质量观应当多样化、全面化。不同单位和不同岗位对人才的需求不同，对学位质量的评价应当综合社会上的人才观。③

3. 吴晓玲、张美华的《硕士学位授予管理体系的研究》

保证硕士学位授予质量是培养高质量硕士研究生人才的必要条件。该文从制定硕士学位标准、构建硕士学位论文质量保证体系、加强学位监督管理机制和规范硕士学位材料归档制度四个方面探讨如何建立硕士学位授予管理体系，保证硕士学位授予质量。④

---

① 参见贺德方：《国家学位论文服务体系研究》，载《情报学报》2004 年第 6 期。
② 参见霍明虹：《加强研究生学位质量管理的几点措施》，载《教育理论与实践》2007 年第 1 期。
③ 参见薛珊：《学位质量社会评价的调查研究》，载《中国高等教育评估》2006 年第 2 期。
④ 参见吴晓玲、张美华：《硕士学位授予管理体系的研究》，载《高等农业教育》2009 年第 1 期。

4. 陆根书、刘朔、姚秀颖的《强化独立学院学位管理 提高学士学位授予质量》

国务院学位办 2007 年 5—7 月的调查数据,分析了我国独立学院发展概况以及独立学院学士学位授予工作中存在的主要问题。在 2008 年 2 月 22 日教育部颁布《独立学院设置与管理办法》之前,独立学院自己没有学士学位授予权,一般由公办母体高校进行学士学位授予工作,在学士学位授予标准、授予方式、管理机构和工作程序上存在较大的差异,影响了学士学位授予质量。为此,该文建议:一是应进一步规范独立学院学士学位授予标准,提高学士学位授予质量;二是应加强独立学院学士学位授予工作管理制度建设,进一步规范其学士学位授予管理机构与工作程序。①

5. 周宝珠的《谈我国学位质量宏观保障的工作体制》

(1)学位立法、评价、实施的"三角制结构"。
(2)国务院学位委员会为立法机构,国务院学位办为执法机构,民间社会组织为评估机构,三者互相配合,对我国学位质量进行宏观保障。②

6. 王洪松、李章泉的《教育硕士专业学位教育质量评估初探》

建立教育硕士专业学位教育质量评价数据库,制定规范的办学标准并积极探索教育硕士专业学位教育质量评估与教师职务资格认定制度的可行性。③

7. 汪云的《关于如何提高学士学位授予质量的几点认识》

必须准确把握我国《学位条例》,制定符合高校实际情况的学士学

---

① 参见陆根书、刘朔、姚秀颖:《强化独立学院学位管理 提高学士学位授予质量》,载《复旦教育论坛》2008 年第 4 期。
② 参见周宝珠:《谈我国学位质量宏观保障的工作体制》,载《教育管理研究》1996 年第 1 期。
③ 参见王洪松、李章泉:《教育硕士专业学位教育质量评估初探》,载《中国成人教育》2002 年第 3 期。

位授予细则;因地制宜,发展优势学科,保证学士学位授予质量。①

8. 万启常的《提高学位"含金量"保证人才培养质量——学位申请与授予中的腐败现象、原因及对策》

通过改革招生体制、严格论文答辩制度、细化考试制度以及完善监督制度治理学位授予中的腐败现象,提高学位质量。②

9. 方坚的《我国学位论文质量控制研究述评》

学位论文质量是作者语文水平、专业水平、科研水平和学术水平的综合体现,依靠建立管理制度来提高学位论文质量的做法是不现实的,也是难以奏效的。但通过加强对学生写作规范和学术道德的教育,可以促使学生正确对待学位论文,做到论文写作规范化,学术思想健康化。③

10. 马志明、许溪纱的《成人学士学位管理与教育目的的实现》

(1)以成人学士学位管理工作为切入点,探讨以积极、有效的手段激发学生的主观能动性,激发其自信、发掘其潜能,以实现教育的根本目的。

(2)强调克服"权本位",增强服务意识和规范化管理并举,是保证成人高等教育健康发展之根本所在。④

11. 曹素平、朱从旭、方正的《博士生学位管理规范化和信息化的实践启示》

要利用信息技术加强博士生的学位管理与学术成果交流,加强学位审核的公正性与参与性。⑤(虽然该文年代久远,但其中的一些建

---

① 参见汪云:《关于如何提高学士学位授予质量的几点认识》,载《价值工程》2011年第8期。
② 参见万启常:《提高学位"含金量"保证人才培养质量——学位申请与授予中的腐败现象、原因及对策》,载《湘潭工学院学报(社会科学版)》2002年第4期。
③ 参见方坚:《我国学位论文质量控制研究述评》,载《现代情报》2008年第7期。
④ 参见马志明、许溪纱:《成人学士学位管理与教育目的的实现》,载《沈阳建筑大学学报(社会科学版)》2005年第3期。
⑤ 参见曹素平、朱从旭、方正:《博士生学位管理规范化和信息化的实践启示》,载《有色金属高教研究》1998年第2期。

议我国现在仍未做到。最近出现了"视频答辩"的做法,可以归为学位审核信息化、技术化、现代化的实践)。

12. 吕淑珍的《国外硕士学位授予质量标准综述》

在总结美国、英国、日本、奥地利等国的学位授予质量标准后,指出国外的学位授予制度注重对学位申请人的全面考核,注重面向社会的适应性,制度灵活多样,注重跨学科或交叉学科的建设与完善。①

13. 李明、吴晓园的《地方高校研究生学位授权学科建设的评价指标体系》

(1)学科建设是一个复杂的系统,地方高校研究生学位授权学科建设既有高校学科建设的一般特点,又有其独特之处。

(2)在分析地方高校研究生学位授权学科建设特征的基础上,从投入产出的角度阐述学科建设内容之间的动态联系过程,并遵循评价指标体系的构建原则,可以构建地方高校研究生学位授权学科建设的评价指标体系。②

14. 赵川平的《工程管理硕士专业学位质量基准的研究》

提出加强工程管理硕士质量保证的制度建设、工程管理硕士培养关键点的质量控制、工程管理硕士培养的环境保障体系建设、工程管理硕士培养的专业界参与等对策建议。③

15. 高桂娟、朱佳丽的《从治理角度看我国学位管理体制的改革》

(1)近年来,我们的学位与研究生教育发展迅猛,但学位管理明显

---

① 参见吕淑珍:《国外硕士学位授予质量标准综述》,载《天津外国语学院学报》1994年第1期。
② 参见李明、吴晓园:《地方高校研究生学位授权学科建设的评价指标体系》,载《福州大学学报(哲学社会科学版)》2011年第5期。
③ 参见赵川平:《工程管理硕士专业学位质量基准的研究》,浙江大学2010年博士学位论文。

滞后,学位管理体制在实际运行中存在着矛盾与问题。

(2)从治理的角度看,我国学位管理体制改革应着重解决权力过度集中、责权严重分离的问题,有必要对权力进行重新调整和分配,最终形成社会、国家、地方、学校合作互动的新局面。①

16. 杨博文的《经济转轨期我国研究生学位分级管理模式的特征分析》

三级学位管理体制的建立和完善是我国经济、科技和社会发展的客观需要。②

17. 邵春胜的《浅议高校学士学位管理工作》

(1)学士学位是我国三级学位中的基础学位,在大学本科阶段设置学士学位,有利于调动学生学习的积极性,也有利于调动学校不断提高教学质量的积极性。

(2)学校应重视学士学位工作,切实加强管理,以学士学位为动力,培养高素质本科人才。③

18. 王森的《近二十年俄罗斯副博士学位研究生培养情况透视》

近二十年俄罗斯研究生教育质量发展迅速,副博士学位研究生在导师和培养单位、报考和录取、人员结构以及各学科分布、毕业和就业意愿等方面出现了许多新情况和新问题,反映出该领域人才培养的发展趋势。④

19. 高新柱、韩映雄的《美国学位认证制度分析及对我国的启示》

要加强高校学位认证制度建设,在学位认证方面加强政府与行业

---

① 参见高桂娟、朱佳丽:《从治理角度看我国学位管理体制的改革》,载《华中农业大学学报(社会科学版)》2007年第2期。
② 参见杨博文:《经济转轨期我国研究生学位分级管理模式的特征分析》,载《四川师范学院学报(哲学社会科学版)》1995年第6期。
③ 参见邵春胜:《浅议高校学士学位管理工作》,载《中国电力教育》2009年第5期。
④ 参见王森:《近二十年俄罗斯副博士学位研究生培养情况透视》,载《外国教育研究》2012年第3期。

组织的建设。①

20. 高桂娟、陈嵩的《英国学士学位制度的特点及启示》

(1)英国良好的本科生教育质量与其独具特色的学士学位制度有着密切的联系。英国学士学位目前分为普通学位、荣誉学位和基础学位三种。

(2)英国学士学位制度具有学位标准明确、学位设置多样、学位授予质量保障体系严密等特点。

(3)为了确保规模日益扩大的本科生的教育质量,我国应吸收与借鉴英国学士学位制度的成功经验,进一步改革与完善现行的学士学位制度。②

21. 冒澄的《欧美发达国家学位制度的特点及启示》：

(1)对学位和学位制度理解程度的高低关系到高校人才培养质量的好坏,欧美发达国家的学位制度经过多年发展已逐渐成熟和完善,多样化的学位体系构建以及对于学位和研究生教育质量的控制成为这些国家学位制度合理性的体现。

(2)我国的学位制度由于认识程度和政策法规等方面的原因,仍然存在不尽如人意之处。借鉴欧美发达国家学位制度的特点,将会对我国学位制度的改进起到积极的作用。③

二、具体条文观点和完善建议

第十二条

国务院设立学位委员会,主管全国的学位工作。

---

① 参见高新柱、韩映雄:《美国学位认证制度分析及对我国的启示》,载《中国高等教育评估》2012年第1期。

② 参见高桂娟、陈嵩:《英国学士学位制度的特点及启示》,载《辽宁教育研究》2007年第3期。

③ 参见冒澄:《欧美发达国家学位制度的特点及启示》,载《高校教育管理》2007年第6期。

第十三条

国务院学位委员会行使下列职权:

(一)制定有关学位工作的各项规章;

(二)制定学位工作规划;

(三)制定或调整:

学位授予单位的标准;

授予学位的学科门类和职业学位种类、标准;

授予名誉博士学位的条件、程序和办法;

硕士学位、博士学位申请资格认定办法;

学位授予质量评估指标体系;

(四)组织对学位授予单位及其学位授予学科、专业的评议审核,批准或撤销:

本科高等学校为学士学位授予单位;

高等教育机构为硕士学位、博士学位授予单位;

学位授予单位授予学位的学科、专业或职业学位的种类;

(五)对国际间学位相互承认、对等进行研究和论证,执行国家签订的政府间有关协议或加入的有关国际公约;

(六)监督本法及其他有关学位的法律、法规的执行,宣布非法授予的学位无效;

(七)对学位授予单位的学位授予质量组织评估,管理学位信息并向社会公众提供信息服务;

(八)依法受理有关学位的行政复议、异议;

(九)管理国务院授权管理的其他有关学位的事务。

1. 观点

(1)第(一)项、第(二)项也应规定"调整"。

(2)王丹指出,英国院校审核的一个重要目标就是"一旦发现学术标准或质量下滑,立即采取行动进行改善"①。

2. 建议

建议将第(一)项修改为"(一)制定或调整有关学位工作的各项规章"。

建议将第(二)项修改为"(二)制定或调整学位工作规划"。

建议将第(七)项修改为"(七)对学位授予单位的学位授予质量组织评估,对学位授予单位的学位授予质量改善提供建议和指导,管理学位信息并向社会公众提供信息服务"。

第十四条

国务院学位委员会委员由国务院任免,设主任委员、副主任委员、秘书长、副秘书长等职务。

国务院学位委员会执行机构为国务院学位委员会办公室。

第十五条

任何组织或者个人未经国务院学位委员会批准,不得授予任何学位。

第十六条

省、自治区、直辖市人民政府依据《地方各级人民代表大会和地方各级人民政府组织法》设立的学位管理机构,行使下列职权:

(一)依照本法和有关地方性法规、规章统筹规划所在行政区域内的学位工作;

(二)接受国务院学位委员会的委托,负责:

审核批准或撤销所在行政区域内本科高等学校为学士学位授予单位,批准或撤销学士学位授予单位的学士学位授予学科、专业;

审批所在行政区域所属硕士学位授予单位增列或撤销硕士学位授予学科、专业;

(三)依法受理所在行政区域内有关学位的行政复议。

---

① 王丹:《英国QAA的院校审核方法及其启示》,载《高等教育研究学报》2007年第3期。

第十七条

学位授予单位应当设立学位评定委员会。

学位评定委员会履行下列职责：

（一）审议有关本单位学位申请、授予工作的规章制度，依法制定本单位具体的学位授予标准；

（二）审批学位论文答辩委员会成员名单；

（三）在本学位授予单位获得批准的授予学位的权限内，受理有关人员对相应学位的申请，审查并作出是否同意其申请的决定；

（四）审议拟申报新增学位授予的学科、专业以及职业学位；

（五）受理有关学位的申诉、异议，对申诉和异议进行复核；

（六）撤销违反本法授予的学位；

（七）评估和监督本单位的各级各类学位授予质量；

（八）有关法律法规规定的其他学位工作职责。

学位评定委员会由9人以上组成，每届成员任期为二至四年，成员应当从学位授予单位主要负责人和从教学、研究人员中遴选。学士学位授予单位，参加学位评定委员会的教学人员应当从本单位副教授以上教师中遴选；硕士学位和博士学位授予单位，参加学位评定委员会的教学、研究人员应当主要从本单位教授或者具有相当专业技术职务的专家中遴选。

学位授予单位学位评定委员会可以按学科设置若干分委员会，分委员会主席必须由学位评定委员会委员担任，分委员会协助学位评定委员会工作，其职责和组成由学位评定委员会规定。

学位授予单位

一、文献综述

焦点问题一：学位授予单位的监督与评估

1. 张瑾琳的《我国研究生学位授权管理的质量保证研究》

监督学位授予单位需要社会外部力量与市场力量的结合，从而改善行政干预明显等学位审核中存在的问题。①

2. 唐霞的《英国高等教育质量保证署新院校审核述评》

(1)从 2005 年起,英国高等教育质量保证署开始按照新的院校审核政策对其高等院校的学位标准和办学质量进行审核。

(2)在保留过渡阶段院校审核中一些有力举措的基础上,新院校审核既考虑了英格兰高等教育基金委员会提出的建议,又在审核方法等方面进行了创新。

(3)在考查院校学术标准保证与教育质量管理模式时,审核小组将英国高等教育质量保证署的学术标准与质量准则作为外部参照点的资源之一,提出应重视审核跟踪制度的贯彻与实施,重视质量的提高。②

焦点问题二:学位授予单位与高校学位评定委员会的关系

张德瑞的《高校学位评定委员会的性质、地位与立法完善》

(1)从性质上看,学位评定委员会是学位授予单位设立的负责确认学位申请人是否具有相应学位水平的内部机构,是学位授予单位中的管理机构,而不应当是学位的评定机构。其主要职责是批准学位,并对学位授予单位的学位工作进行领导和决策。

(2)这种批准学位的工作,作者认为主要是对学位申请人的"课程考试、论文答辩和政治鉴定"等内容进行形式方面的审查。尽管在我国的高校中,学位评定委员会与论文答辩委员会相比,具有相对的稳定性,但它绝不是法律上独立的授予学位的主体。③

---

① 参见张瑾琳:《我国研究生学位授权管理的质量保证研究》,载《国家教育行政学院学报》2008 年第 12 期。

② 参见唐霞:《英国高等教育质量保证署新院校审核述评》,载《国家教育行政学院学报》2007 年第 3 期。

③ 参见张德瑞:《高校学位评定委员会的性质、地位与立法完善》,载《学位与研究生教育》2009 年第 1 期。

焦点问题三：学位授予的结构

张炜、刘延松的《对美国第一级专业学位的再认识》

（1）介绍了美国国家教育统计中心对于第一级专业学位的界定。美国高校授予第一级专业学位的数量一直高于学术博士与专业博士，私立高校授予的数量超过公立高校，区域分布不平衡。

（2）在比较中美博士研究生教育时，应计入美国第一级专业学位的数量。美国授予的博士学位与硕士学位的数量之比为1:4，以美国为例批评我国授予博士、硕士学位比例失调的说法依据不够充分。

（3）认为我国应大力发展专业型博士研究生教育。[①]

二、具体条文观点和完善建议

第十八条

学位授予单位按国家规定的学科门类或者职业学位的种类授予学位。

1. 观点

（1）"国家规定的学科门类"与"职业学位的种类"之间不完全是"或者"的关系。即使是专业学位的授予，也要以国家规定的学科门类为基础。法条的表述可以进一步斟酌。

（2）结合国家学位向大学学位过渡的趋势，学位授予单位应当参照，而不是按国家规定的学科门类授予学位。

2. 建议

建议修改为"学位授予单位参照国家规定的学科门类授予学位，结合学科门类与职业学位种类授予职业学位"。

---

① 参见张炜、刘延松：《对美国第一级专业学位的再认识》，载《中国高教研究》2008年第5期。

第十九条

依法设立的高等学校及其他从事高等教育活动的机构申请成为学位授予单位,其办学指导思想、教学与科研队伍、学科建设与教学质量、科学研究水平、物质条件保障、管理与规章制度等方面应当经过评议审核并达到与所授予的学位层次相应的要求。批准或者撤销学位授予单位或者授予学位的学科、专业或者职业学位种类,应当聘请专家组成评议组评议。

学位的申请与受理

一、文献综述

焦点问题:受理学位申请的审查机制

张春元、周珞晶的《研究生教育制度建设中执行成本问题初探——以博士学位申请制度为例》

(1)以国防科技大学博士学位申请制度为视角,数据实证分析证明,受理学位申请的审查机制的改革,使受理、审查学位申请的经济成本发生巨大变化。

(2)学位制度建设对经济成本具有重大的影响,学位申请制度设计应当考虑经济成本。①

二、具体条文观点和完善建议

第二十条

符合本法规定条件以及其他有关法定条件的中国公民、外国人、无国籍人,均可以依照本法向学位授予单位申请相应的学位。

---

① 参见张春元、周珞晶:《研究生教育制度建设中执行成本问题初探——以博士学位申请制度为例》,载《学位与研究生教育》2007年增刊。

第二十一条

学位申请人应当在学位授予单位规定的期限内向其领取并填写相应学位申请表格,在提交申请表格的同时提交按规定应提交的有关材料。

1. 观点

"在提交申请表格的同时"不够简洁。

2. 建议

建议修改为"学位申请人应当在学位授予单位规定的期限内向其领取并填写相应学位申请表格,并同时提交按规定应提交的有关材料"。

第二十二条

学位授予单位应当在自学位申请截止之日起 30 个工作日内,完成对学位申请人提交的申请表格以及相应材料的审查,作出是否受理其申请的决定。对决定不受理其学位申请的申请人,应当书面通知本人并告知理由。

学位授予单位应当在作出决定之日起 30 个工作日内,公布决定受理的申请人的名单。

学位申请的考查

一、文献综述

焦点问题一:学位论文评议制度的完善

马玲的《博士学位论文同行评议的实证分析及探索性建议》

(1)现行的博士论文同行评议制度对于"同行"的界定不清,容易出现评审人缺乏专业知识的情况,评审制度在实践中得不到真正的执行。

(2) 对于特别优秀,但理论有一定争议性的论文,可以设立并适用导师的推荐免审制度。①

焦点问题二:学位授权审核机制

1. 胡志刚的《研究生学位授权审核制度发展原则研究》

建议将与学位授权审核决定有利害关系的"第三人"有效纳入制度建设与运行的过程。同时,把全国性的职业信息化和教育信息化建设作为社会和教育发展的基础性工作。②

2. 王秀槐的《德国、日本与美国主要大学研究所学位授予比较研究》

分析整理德国、日本、美国著名大学的研究生层级以及学位授予规定,了解其学术导向与专业导向学位的修习内涵、毕业条件与学位名称。③

3. 王扬、王志臣、严战友的《河北省学位授权审核工作的问题及对策》

(1) 在论述当前国家学位授权审核工作以经济社会需求为导向的基础上,进一步分析了当前学位政策的有关特点。

(2) 以国家相关政策为指导,针对当前河北省在学位授权审核工作中存在的重点问题,提出今后工作应从适度扩大研究生学位授权点规模、调整学位授权体系结构、大力发展研究生专业学位教育等方面着手,促进学科建设及研究生教育更好地服务于区域需求。④

---

① 参见马玲:《博士学位论文同行评议的实证分析及探索性建议》,载《研究生教育研究》2011 年第 6 期。
② 参见胡志刚:《研究生学位授权审核制度发展原则研究》,载《学位与研究生教育》2011 年第 5 期。
③ 参见王秀槐:《德国、日本与美国主要大学研究所学位授予比较研究》,载《复旦教育论坛》2006 年第 2 期。
④ 参见王扬、王志臣、严战友:《河北省学位授权审核工作的问题及对策》,载《中国电力教育》2010 年第 36 期。

4. 罗向阳、支希哲的《高校学术权力的泛化倾向：基于学位论文审查与学位授予的视角》

如果学位申请人认为学位论文不通过是答辩委员会成员的偏见导致的，可以提出申诉。学位审查过程应当进一步公开化、透明化。①

5. 梁传杰的《论我国学位授权机制的系统构建》

（1）我国学位授权机制目前只注重中央和地方两级政府职能的发挥，忽视了高校和社会中介作用的发挥。

（2）基于学位授权机制应有的内涵，提出应构建由学位授权单位或学位授权点的建设机制、学位授权单位或学位授权点的审批机制、对学位授权单位或学位授权点的后期评估与监督机制三个子机制组成的学位授权机制系统。②

6. 刘国瑜、武晓维的《学位论文答辩委员会决议应当规范化》

（1）分析学位论文答辩委员会决议存在的语句重复、套话过多、逻辑混乱等问题。

（2）指出应当通过提高答辩秘书语文水平、统一学位论文答辩委员会决议格式的方式，规范我国学位论文答辩委员会决议。③

7. 袁本涛、王孙禺的《我国实施学位授权审核制度的反思与改革刍议》

在肯定我国九次学位授权审核历史功绩的基础上反思了我国在学位授权中存在的主要问题，并针对这些问题和九次学位授权审核的经验，提出了改进建议。同时，主张扩大省级学位授权管理的调控

---

① 参见罗向阳、支希哲：《高校学术权力的泛化倾向：基于学位论文审查与学位授予的视角》，载《学位与研究生教育》2008年第5期。
② 参见梁传杰：《论我国学位授权机制的系统构建》，载《武汉理工大学学报（社会科学版）》2010年第1期。
③ 参见刘国瑜、武晓维：《学位论文答辩委员会决议应当规范化》，载《学位与研究生教育》1997年第6期。

权,落实学位授予单位自行审批和调整硕士、博士授权点的权力,以使学位授权审核制度更加科学化。①

8. 解瑞卿的《我国现行学位授予审查制度的反思与修正》

(1)我国现行学位授予审查制度中,不同位阶法律存在的矛盾导致授予权限不清。

(2)学校自制规则与上位法相违背,缺乏有效救济途径。

(3)可以通过设立三级审查主体、明确三级审查主体的权限、完善救济途径等方式解决。②

9. 李进伟的《试析我国博士学位论文评审制度》

必须建立严格有效的论文评审制度、建立明确的论文评价标准体系、实行适度的弹性学制、在学位论文质量的审查中发挥导师的主导作用。③

10. 范军伟的《我国现行硕士、博士学位授权审核机制改革研究》

(1)高等教育的核心职能在于人才培养,尤其是高层次人才的培养。

(2)学位授权审核机制是搭建高层次人才培养平台的基础,是汇聚高层次人才的"抓手",是优化高层次人才结构的"调节器",更是提高高层次人才建设质量的有效手段。从这个层面上讲,学位与研究生教育领域的各项工作,基本上可以归结至学位授权审核机制。

(3)以我国学位授权审核机制为研究对象,在厘清学位授权相关概念的基础上,从国际、国内、区域发展和高校发展四个层面就我国当下学位授权审核机制面临的主要形势进行了详细分析,并从学位授权审核的指导思想、学位授权审核的标准、学位授权审核的管

---

① 参见袁本涛、王孙禺:《我国实施学位授权审核制度的反思与改革刍议》,载《高等工程教育研究》2005 年第 2 期。

② 参见解瑞卿:《我国现行学位授予审查制度的反思与修正》,载《高教探索》2012 年第 1 期。

③ 参见李进伟:《试析我国博士学位论文评审制度》,载《常熟理工学院学报》2008 年第 6 期。

理体制、学位授权审核的过程、学位授权审核的制度建设以及学位授权审核通过后的激励和淘汰机制六个方面分析了我国现行学位授权审核机制存在的主要问题。在介绍和借鉴国外学位授权审核机制,全面梳理我国实行十次学位授权审核以来所取得的成绩、经验与不足的基础上,提出了我国学位授权审核机制调整的目标以及改革的思路和方法。①

11. 周珞晶、张春元、方毅、张宇航的《博士学位论文评阅制度改革成效分析》

(1) 为了提高博士学位论文质量,应规范博士学位论文的评阅。

(2) 基于两年来博士学位论文评阅状况的统计数据,分析了某校博士学位论文评阅制度的改革成效及存在的问题,探讨了进一步完善博士学位论文评阅制度,提高博士学位论文质量的措施建议。②

12. 王慧英的《从行政管理走向学术评价——论我国学位授予审核机构改革的理念转变》

(1) 我国学位授予审核工作长期置于学位管理的行政化领导之中,学位授予审核机构的改革长期处于行政管理理念之下。然而,学位授予审核工作,从其根本性质上看,是一项学术性的评判。

(2) 学位授予审核机构体系的改革与发展要把尊重学术性、体现学术性作为核心理念,在现实工作中,真正做到以学科和专业为单位进行学位授予审核机构体系的建构与改革,以求在真正意义上实现学位授予审核行为的公平与公正。③

---

① 参见范军伟:《我国现行硕士、博士学位授权审核机制改革研究》,兰州大学 2010 年硕士学位论文。
② 参见周珞晶、张春元、方毅、张宇航:《博士学位论文评阅制度改革成效分析》,载《高等教育研究学报》2005 年第 1 期。
③ 参见王慧英:《从行政管理走向学术评价——论我国学位授予审核机构改革的理念转变》,载《研究生教育研究》2011 年第 4 期。

13. 胡大伟的《我国学位授权审核制度的行政法反思与完善——西北政法大学申博案引发的思考》

(1)西北政法大学申博案反映了我国学位授权审核制度所面临的法治困境,无论是学位授权审核的制度规范,抑或其现实运作都缺乏行政法治的诸多要素。

(2)实现学位授权审核行政法治之目标,需要建立软法之下的学位授权审核程序规制机制,完成学位授权审核由"行政审批"到"行政许可"的转变,合理界定中央、地方政府和高校在学位授权审核中的法律关系,完善学位授权审核后续监督机制。①

14. 苏兆斌、李天鹰的《我国学位授权审核制度的回顾与反思》

学位授权审核制度关乎我国高级人才培养质量,对于构建学习型社会、科学发展、可持续发展、培养顶尖的创新型人才至关重要。我国学位授权审核制度已走过将近30年的历程,取得了可喜的成绩,但存在的问题亦不容忽视。分析问题的症结并提出解决问题的策略和建议,有助于我国学位授权审核制度的不断改进和完善,从而推进我国学位与研究生教育水平的不断提高。②

15. 罗建国、林娟的《我国学位授权政策研究的价值分析》

学位授权是我国学位教育工作的"触发装置"。学位授权政策研究的价值体现在:第一,它必然涉及对我国现行学位授权政策效应的把握,并给予政策调整以科学、有效的指导;第二,学位授权政策是国家创新人才培养制度的重要组成部分,对学位授权政策进行研究,将有助于推动国家创新人才培养制度建设;第三,有利于全面、深入把握

---

① 参见胡大伟:《我国学位授权审核制度的行政法反思与完善——西北政法大学申博案引发的思考》,载《现代教育管理》2010年第9期。
② 参见苏兆斌、李天鹰:《我国学位授权审核制度的回顾与反思》,载《研究生教育研究》2011年第2期。

学位授权工作的现状与问题,完善我国的学位授权政策。①

16. 苏兆斌、李天鹰的《我国学位授予审核现状分析及改进建议》

(1)学位授予审核是我国高等教育人才培养质量的重要保障措施。该制度运行几十年来,积累了一些经验,然而现实存在的问题也不容忽视。目前我国已经成为世界研究生教育大国,招生人数不断上升,学位教育的质量问题愈发尖锐和突出,对我国学位授予审核制度的研究具有重要的现实意义。

(2)总结和梳理现行制度带来的经验和教训能为学位立法和相关工作提供必要的参考,促进我国学位授予审核工作不断改进和完善,推进我国学位制度与高等教育不断发展。②

焦点问题三:学位制度与学业制度的关系

1. 田鹏慧的《学生处分影响学位授予现象之法律解读》

不能把学生处分行为都与学位授予挂钩。③

2. 张军的《学生处分影响学位授予现象之再解读》

对学生处分影响学位授予的典型案例进行总结,并说明一定等级的处分影响学位授予是恰当的。④

3. 孙大廷的《改革我国博士生培养模式的若干思考》

(1)《学位条例》颁布以来,博士生教育一直受到特别关注,但我国博士生培养无论在基础理论方面还是在创新性方面都存在相当多

---

① 参见罗建国、林娟:《我国学位授权政策研究的价值分析》,载《煤炭高等教育》2010年第3期。
② 参见苏兆斌、李天鹰:《我国学位授予审核现状分析及改进建议》,载《现代教育管理》2011年第6期。
③ 参见田鹏慧:《学生处分影响学位授予现象之法律解读》,载《学位与研究生教育》2007年第6期。
④ 参见张军:《学生处分影响学位授予现象之再解读》,载《学位与研究生教育》2011年第10期。

的问题,这两方面的问题都与博士生培养模式相关联。

(2)通过借鉴美国、德国、英国等发达国家培养博士生的经验,在我国学位与研究生制度的框架内,界定了"条件成熟学科"的具体含义,并探讨了在"条件成熟学科"的基础上重新建立一种新的博士生培养模式的必要性和可能性。①

二、具体条文观点和完善建议

第二十三条

对学位申请的考查通过对相应课程考试或考核成绩和其他相关材料的审查、学位论文考查进行,申请的学位依本法规定不需要提交学位论文的,不作学位论文考查。

相应课程考试或考核成绩和其他相关材料的审查采取书面审查的形式。审查结果为不合格的应通知申请人本人并告知理由。

第二十四条

硕士、博士学位论文考查通过同行专家评阅和组织学位论文答辩进行。申请学位论文答辩的学位申请人,应当通过相应课程考试或考核,取得规定的学分。

1. 案例

甘某诉暨南大学因课程论文抄袭开除学生案。该案中暨南大学因学生课程论文抄袭而开除学生。对课程论文抄袭的行为应从严打击,一经发现,情节严重的,可以取消学生的学位申请资格。

2. 焦点

学位制度与学业制度的关系。因课程论文抄袭而被开除会导致丧失申请学位的机会,但课程论文的抄袭与学位是否有必然联系。

---

① 参见孙大廷:《改革我国博士生培养模式的若干思考》,载《高教研究与实践》2010年第3期。

3. 观点

取得规定的学分是博士学位论文考查的前提。应当先说通过考试、考核取得学分,再说评阅与答辩。同行专家界定不清,可考虑改为同学科或相邻学科专家。论文抄袭的,应拒绝学位申请人的申请。

4. 建议

建议修改为"申请学位论文答辩的学位申请人,应当通过相应课程考试或考核,取得规定的学分。硕士、博士学位论文考查通过同学科或相邻学科专家评阅和组织学位论文答辩进行。如果与学位相关的课程中出现论文抄袭的情况,情节严重的,应拒绝学位申请人的申请"。

第二十五条

组织答辩前,学位授予单位聘请同行专家评阅学位论文。评阅人应当对学位论文写出详细的学术评语。

1. 观点

(1)学术评语的作用应当明确:供答辩委员会参考。

(2)学术评语也应当充分说明给出评阅结果的具体理由。避免评语的简单化、模式化。①

2. 建议

建议修改为"组织答辩前,学位授予单位聘请同行专家评阅学位论文。评阅人应当对学位论文写出详细的学术评语,具体地说明得出评阅结果(等级)的理由。答辩委员会在审阅申请人论文时,可以参考学术评语"。

第二十六条

硕士学位论文答辩委员会由3人以上组成,成员应当是副教授或

---

① 参见刘国瑜、武晓维:《学位论文答辩委员会决议应当规范化》,载《学位与研究生教育》1997年第6期。

者具有相当专业技术职务以上的专家。

博士学位论文答辩委员会由5人以上组成,成员应当是教授或者具有相当专业技术职务的专家,成员中应当至少有2位外单位同行专家。

学位论文答辩委员会主席由教授或者具有相当专业技术职务的成员担任。

第二十七条

学位论文答辩应当公开举行,依法应当保密的除外。答辩委员会全体成员应当出席。

1. 观点

答辩会中与学位论文相关的记录应当向写作该论文的学位申请人公开。答辩会记录载入个人档案,对个人前途有一定的影响。答辩秘书若未能准确理解学术论文而作出不当记录,易产生不公平的结果。

2. 建议

建议修改为"学位论文答辩应当公开举行,依法应当保密的除外。答辩委员会全体成员应当出席。答辩会中与学位论文相关的记录应当向写作该论文的学位申请人公开"。

第二十八条

学位论文答辩委员会以无记名投票方式,就学位论文是否合格进行表决,并根据表决结果形成决议,答辩决议经论文答辩委员会主席签字后,报送本单位学位评定委员会。

学位论文合格,应当获得答辩委员会全体成员的三分之二以上同意。

1. 观点

(1)学位论文答辩应当与学业制度相配合,应加入与"是否达到毕业标准"有关的内容。

(2)有学者指出,学位论文答辩应废除弃权票,或把弃权票等同于未出席。因为弃权票对通过一个事项是不利的,实质上有利于反对者。论文答辩委员会应当对学位申请人负责,而不是出席后又投出模棱两可的弃权票。①

2. 建议

建议将第一款修改为"学位论文答辩委员会以无记名投票方式,就学位论文是否合格,以及是否达到毕业标准进行表决,表决中不得弃权。根据表决结果形成决议。答辩决议经论文答辩委员会主席签字后,报送本单位学位评定委员会"。

第二十九条

学位论文答辩结束后,学位论文答辩结果应当当场向学位论文答辩人宣布。

学位论文不合格的,学位申请者可以在修改论文后,申请重新答辩。学位授予单位可以对学位申请人修改论文的时间限制、重新答辩的次数作出规定。重新答辩时,论文答辩委员会应当有半数以上成员为原有成员。

学位申请人的学位论文不合格,且本人未获得过申请授予学位学科的次级学位的,可以依照本法提出授予相应学位的申请。

1. 观点

(1)次级学位是指一级学科学位还是指二级学科学位,应当具体说明。实践中有跨二级学科攻读学位的情况(在法学学位中,法律史跨法理学的学位申请人非常多),特别是在申请人为硕博连读生的情况下,如果不明确的话不利于保障学位申请人的权益。

(2)有的学校就学位申请人申请答辩的次数作出限制。有的学位申请人因一两次发挥不好或论文未完善,就丧失申请博士学位的资格。实践中硕博连读生也是如此。故而,应当限制高校的此项权力。只要在攻读博士学位的年限内,申请答辩的次数就不应当受限。

---

① 参见湛中乐:《进一步改革与完善学位法律制度》,载《中国高等教育》2005年第2期。

2. 建议

建议增加"在攻读博士学位的年限内,高校不得对申请人答辩的次数作出限制",并将第三款修改为"学位申请人的学位论文不合格,且本人未申请授予学位二级学科的次级学位的,可以依照本法提出授予相应学位的申请。如果申请人属于硕博连读生,硕士阶段与博士阶段攻读的二级学科不同,可以提出授予硕士阶段二级学科的次级学位的申请"。

学位评议和授予

一、文献综述

焦点问题一:授予学位的程序

陈越峰的《学位评定立法:原则、主体、程序和救济》

(1)应确立答辩委员会与学位评定委员会这两个学位评定主体,形成答辩委员会实施实质性审查、学位评定委员会进行形式性审查的二级评审体系。

(2)必须对评定程序作出严谨的规定,并形成校内申诉、行政复议和行政诉讼的三步骤救济机制。①

焦点问题二:学位授予的信息公开

1. 尹晓敏的《我国高校信息公开法律制度研究——基于教育部新颁〈高等学校信息公开办法〉的分析》

(1)综观我国实践中的高校信息公开状况,存在的主要问题是:高校信息公开立法进程滞后、法律制度供给不足,致使高校信息公开的形式化、随意化、非规范化严重,信息公开系统性不强、涉及面不广、深

---

① 参见陈越峰:《学位评定立法:原则、主体、程序和救济》,载《行政与法》2010年第1期。

入性不足,对高校违反信息公开义务的责任追究缺少法规支持,无法形成对高校的刚性约束力。

(2)应当认识到,规范化的高校信息公开必须依托于制度建设。制度建设是指群体和组织的社会生活从特殊的、不固定的模式向被普遍认可的固定化模式转化的过程,制度化也是整个社会生活规范化、有序化的变迁过程。

(3)应当建立高校信息公开年度报告制度、高校信息公开社会评议制度、高校信息公开责任追究制度。①

2. 王丹的《英国QAA的院校审核方法及其启示》

英国院校审核的一个重要目标是"向学生、雇主和其他人士提供容易理解的、值得信赖的、全面的有关英国各个高校所提供的学科学习、学位授予及与欧洲一致的学术标准和质量的相关信息"②。

焦点问题三:学位授予机制设计

林师敏的《终身学习视野下的日本学位授予新机制》

(1)日本政府在四年制大学之外,设立了具有学位授予权的学术组织——学位授予机构,为短期高等院校毕业生修完本科课程且符合条件者,授予学士学位。

(2)日本自建立学位授予机构,实施授予学位新机制以来,在学士学位授予方面取得了很好的成绩。日本的学位授予新机制促进了国民终身学习习惯的养成与日本国民学历的提高,我国可以考虑借鉴。③

---

① 参见尹晓敏:《我国高校信息公开法律制度研究——基于教育部新颁〈高等学校信息公开办法〉的分析》,载《现代教育科学》2011年第5期。
② 王丹:《英国QAA的院校审核方法及其启示》,载《高等教育研究学报》2007年第3期。
③ 参见林师敏:《终身学习视野下的日本学位授予新机制》,载《日本问题研究》2009年第1期。

二、具体条文观点和完善建议

第三十条

学位申请经学位授予单位学位申请考查机构考查合格后提交本单位学位评定委员会审议。学位评定委员会依照本章规定的程序进行审议并决定是否授予学位申请人相应学位。

第三十一条

学位评定委员会的审议应当通过会议进行，会议应当有学位评定委员会全体组成人员的三分之二以上出席。

第三十二条

学位评定委员会审议后，以无记名投票方式对是否同意学位申请进行表决。同意学位申请应当获得学位评定委员会全体组成人员超过半数同意。

第三十三条

学位评定委员会根据表决结果作出授予学位的决定或者不授予学位的决定，学位授予单位应当在相应的决定作出之日起30个工作日内予以公告。

1. 观点

不授予学位的决定应当向申请人说明理由，并允许申请人申辩。[①]

2. 建议

建议修改为"学位评定委员会根据表决结果作出授予学位的决定或者不授予学位的决定，不授予学位的决定应当向申请人说明理由，并允许申请人申辩。学位授予单位应当在相应的决定作出之日起30个工作日内予以公告"。

---

① 参见陈越峰：《学位评定立法：原则、主体、程序和救济》，载《行政与法》2010年第1期。

第三十四条

授予学士、硕士和博士学位人员的名单,报国务院学位委员会备案。

学位申请人自学位评定委员会作出授予其学位的决定之日起,即获得相应的学位。学位授予单位应当向学位获得者颁发相应的学位证书。

学位评定委员会决定不授予其学位的学位申请人可以重新提出学位申请。学位授予单位可以对重新申请学位的期限、条件和次数作出规定。

第三十五条

学位获得者的学位,非经法定组织依法定条件和程序撤销的,不被剥夺。

1. 观点

(1)"撤销"与"剥夺"语义有重叠。
(2)学位撤销应当向申请人充分说明理由。

2. 建议

建议修改为"学位获得者的学位,非经法定组织依法定条件和程序审议,并向学位申请人充分说明理由的,不被撤销"。

学位争议处理

一、文献综述

焦点问题:学位救济

1. 唐杰英的《大学自治、学术自由与法治理想——高校学历学位纠纷司法救济及审查标准问题探析》

特别权力关系说不应适用于学校与学位申请人之间的争议;与学

位、学历有关的高校内部规则亦应受司法之附带审查。①

2. 刘志刚的《立法缺位状态下公立高校纠纷解决的路径分析》

(1)受诸多方面因素的影响,高校管理领域存在着立法缺位的现象,这种现象直到教育部2003年提出依法治校之后也没有从根本上消失。高校发生的诸多管理纠纷就是置于这种场景之下的。

(2)司法是解决高校行政纠纷的一种重要手段,但是它在解决纠纷时面临着许多突出的问题。对该类纠纷的根本性解决,不能单纯依靠司法审查制度,而应该在完善司法审查制度的同时,探求更为根本的路径。②

3. 张松铃的《学位纠纷之归因分析及对策探讨》

学位申请人如果认为学位名称含糊或不恰当,可以申请救济。③

4. 李晓年的《高校行政侵权及法律救济探讨》

(1)法律规定的高校权力中的某些职权符合行政权力的主要特点,在性质上应当归于行政权力。

(2)作为特殊行政主体,高校在招生录取、教育管理、颁发毕业证与授予学位证等过程中难免会对相对方造成侵权。④

(3)学位申请人可以通过行政诉讼获得应有的法律救济。

5. 陈越峰的《学位评定立法:原则、主体、程序和救济》

必须对评定程序作出严谨的规定,并应形成校内申诉、行政复议和行政诉讼的三步骤救济机制。⑤

---

① 参见唐杰英:《大学自治、学术自由与法治理想——高校学历学位纠纷司法救济及审查标准问题探析》,载《山西师大学报(社会科学版)》2012年第2期。
② 参见刘志刚:《立法缺位状态下公立高校纠纷解决的路径分析》,载《复旦教育论坛》2012年第2期。
③ 参见张松铃:《学位纠纷之归因分析及对策探讨》,华东师范大学2011年硕士学位论文。
④ 参见李晓年:《高校行政侵权及法律救济探讨》,载《广东行政学院学报》2006年第4期。
⑤ 参见陈越峰:《学位评定立法:原则、主体、程序和救济》,载《行政与法》2010年第1期。

6. 王景斌、张勤琰的《论我国行政救济的原则》

行政救济应当确立"当事人自由选择原则",亦即在发生行政争议时,当事人可以自由地选择行政救济途径,既可以在行政内的多种救济途径中加以选择,也可以选择行政外的司法救济。①

7. 吴文灵的《美国"司法节制"原则在拒绝授予学位领域的适用》

在美国司法实践中,法院在处理大学拒绝授予学位的诉讼时,主要考虑三个方面的问题:第一,法院审查大学是否有权根据学校的规章制度拒绝授予学位。第二,拒绝授予学生学位的影响非同小可。大学有权力维护其学术和教育环境,而保护这种环境的主要理由在于学生。拒绝授予学位的决定应认真权衡对学生未来的影响。通过纠正学生当前存在的问题,使学生认识到自己的缺点,以便大学更好地为学生和社会服务。第三,大学必须善意地行为,大学被授予教导学生的权力,而有效的教导必须是公平的教导。②

8. 湛中乐的《国家教育考试中考生考试作弊行为的认定、处理及其法律救济——2003年全国硕士学位联考中的三个案例分析》

(1) 国务院学位委员会才有承担法律责任的资格,但行政诉讼实践中有人在寻求救济时以国务院学位办为被告,并得到法院的认可。

(2) 学位救济中应当重视取消学位入学考试成绩和认定学位无效的性质问题,应当重视学位入学考试作弊行为的证据审查问题。③

---

① 参见王景斌、张勤琰:《论我国行政救济的原则》,载《东北师大学报(哲学社会科学版)》2008年第2期。
② 参见吴文灵:《美国"司法节制"原则在拒绝授予学位领域的适用》,载《学位与研究生教育》2010年第2期。
③ 参见湛中乐:《国家教育考试中考生考试作弊行为的认定、处理及其法律救济——2003年全国硕士学位联考中的三个案例分析》,载劳凯声主编:《中国教育法制评论》(第3辑),教育科学出版社2004年版,第276页。

二、具体条文观点和完善建议

第三十六条

学位申请人对学位授予单位不受理其申请的决定不服,可以在收到书面决定之日起 15 个工作日内,向学位授予单位以书面形式申请复核一次,学位授予单位应当在收到复核申请之日起 15 个工作日内作出复核决定并送达复核申请人。

第三十七条

学位申请人对论文答辩委员会的决议不服,可以在决议宣布之日起 30 个工作日内,以书面形式向学位授予单位申请复核一次,学位授予单位应当在收到复核申请之日起 30 个工作日内,对学位论文答辩委员会的组成、学位论文答辩程序是否合法以及是否有其他明显违法违纪的情形进行审查和作出裁定并送达复核申请人。

第三十八条

学位申请人对于学位授予单位不授予学位的决定不服,可以在不授予学位的决定公告之日起 60 个工作日内,以书面形式向学位授予单位申请复核一次,学位授予单位应当在收到复核申请之日起 60 个工作日内提请学位评定委员会作出复核决定,复核决定由学位授予单位送达复核申请人。

第三十九条

学位申请人对学位授予单位的复核决定不服,可以依照《中华人民共和国行政复议法》申请行政复议。

学位授予单位有下列情形之一的,行政复议受理部门应当撤销学位授予单位作出的决定,责令学位授予单位受理学位申请人的申请,限期重新组织考查和审议,重新作出决定:

(一)学位申请人的申请符合本法规定而学位授予单位未予受理的;

(二)学位论文答辩委员会的组成不符合法定条件的;

(三)学位评定委员会召开审议会议不足法定人数的;

(四)有其他明显的违法违纪情形的。

学位授予单位的决定无上述违法情形的,行政复议受理部门应当维持学位授予单位的决定。复议决定应当依法送达复议申请人。

1. 观点

学位评定委员会应当遵守一定的法律程序,如允许学位申请人申辩等。[①] 本条可以考虑添加有关程序的规定。

2. 建议

建议将第二款各项修改为"(一)学位申请人的申请符合本法规定而学位授予单位未予受理的;(二)学位论文答辩委员会的组成不符合法定条件的;(三)学位评定委员会召开审议会议不足法定人数的;(四)违反法定程序的;(五)有其他明显的违法违纪情形的"。

第四十条

对授予学位或者不授予学位的决定持有不同意见的学术团体或学位申请人之外的个人,可以向学位授予单位或者国务院学位委员会提出书面异议。学位授予单位和国务院学位委员会应当在收到异议之日起60个工作日内对异议作出最终裁决并通知异议人。

1. 观点

学术团体和个人的范围可以作一些界定。

2. 建议

建议修改为"对授予学位或者不授予学位的决定持有不同意见的,具有该学位的专业知识的学术团体或学位申请人之外的个人,可以向学位授予单位或者国务院学位委员会提出书面异议。学位授予单位和国务院学位委员会应当在收到异议之日起60个工作日内对异议作出最终裁决并通知异议人"。

[①] 参见陈越峰:《学位评定立法:原则、主体、程序和救济》,载《行政与法》2010年第1期。

第四十一条

对国务院学位委员会依据本法作出不批准或者撤销学位授予单位或者授予学位的学科、专业或者职业学位种类的决定不服,对国务院学位委员会依据本法认定学位授予单位的决定无效并给予相应处理的决定不服,学位授予单位可以依照《中华人民共和国行政复议法》申请行政复议。

1. 观点

应当给予学位授予单位"可复议、可诉讼"的选择权。[①]

2. 建议

建议修改为"对国务院学位委员会依据本法作出不批准或者撤销学位授予单位或者授予学位的学科、专业或者职业学位种类的决定不服,对国务院学位委员会依据本法认定学位授予单位的决定无效并给予相应处理的决定不服,学位授予单位可以依照《中华人民共和国行政复议法》申请行政复议,或者依照《中华人民共和国行政诉讼法》的规定向人民法院提起行政诉讼"。

第四十二条

学位申请人或者学位授予单位对行政复议决定不服,可以依照《中华人民共和国行政诉讼法》的规定向人民法院提起行政诉讼。

[①] 参见王景斌、张勤琰:《论我国行政救济的原则》,载《东北师大学报(哲学社会科学版)》2008年第2期。

法律责任

一、文献综述

焦点问题一:学位救济与法律责任

1. 刘丹、施春军的《高等学校不作为的可诉性探讨》

如果学校没有正当理由拒发学位证,当事人可以申请救济与国家赔偿。[①]

2. 杨金华的《公立高校与学生法律关系的重构》

(1)分析了高校与学生之间的民事法律关系、行政法律关系、特别权力关系,指出特别权力关系之下的高等教育,学生的命运掌握在高校手中,学生不享有各种救济权。

(2)高等教育由绝对自治到有限自治,是法治背景下学生争取权利的结果。

(3)尽管高校与学生之间的关系还极为不平等,但至少法律在保护受教育权利时,为学生提供了行政救济与有限的司法救济。在与受教育权密切相关的教学、校规校纪的制定等领域,应增强学生的话语权,减少行政权力的干预。

(4)校生平等法律关系看似挑战了高校管理的权威,但在教育法治不完善的情况下,平权关系反而成为高校权益的保护屏障,有助于避免使之成为舆论攻伐的目标。[②]

3. 袁治杰的《德国博士学位法律制度研究及其对我国的启示》

德国对于博士学位的使用极其严格,违法使用博士学位必须负法

[①] 参见刘丹、施春军:《高等学校不作为的可诉性探讨》,载《江南社会学院学报》2005年第4期。

[②] 参见杨金华:《公立高校与学生法律关系的重构》,载《教育评论》2012年第1期。

律责任。①

焦点问题二:学位的撤销

1. 田鹏慧、赵建亮的《对学位撤销纠纷的思考》

认为学位撤销行为属于具体行政行为,指出不应以学术与政治以外的理由撤销学位,并提出必须控制学位撤销权。②

2. 肖鹏、汪秋慧的《对撤销学位的行政法思考——以中山大学撤销陈颖硕士学位案件为例》

认为必须规范撤销学位的行为,并针对撤销学位提出七条法律条文。③

3. 陈智峰、苏苗罕、赵张耀的《美国学位纠纷的解决及其对我国的启示》

分析了美国的"拒绝颁发学位证书"与"撤销学位证书"的司法案例,建议在因学术性理由撤销当事人学位时,加入告知当事人、听证等程序,明确规定拒绝颁发或撤销学位证书的理由或标准。④

4. 吕莉莎的《从我国现实的学位纠纷看法律对高等学校权力的约束》

总结了许多因学术原因与非学术原因撤销学位的案例,分析了学位纠纷中的学术原因与非学术原因。⑤

---

① 参见袁治杰:《德国博士学位法律制度研究及其对我国的启示》,载《比较法研究》2009 年第 6 期。
② 参见田鹏慧、赵建亮:《对学位撤销纠纷的思考》,载《人民司法》2008 年第 1 期。
③ 参见肖鹏、汪秋慧:《对撤销学位的行政法思考——以中山大学撤销陈颖硕士学位案件为例》,载《行政与法》2008 年第 6 期。
④ 参见陈智峰、苏苗罕、赵张耀:《美国学位纠纷的解决及其对我国的启示》,载《中国高教研究》2004 年第 8 期。
⑤ 参见吕莉莎:《从我国现实的学位纠纷看法律对高等学校权力的约束》,载劳凯声主编:《中国教育法制评论》(第 4 辑),教育科学出版社 2006 年版,第 86 页。

5. 朱志辉的《试论撤销学位的行政行为性质——由陈颖诉中山大学案引发的思考》

(1)与《教师法》《律师法》《执业医师法》《注册会计师法》等法律比较,有关教育、学位的法律法规均未对合法获得学位者在其以后的学术研究中如有相应的违法行为,给予撤销学位的处罚作出规定,并且迄今为止,现实生活中尚无这样的案例或事件,这正好说明合法获得的学位具有终身性、不可剥夺性。

(2)目前学位的撤销仅有一种情形,即行政撤销。

(3)我国的行政处罚实行处罚法定原则,视撤销学位为行政处罚行为在法律法规中并无明确依据。在法理上,授予学位属于行政许可行为,撤销学位属于行政撤销行为或行政撤回行为。既然撤销学位不是一种行政处罚行为,也就不受《行政处罚法》规定的处罚时效的限制。①

6. William R. Todd-Mancillas, Vivi S. McEuen & Edwin Sisson 的 Academic Dishonesty Among Communication Students and Professionals: Some Consequences and What Might Be Done About Them

分析了交换生缺乏学术诚信的原因,并提出必须加强高校间的信息共享与合作,以有效规制交换生的行为。②

二、具体条文观点和完善建议

第四十三条

对于已经授予的学位,如发现有舞弊作伪等违反本法规定的情形,经学位授予单位学位评定委员会复核,可以撤销。对当事人及直接责任人员,由其所在单位或者其上级主管部门依法给予行政处分。

---

① 参见朱志辉:《试论撤销学位的行政行为性质——由陈颖诉中山大学案引发的思考》,载《高教探索》2006年第6期。

② See William R. Todd-Mancillas, Vivi S. McEuen & Edwin Sisson, Academic Dishonesty Among Communication Students and Professionals: Some Consequences and What Might Be Done About Them, at https://www.docin.com/p-322551995.html (Last visited on March 5, 2024).

第四十四条

学位授予单位违反本法规定,有下列情形之一的,其授予学位的决定或者不授予学位的决定无效,由国务院学位委员会责令其改正:

(一)超越所获批准的学位授予范围,授予学位;

(二)不依照本法规定的条件和程序授予学位或者不授予学位;

(三)其他违反本法规定的行为。

国务院学位委员会可以根据情节轻重,对学位授予单位分别给予通报、停止授予学位、撤销学位授予资格等处理,对直接责任人员,由所在单位或者其上级主管部门依法给予行政处分。违法行为造成学位申请人损失的,学位授予单位应当依法予以赔偿。

1. 案例

美国麻省理工学院撤销了1998年毕业的学生查理斯·郁的学位,原因是上学期间他和另一名同学的死亡有关。①

2. 观点

学位的撤销权必须受到限制,撤销学位的理由必须以与学术相关的理由为主。②

3. 建议

建议将第一款各项修改为"(一)超越所获批准的学位授予范围,授予学位;(二)不依照本法规定的条件和程序授予学位或者不授予学位;(三)超越权限,或以非法定理由撤销学位;(四)其他违反本法规定的行为"。

第四十五条

学位管理部门违反本法规定批准或者撤销学位授予资格,不依照本法规定的条件或程序办理有关学位的行政复议事项,或者工作人员

---

① 参见田鹏慧、赵建亮:《对学位撤销纠纷的思考》,载《人民司法》2008年第1期。
② 参见田鹏慧、赵建亮:《对学位撤销纠纷的思考》,载《人民司法》2008年第1期。

徇私舞弊,有渎职、失职行为的,对直接负责的主管人员和其他直接责任人员依法给予行政处分,构成犯罪的,依法追究刑事责任。造成损失的,应当依法予以赔偿。

第四十六条

对非法制作、伪造、变造或者贩卖学位证书的,依据刑法有关规定追究其刑事责任。

1. 观点

还应包括非法使用。①

2. 建议

建议修改为"对非法制作、伪造、变造或者贩卖学位证书的,依据刑法有关规定追究其刑事责任。对于非法使用学位证书的,依法追究责任"。

第四十七条

没有合理证据,对已经依法授予的学位进行恶意质疑,造成学位获得者声誉下降的,应当依法承担赔偿责任。

观点

对于有问题的学位论文进行质疑是正当的。但是,如果将其作为"斗争"的手段,恶意造谣、质疑他人的学位,会对学位获得者的工作、生活造成极大的困扰。必须防止任意的、没有合理证据的质疑。

附　则

第四十八条

本法所称学位授予单位,是指依法经批准可以授予相应学位的高

---

① 参见袁治杰:《德国博士学位法律制度研究及其对我国的启示》,载《比较法研究》2009 年第 6 期。

等学校及其他从事高等教育活动的组织和机构。

第四十九条

学位授予单位应当将硕士学位、博士学位获得者的学位论文交存国家图书馆一份。依法应当保密的学位论文的交存和利用,按照国家有关保密的法律、法规办理。

1. 案例

北京大学博士起诉暨南大学博士案(一名博士诉称另一名博士在抄袭论文后企图联系国家图书馆销毁证据)。通过此案可以看出防止为掩盖抄袭而销毁论文行为的重要性。

2. 观点

(1)国家图书馆如果也储存硕士论文,成本太高。
(2)除以掩饰抄袭行为为目的外,作者希望撤回国家图书馆留存的论文,经学位委员会批准,可以经修改重新提交。

3. 建议

建议修改为"学位授予单位应当将博士学位获得者的学位论文交存国家图书馆一份。依法应当保密的学位论文的交存和利用,按照国家有关保密的法律、法规办理。除以掩饰抄袭行为为目的外,学位申请人希望撤回国家图书馆留存的论文,经学位委员会批准,可以经修改重新提交"。

第五十条

学位授予单位依据本法制定本单位的学位授予规则,报国务院学位委员会备案。

第五十一条

本法自　年　月　日起施行。